小型养路机械实用手册

何　俊　主编

中国铁道出版社有限公司

2 0 2 5 年·北京

内 容 简 介

本书介绍了目前铁路工务系统线路维修常用的各类小型养路机械，包括机械运动基本常识，小型养路机械原动力基础知识，常用小型养路机械的基本结构、工作原理、使用方法、安全注意事项，维修保养及故障排除方法等。

本书适用于铁路工务系统小型养路机械的操作和维修人员快速掌握机具的使用及维修基础知识。

本书内容如有不符合最新规章标准之处，以最新规章标准为准。

图书在版编目(CIP)数据

小型养路机械实用手册/何俊主编. —北京：中国铁道出版社，2012.3(2025.1 重印)
ISBN 978-7-113-14143-1

Ⅰ.①小… Ⅱ.①何… Ⅲ.①铁路养护-养路机械-技术手册 Ⅳ.①U216.6-62

中国版本图书馆 CIP 数据核字(2012)第 017272 号

书　　名：**小型养路机械实用手册**
作　　者：何　俊

策划编辑：时　博
责任编辑：时　博　　**编辑部电话**：(010)51873141　　**电子信箱**：crph@163.com
编辑助理：张　浩
封面设计：郑春鹏
责任校对：王　杰
责任印制：高春晓

出版发行：中国铁道出版社有限公司(100054，北京市西城区右安门西街 8 号)
网　　址：https://www.tdpress.com
印　　刷：北京铭成印刷有限公司
版　　次：2012 年 3 月第 1 版　2025 年 1 月第 5 次印刷
开　　本：880 mm×1 230 mm　1/32　**印张**：9　**字数**：270 千
书　　号：ISBN 978-7-113-14143-1
定　　价：60.00 元

编委会名单

前　言

随着我国铁路的快速发展，铁道线路的质量标准日益提高，对线路养护标准和作业手段提出了更高的要求，传统的手工作业养护手段已不能满足快速铁路对线路质量标准的需求。因此，铁路工务系统广泛应用劳动强度低、作业精度高的小型养路机械设备对线路进行精修细养，以满足快速列车对铁道线路高标准的要求。为了确保各类小型养路机械设备的安全使用，降低机械设备的维修成本，提高作业效率，充分发挥小型养路机械的作业效能，帮助使用及维修人员快速掌握正确的操作和维修方法，确保线路设备养护质量满足铁路快速发展的需求，我们编写了本书，供铁路小型养路机械操作及维修人员参考。

本书共分为十一章，基本囊括了目前铁路工务系统线路维修常用的各类小型养路机械。本书介绍了机械基础知识，其中包括机械运动基本常识和小型养路机械原动力的基础知识；铁路线路维修的小型养路机械，其中主要包括常用小型养路机械的基本结构、工作原理、使用方法、安全注意事项，以及维修保养和故障排除方法等。本书内容力求深入浅出、通俗易懂、图文并茂，对于每种机械的构造、使用和维修方法采用了大量图示进行直观表述，能引导读者迅速"上手"，掌握机械修理使用的关键知识点。在突出实用性上，本书文字叙述力求简明扼要，结合工作实例讲解机械在使用、养护中应注意的正确操作方法，便于铁路工务系统小型养路机械的操作和维修人员快速掌握机具使用及维修的基础知识。

本书在编写过程中得到了武汉铁路局工务处、武汉桥工段相关领导的支持和帮助，同时，安阳市岷山机械有限责任公司、河南省强力机械有限公司、拉伊台克铁路技术（武汉）有限公司、什邡瑞邦机械有限责任公司、上海瑞纽机械装配制造有限公司、重庆凯达电焊设备厂、重庆智仁发电设备公司、锦州中运焊轨设备有限公司等多家国内外企业提供了大量的技术资料，也引用了国内外有关书籍及产品样本中的数据和图片资料，在此一并表示衷心感谢！

由于编者水平有限，加之时间较为仓促，书中难免有疏漏之处，恳请广大读者批评指正。

编　者

2011 年 11 月

目 录

第一章 机械运动基本知识

物体之间或同一物体各部分之间相对位置随时间的变化称作机械运动，它是物质的各种运动形态中最简单、最普遍的运动形式。小型养路机械就是通过机械运动将能量传递到工作部件，从而对线路进行整理和维护。

第一节 平面连杆机构

平面连杆机构是将各构件用转动副或移动副连接而成的平面机构。

平面连杆机构能够进行多种机械运动形式的转换，也能实现一些比较复杂的平面运动规律。它的优点是连接部分都是面接触，单位面积上的压力较小，磨损较慢；又由于两构件联结处表面是圆柱面或平面，制造简单，易获得较高的制造精度。因此，平面连杆机构在各种机械和仪器中得到广泛应用。

一、平面连杆机构的类型

全部用回转副组成的平面四杆机构称为铰链四杆机构，如图 1—1 所示。机构的固定件 4 称为机架；与机架用回转副相连接的杆 1 和杆 3 称为连架杆；不与机架直接连接的杆 2 称为连杆。能作整周转动的连架杆，称为曲柄；仅能在某一角度摆动的连架杆，称为摇杆。对于铰链四杆机构来说，机架和连杆总是存在的，因此可按照连架杆是曲柄还是摇杆，将铰链四杆机构分为曲柄摇杆机构、双曲柄机构、双摇杆机构 3 种基本形式。

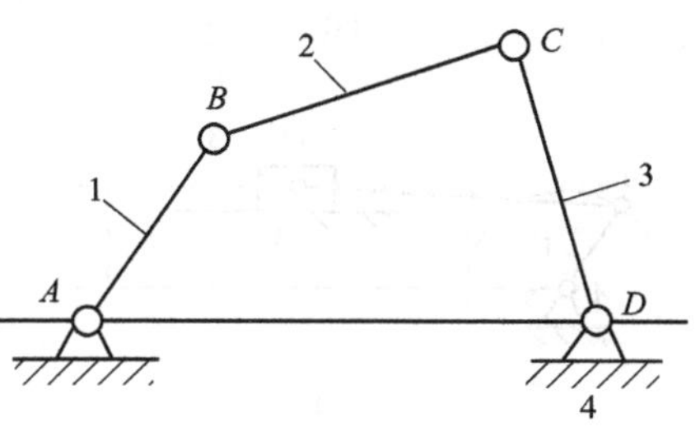

图 1—1 铰链四杆机构

1. 曲柄摇杆机构

在铰链四杆机构中，若两个连架杆中，一个为曲柄，另一个为摇杆,则此铰链四杆机构称为曲柄摇杆机构。

2. 双曲柄机构

两连架杆均为曲柄的铰链四杆机构称为双曲柄机构。在双曲柄机构中,通常主动曲柄作等速转动,从动曲柄作变速转动。

3. 双摇杆机构

两连架杆均为摇杆的铰链四杆机构称为双摇杆机构。两摇杆长度相等的双摇杆机构,称为等腰梯形机构。

二、铰链四杆机构的演化

在实际机械中,平面连杆机构的形式是多种多样的,但其中绝大多数是在铰链四杆机构的基础上发展和演化而成。

1. 曲柄滑块机构

如图 1—2(a)所示的曲柄摇杆机构中,摇杆 3 上 C 点的轨迹是以 D 为圆心,杆 3 的长度 L_3 为半径的圆弧。如将转动副 D 扩大,使其半径等于 L_3',并在机架上按 C 点的近似轨迹做成一弧形槽,摇杆 3 做成与弧形槽相配的弧形块,如图 1—2(b)所示。此时虽然转动副 D 的外形改变,但机构的运动特性并没有改变。若将弧形槽的半径增至无穷大,则转动副

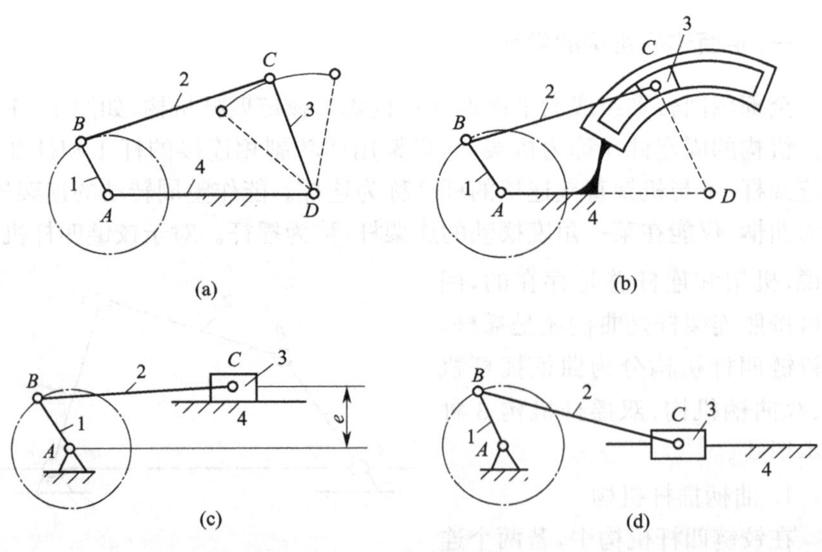

图 1—2 曲柄滑块机构的演化

D 的中心移至无穷远处，弧形槽变为直槽，转动副 D 则转化为移动副，构件 3 由摇杆变成了滑块，于是曲柄摇杆机构就演化为曲柄滑块机构，如图 1—2(c)所示。此时移动方位线不通过曲柄回转中心，故称为偏置曲柄滑块机构。曲柄转动中心至其移动方位线的垂直距离 e 称为偏距，当移动方位线通过曲柄转动中心 A 时，则称为对心曲柄滑块机构，如图 1—2(d)所示。

2. 导杆机构

导杆机构可以看作是在曲柄滑块机构中选取不同构件为机架演化而成。如图 1—3(a)所示为曲柄滑块机构。如将其中的曲柄 1 作为机架，连杆 2 作为主动件，则连杆 2 和构件 4 将分别绕铰链 B 和 A 作转动，如 1—3(b)所示。若 $AB<BC$，则杆 2 和杆 4 均可作整周回转，故称为转动导杆机构；若 $AB>BC$，则杆 4 只能作往复摆动，故称为摆动导杆机构。如图 1—3(c)所示为牛头刨床的摆动导杆机构。又如图 1—3(d)所示为牛头刨床回转导杆机构，当 BC 杆绕 B 点作等速转动时，AB 杆绕 A 点作变速转动，BC 杆驱动刨刀作变速往返运动。

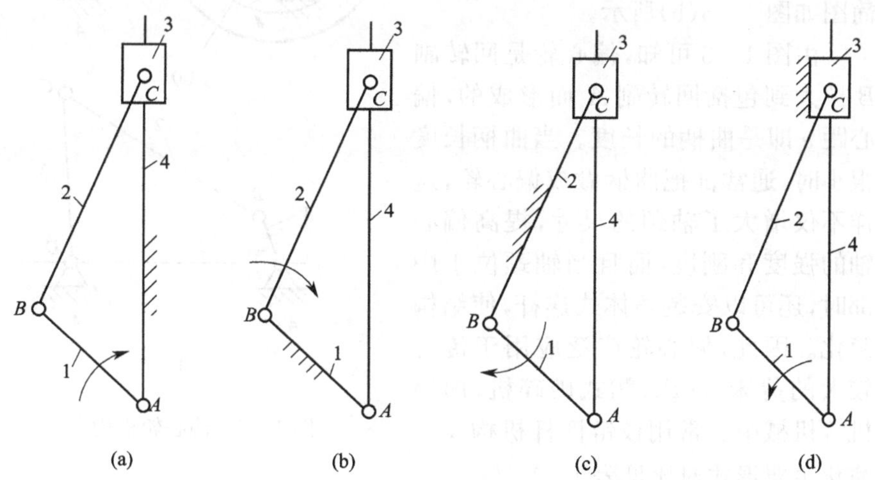

图 1—3 曲柄滑块机构向导杆机构的演化

(1)摇块机构

在如图 1—3(a)所示的曲柄滑块机构中，若取杆 2 为固定件，即可得图 1—4(a)所示的摆动滑块机构，或称摇块机构。这种机构广泛应用于摆动式内燃机和液压驱动装置内。图 1—4(b)所示为自卸卡车翻斗机构

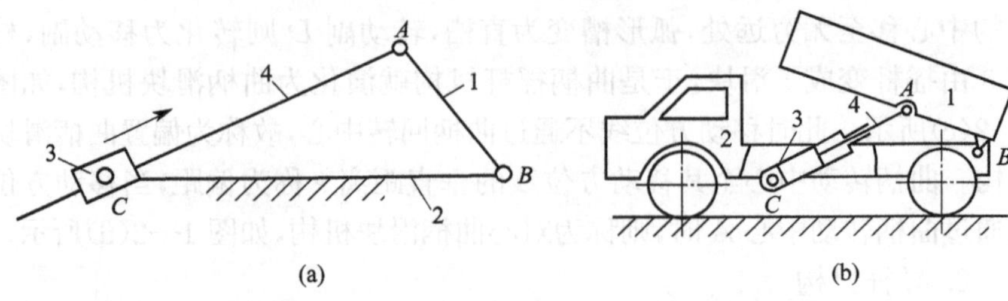

图 1—4 自卸卡车翻斗机构及其运动简图

及其运动简图。在该机构中,因为液压油缸 3 绕铰链 C 摆动,故称为摇块。

(2)偏心轮机构

图 1—5(a)所示为偏心轮机构,杆 1 为圆盘,其几何中心为 B。因运动时该圆盘绕偏心 A 转动,故称偏心轮。A、B 之间的距离 e 称为偏心距。按照相对运动关系,可画出该机构的运动简图如图 1—5(b)所示。

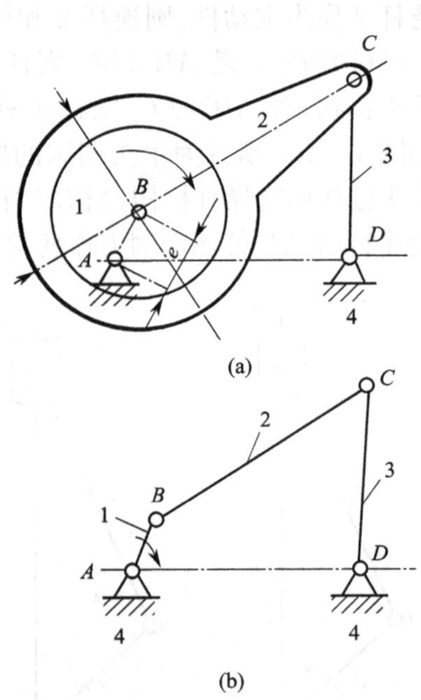

图 1—5 偏心轮机构

由图 1—5 可知,偏心轮是回转副 B 扩大到包括回转副 A 而形成的,偏心距 e 即是曲柄的长度。当曲柄长度很小时,通常都把曲柄做成偏心轮,这样不仅增大了轴颈的尺寸,提高偏心轴的强度和刚度,而且当轴颈位于中部时,还可以安装整体式连杆,使结构简化。因此,偏心轮广泛应用于传力较大的剪床、冲床、颚式破碎机、内燃机等机械中。常用铰链四杆机构及其演化主要形式对比见表 1—1。

三、平面四杆机构的基本特性

1. 铰链四杆机构的曲柄存在条件

铰链四杆机构中是否存在曲柄,取决于机构各杆的相对长度和机架的选择。

表1—1 铰链四杆机构及其演化主要形式对比

固定构件	铰链四杆机构		含一个移动副的四杆机构($e=0$)	
4	曲柄摇杆机构	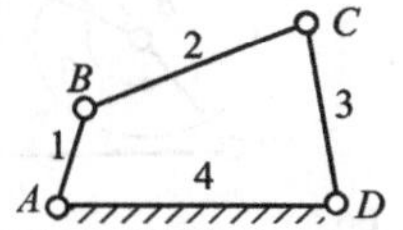 A B C D 1 2 3 4	曲柄滑块机构	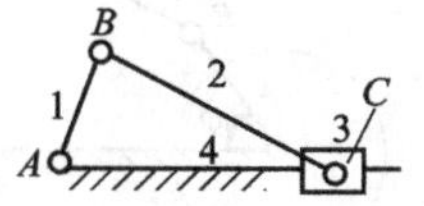 A B C 1 2 3 4
1	双曲柄机构	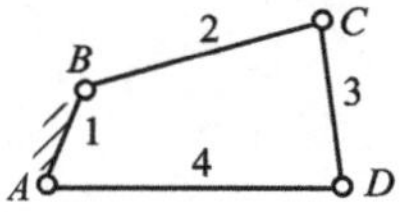 A B C D 1 2 3 4	转动导杆机构	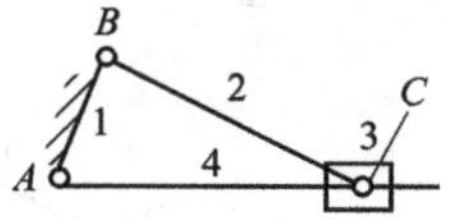 A B C 1 2 3 4
2	曲柄摇杆机构	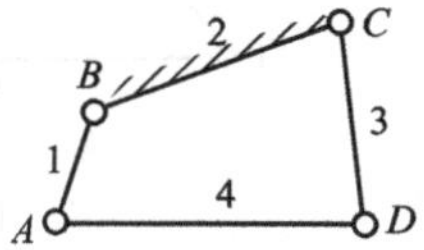 A B C D 1 2 3 4	摇块机构	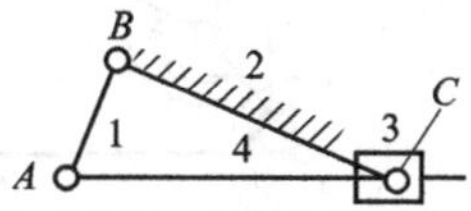 A B C 1 2 3 4
			摆动导杆机构	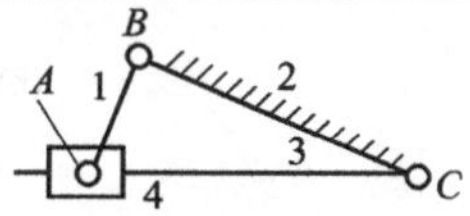 A B C 1 2 3 4
3	双摇杆机构	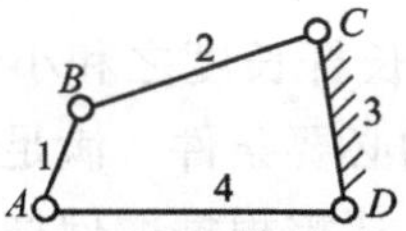 A B C D 1 2 3 4	定块机构	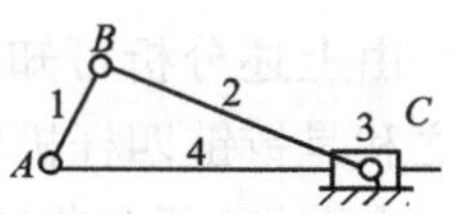 A B C 1 2 3 4

(1) 在曲柄摇杆机构中,曲柄是最短杆。

(2) 最短杆与最长杆长度之和小于或等于其余两杆长度之和。

以上两条件是曲柄存在的必要条件。

因此,当各杆长度不变而取不同杆为机架时,可以得到不同类型的铰链四杆机构,如下所述。

①取最短杆相邻的构件(杆 2 或杆 4)为机架时,最短杆 1 为曲柄,而另一连架杆 3 为摇杆,故图 1—6(a)所示的两个机构均为曲柄摇杆机构。

②取最短杆为机架,其连架杆 2 和 4 均为曲柄,为双曲柄机构,如图 1—6(b)所示。

③取最短杆的对边(杆 3)为机架,则两连架杆 2 和 4 都不能作整周转动,为双摇杆机构,如图 1—6(c)所示。

如果铰链四杆机构中的最短杆与最长杆长度之和大于其余两杆长度之和,则该机构中不可能存在曲柄,无论取哪个构件作为机架,都只能得到双摇。

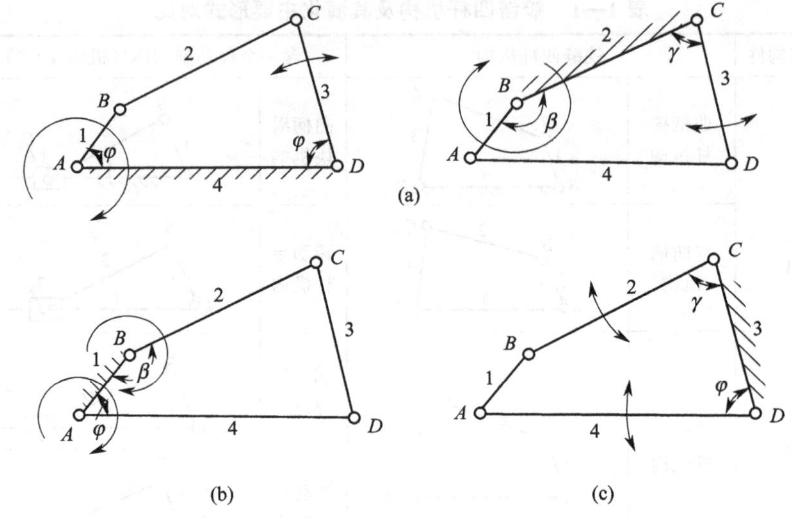

图 1—6　变更机架后机构的演化

由上述分析可知,最短杆和最长杆长度之和小于或等于其余两杆长度之和是铰链四杆机构存在曲柄的必要条件。满足这个条件的机构究竟有一个曲柄、两个曲柄或没有曲柄,还需根据取何杆为机架来判断。

2. 从动件的行程速比系数

从动件的行程速比系数是从动件空回行程的平均速度与从动件工作行程的平均速度的比值。

3. 压力角和传动角

驱动力与运动方向的夹角为压力角,驱动力与径向方向的夹角为传动角,二者之和是 90°。压力角小,传动角大,机构传力性能好。

4. 机构的死点位置

驱动力对从动件的有效回转力矩为零,这个位置是机构的死点位置。机构的死点位置会使机构从动件的运动出现不确定,可以对从动件加外力或利用构件自身的贯性作用使机构通过死点位置。

第二节　动力传输

机械实现做功必须通过传动机构将其动力或运动传递给工作部件来

实现。小型养路机械常用的运动和动力传递方式有机械传动、液压传动和风压传动等。

一、机械传动

机械传动是动力或运动传递中最简单、最直接的一种传动方式。机械传输方式中又有皮带传动、链条传动、齿轮传动和传动轴传动等。

1. 皮带传动

皮带传动是由两个带轮和紧绕在两轮上的传动带组成，是利用紧套在带轮上的挠性环形带与带轮间的摩擦力来传递动力和运动的机械传动。皮带传动具有结构简单、传动平稳、能缓冲吸振、可以在大的轴间距和多轴间传递动力，且其具有造价低廉、不需润滑、维护容易等特点，在机械传动中应用十分广泛。皮带传动又分为摩擦传动和同步带传动。

(1)摩擦传动又分为平带、V形带、多楔带和圆形带传动，如图1—7所示。摩擦型皮带传动能过载打滑、运转噪声低，但传动比不准确(滑动率在2%以下)。

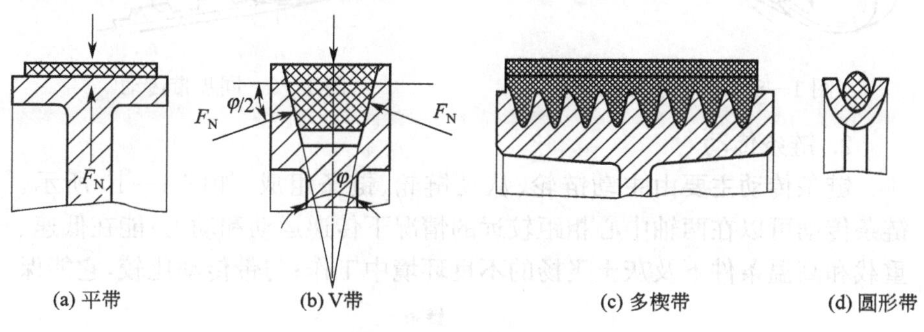

图1—7　摩擦带类型

平带传动的形式又分为开口传动、交叉传动和半交叉传动，如图1—8所示。

平带传动的优点：可传递运动的距离比较远；运转稳、低噪声；自身通过带打滑起过载保护；结构比较简单，设计精度要求不高。

平带传动的缺点：尺寸大，很多产品没有足够的空间来使用；传递降速的效率比较低，理论降速比为大轮半径与小轮半径之比；带的寿命不长，这会导致产品使用寿命也不会很长；不能准确传动(带会打滑)。

(2)同步带传动是啮合性带传动,依靠同步带上的齿与带轮上齿槽的啮合来传递运动和动力的,其结构如图 1—9 所示。同步带传动可保证传动同步,其传动比正确,传动效率高(98%以上),预张紧力小,使轴和轴承上所受的荷载较小,薄而轻,容许高速。但安装时中心距离要求严格,成本较高,且对载荷变动的吸收能力稍差,高速运转有噪声。

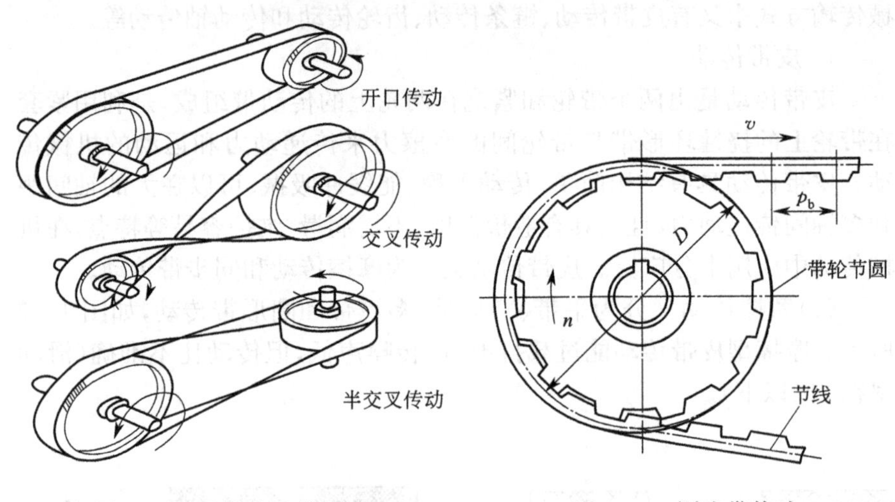

图 1—8 平带传动的形式　　图 1—9 同步带传动

2. 链条传动

链条传动主要由主动链轮、从动链轮、链条组成,如图 1—10 所示。链条传动可以在两轴中心相距较远的情况下传递运动和动力;能在低速、重载和高温条件下及灰土飞扬的不良环境中工作;与带传动比较,它能保

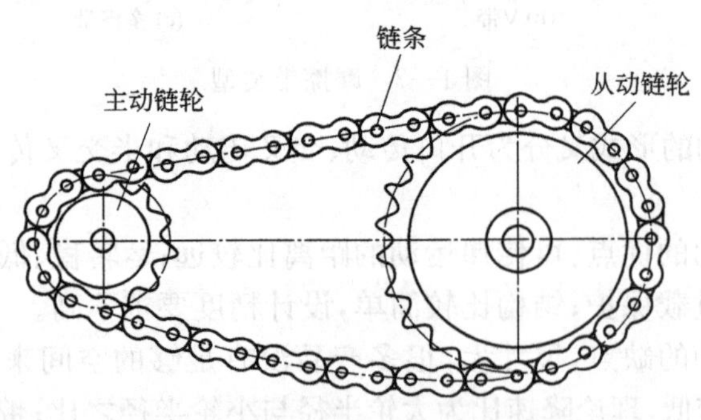

图 1—10 链条传动

证准确的传动比,传递功率较大,且作用在轴和轴承上的力较小。链条传动传递效率较高,一般可达 0.95～0.98。链条的铰链磨损后,使得节距变大造成脱落现象。链条传动安装和维修要求较高,链轮材料一般是结构钢等。

3. 齿轮传动

齿轮传动用于传递空间任意轴之间的运动和动力,是利用两齿轮的轮齿相互啮合传递动力和运动的机械传动。按齿轮轴线的相对位置分为平行轴圆柱齿轮传动、相交轴圆锥齿轮传动和交错轴螺旋齿轮传动,即平面齿轮传动(两轴平行)和空间齿轮传动(两轴不平行)。齿轮传动具有结构紧凑、效率高、寿命长等特点,其分类形式如图 1—11 所示。

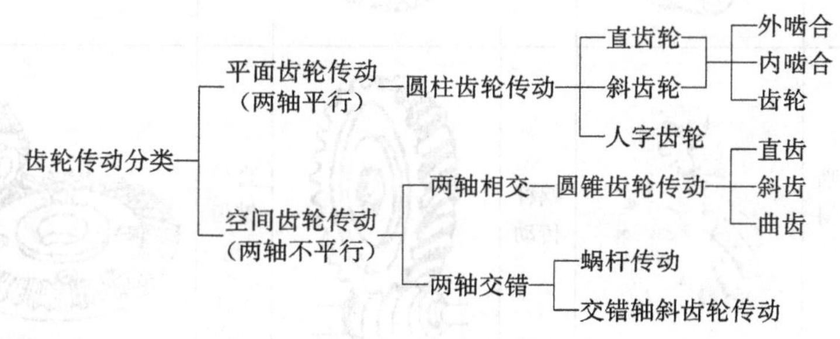

图 1—11 齿轮传动分类形式

齿轮传动的种类很多,常见种类见表 1—2。在所有的机械传动中,齿轮传动应用最广,可用来传递相对位置不远的两轴之间的运动和动力。即齿轮传动的平稳性要求在轮齿啮合过程中瞬时传动比 i(主动轮角速度 ω_1/从动轮角速度为一常数(齿轮传动的啮合定律),由齿廓保证。

齿轮的结构按轮齿的齿廓曲线可分为渐开线齿轮传动、摆线齿轮传动和圆弧齿轮传动等。由两个以上的齿轮组成的传动称为轮系。根据轮系中是否有轴线运动的齿轮,可将齿轮传动分为普通齿轮、传动和行星齿轮传动,轮系中有轴线运动的齿轮就称为行星齿轮。齿轮传动按其工作条件又可分为闭式、开式和半开式传动。把传动密封在刚性的箱壳内,并保证良好的润滑,称为闭式传动,较多采用,尤其是速度较高的齿轮传动,必须采用闭式传动。开式传动是外露的,不能保证良好的润滑,仅用于低速或不重要的传动。半开式传动介于二者之间。

表 1—2　齿轮传动常见种类

外啮合齿轮	外啮合直齿轮		齿轮齿条		曲齿锥齿轮	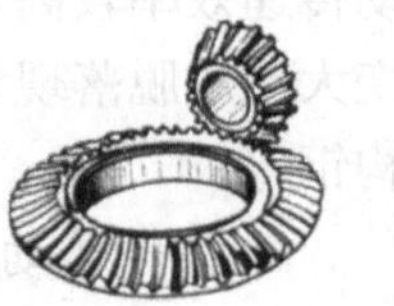
	外啮合人字齿轮		交错轴斜齿轮		斜啮合锥齿轮	
	外啮合斜齿轮	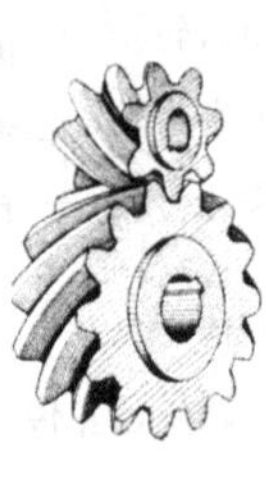	蜗杆传动	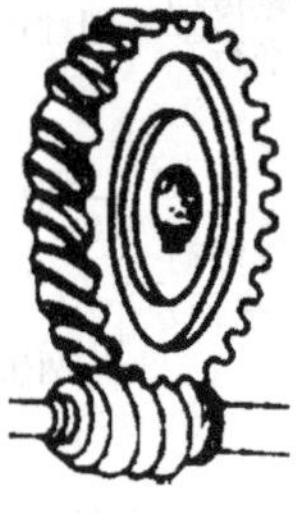	直齿锥齿轮	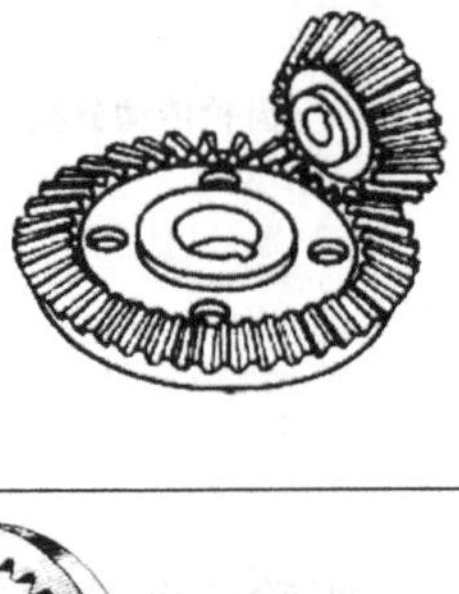
内啮合齿轮	内啮合直齿轮					

齿轮传动能保证瞬时传动比恒定，平稳性较高，传递运动准确可靠；其传递的功率和速度范围较大；结构紧凑、工作可靠，可实现较大的传动比；传动效率高，使用寿命长；齿轮的制造、安装要求较高，齿轮材料一般是铸铁等。

4. 轴 传 动

(1)轴的功用

轴是组成机器的重要零件之一。轴的主要功用是支承旋转零件(例如齿轮、蜗轮等)、传递运动和动力。

(2)轴的分类

按轴承受的载荷不同,可将轴分为转轴、心轴和传动轴三种。心轴工作时仅承受弯矩而不传递转矩,如自行车轴;转轴工作时既承受弯矩又承受转矩,如减速器中的轴;传动轴则只传递转矩而不承受弯矩,如汽车中连接变速箱与后桥之间的轴。轴常见种类见表1—3。

表1—3 轴常见种类

名称	图例	名称	图例
固定心轴	2 前叉	轮轴	F 1 F
阶梯轴	端轴颈 轴头中轴颈 轴头 转轴,阶梯轴	传动轴	传动轴 T T
曲轴		钢丝软轴	被驱动装置 接头 钢丝软轴 (外层为护套) 动力源 接头

根据轴线形状的不同,轴又可分为直轴、曲轴和挠性钢丝轴。曲轴和挠性钢丝轴属于专用零件。直轴按外形不同又可分为光轴和阶梯轴。光轴形状简单,应力集中少,易加工,但轴上零件不易装配和定位,常用于心轴和传动轴。阶梯轴各轴段截面的直径不同,这种设计使各轴段的强度相近,而且便于轴上零件的装拆和固定,因此阶梯轴在机器中的应用最为广泛。直轴一般都制成实心轴,但为了减少重量或为了满足有些机器结构上的需要,也可以采用空心轴。

(3)轴的常用材料及热处理

轴的材料主要是碳钢和合金钢。钢轴的毛坯多数用轧制圆钢和锻件。锻件的内部组织均匀,强度较好,重要的轴、大尺寸或阶梯尺寸变化较大的轴,应采用锻制毛坯。对直径较小的轴,可直接用圆钢加工。由于碳钢比合金钢价廉，对应力集中的敏感性较低，同时也可以用热处理的办法提高其耐磨性和抗疲劳强度，故轴采用碳钢制造最广泛，其中最常用的是45号钢。不重要或低速轻载的轴，以及一般传动的轴也可以使用Q235、Q275等普通碳钢制造。因合金钢比碳钢具有更高的力学性能和更好的淬火性能，在传递大动力，并要求减小尺寸与质量，提高轴的耐磨性，以及处于高温条件下工作的轴，常采用合金钢。高强度铸铁和球墨铸铁由于容易做成复杂的形状，而且价廉、吸振性和耐磨性好、对应力集中的敏感性较低，故常用于制造外形复杂的轴。

(4)轴的结构设计

轴的结构设计包括定出轴的合理外形和全部结构尺寸。轴的结构主要取决于轴在机器中的安装位置及形式；轴上安装零件的类型、尺寸、数量以及和轴连接的方法；载荷的性质、大小、方向及分布情况；轴的加工工艺等因素。由于影响轴结构的因素较多，且其结构形式又要随着具体情况的不同而异，所以轴没有标准的结构形式。设计时，必须针对不同情况进行具体的分析。但是，不论何种具体条件，轴的结构都应满足：轴和装在轴上的零件要有准确的位置；轴上零件应便于装拆和调整；轴应具有良好的制造工艺性（如减速器轴的设计）等条件。

二、液压传动

（一）液压传动简述

液压传动和气压传动称为流体传动，利用有压力的液体作为工作介质来实现能量转换和传递动力。液压传动的基本原理是以液压体为工作介质，依靠密封容积的变化来传递运动，依靠液压介质内部的压力来传输动力的一种传动方式。液压传动装置实质上是一种能量转换装置，它先将机械能转换为便于输送的液压能，再将液压能转换为机械能，以驱使工作机构完成要求的工作动作。液压传动有许多突出的优点，因此它的应用非常广泛，如铁路工务系统最常用的起拨道器、起道机、轨缝调整器、捣固机、清筛车、捣固车及机床等。

1. 液压传动系统的组成

在液压传动系统中，按其功能作用可分成五部分，各部分名称、所包含的主要元件及其作用见表1—4。

表1—4 液压传动系统的组成

名 称	组 成	作 用
动力元件	液压泵	把液体利用原动机的机械能转换成液压能
执行元件	液压油缸、液压马达	将液体的液压能转换成机械能，并分别输出直线或旋转运动
控制元件	压力阀、流量阀和方向阀	根据需要无级调节液动机的速度，并对液压系统中工作液体的压力、流量和流向进行调节控制
辅助元件	压力表、滤油器、冷却器、管件、密封件及油箱	输送和储存液压介质，并对其进行过滤和密封
工作介质	液压油或乳化液	充当动力元件和执行元件实现能量转换的载体

2. 液压传动的特点

(1)液压传动的优点

①体积小、质量轻，惯性力较小，当突然过载或停车时，不会发生大的冲击；

②能在给定范围内平稳地自动调节牵引速度，并可实现无极调速；

③换向容易，在不改变原动机旋转方向的情况下，可以较方便地实现工作机构旋转和直线往复运动的转换；

④液压泵和液压马达、油缸之间用油管连接，在空间布置上彼此不受严格限制；

⑤由于采用油液为工作介质，元件相对运动表面间能自行润滑，磨损小，使用寿命长；

⑥操纵控制简便，自动化程度高；

⑦容易实现过载保护。

(2)液压传动的缺点

①使用液压传动对维护的要求高，工作油要始终保持清洁；

②对液压元件制造精度要求高，工艺复杂，成本较高；

③液压元件维修较复杂，且需有较高的技术水平；

④用油做工作介质，在工作面存在火灾隐患；

⑤传动效率低。

(二)液压传动的基本理论

液压传动利用的是帕斯卡原理，即在密闭环境中，向液体施加一个力，此液体会向各个方向传递这个力，力的大小不变。向一个物体施加一个力，利用帕斯卡原理使这个力变大，从而起到举起重物的效果。

1. 流体的主要物理性质

(1)流体的密度

流体密度是单位体积流体的质量，通常用ρ(kg/m^3)表示，即：

$$\rho=m/V$$

式中 m——流体的质量(kg)；

V——流体的体积(m^3)。

流体的密度随温度的上升而有所减少，随压力的上升而稍有增加，但变化值很小。

(2)流体的黏度

流体在外力的作用下流动时，分子间内聚力阻止分子相对运动而产生一种内摩擦力，这种现象叫流体的黏度。流体只有在流动时才会呈现出黏度，静止流体是不呈现黏度的。

流体黏度对温度的变化十分敏感，温度升高，黏度下降；温度下降，黏度上升。这种油液黏度随温度变化的性质称为黏温特性。不同种类的油液黏温特性有所不同。

2. 液体静力学常识

(1)流体静压力

当液体相对静止时，液体单位面积上所受的法向力，称做流体静压力，相当于物理学中的压强，通常用P(N/m^2 或 Pa)表示。

$$P=F/A$$

式中 F——法向压力(N)；

A——承受压力的液体面积(m^2)。

(2)流体静力学的基本方程

如图 1—12(a)所示，密度为ρ的液体在容器内处于静止状态，作用在液面上的压力为P_0，如计算距离液面深度为h处某点的压力P，可以假想在液体内取出一个底面包含该点，底面积为ΔA的一微小液柱来研究，如图 1—12(b)所示。这个液柱在重力及周围液体压力的作用下，处于平衡状态，所以有

$$P\Delta A=P_0\Delta A+\rho gh\Delta A$$

故

$$P=P_0+\rho gh$$

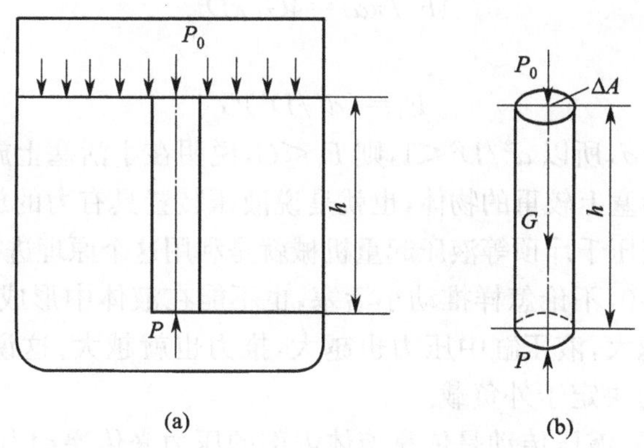

图 1—12 静止液体内的压力分布示意图

上式称为液体静力学基本方程。

(3)压力的形成与传递

由静力学基本方程可知，静止液体中任意一点处的压力都包含了液面上的压力 p_0，这就说明在密闭容器中的静止液体，由外力作用所产生的压力可以等值传递到液体内部的所有各点，这就是帕斯卡原理。

图 1—13 所示为相互连通的两个液压缸(液压千斤顶原理)，已知大缸内径为 D，小缸内径为 d，大活塞上放一重物为 G。施加在小活塞上的作用力为 F_1。根据帕斯卡原理，由外力产生压力在两缸中相等，即

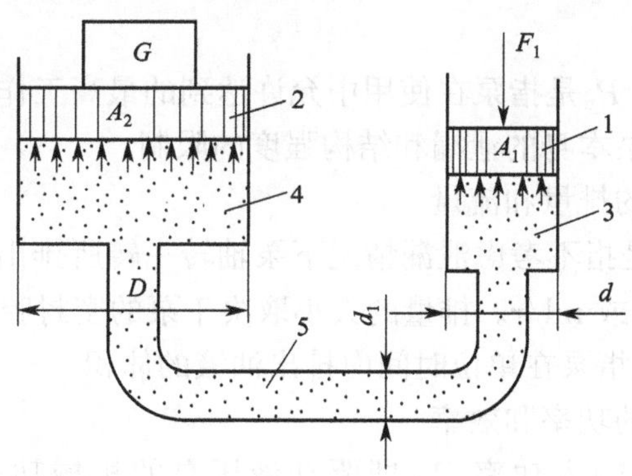

图 1—13 帕斯卡原理示意图

1—大活塞 A_1(直径为 D)；2—小活塞 A_2(直径为 d)；

3—大油缸；4—小油缸；5—连接油管

$$4F_1/\pi d^2 = 4G/\pi D^2$$

则

$$F_1 = (d^2/D^2)G$$

由于 $D>d$，所以 $d^2/D^2<1$，则 $F_1<G$，说明在小活塞上施加较小的压力能举起大活塞上较重的物体，也就是说液压装置具有力的放大作用。液压压力机和液压千斤顶等液压起重机械就是利用这个原理进行工作的。

如果 $G=0$，不论怎样推动小活塞，也不能在液体中形成压力，即 $p=0$。反之，G 越大，液压缸中压力也越大，推力也就越大，这说明了液压系统的工作压力决定于外负载。

综上所述，液压传动是依靠液体内部的压力来传递动力的，在密闭容器中压力是以等值传递，所以帕斯卡原理是液压传动基本原理之一。

（三）液压传动的动力装置

在液压传动系统中，液压动力装置的作用是将电动机（或其他原动机）输出的机械能转换为液体的压力能，从而为系统提供动力。液压泵是液压系统的主要动力装置，下面将介绍几种典型的（齿轮式、叶片式和柱塞式）液压泵。

1. 液压泵的主要性能参数

(1)液压泵的压力

①工作压力 P_p 是指泵工作时输出油液的实际压力，其大小取决于负载。

②额定压力 P_n 是指泵在使用中允许达到的最高工作压力，超过此值就是过载，它受泵本身的泄漏和结构强度的限制。

(2)液压泵的排量和流量

①排量 V_p 是指不考虑泄漏情况下泵轴转一转所排出油液的体积，常用单位为 cm^3/r 或 ml/r。排量的大小取决于泵的密封腔的几何尺寸。

②流量 q 是指泵在单位时间内排出油液的体积。

(3)液压泵的功率和效率

①液压泵的输入功率 P_i，即驱动液压泵的机械功率（如电动机功率）。若输入转矩为 T_i，角速度为 $\omega(\omega=2\pi n)$ 则

$$P_i = 2\pi n T_i$$

②液压泵的输出功率 P_0 是指泵的工作压力和实际输出流量的乘

积，即

$$P_0 = P_p q_p$$

式中 P_0——液压泵的输出功率(W)；

P_p——液压泵的工作压力(Pa)；

q_p——液压泵的实际输出流量(m^3/s)。

2. 齿 轮 泵

齿轮泵是液压系统中常用的液压泵，按其结构不同分外啮合式和内啮合式两大类，其中外啮合式齿轮泵应用较为广泛。

(1)外啮合式齿轮泵的结构

外啮合式齿轮泵的结构比较简单，是三片式结构，主要由泵前、后端盖、泵体、齿轮、轴等组成。

(2)外啮合式齿轮泵的工作原理

图 1—14 为外啮合式齿轮泵的工作原理。泵体内装有一对齿数相同相互啮合的齿轮，齿轮的两端面靠泵端盖(图中未画出)密封。泵体、端盖和齿轮的各齿槽组成了密封容积。这种泵无专门的配流装置，而是靠两齿轮沿齿宽方向的啮合线起配流装置的作用，即把密封容积分成吸油腔和压油腔两部分，在吸油与压油过程中互不相通。当齿轮按图示箭头方向旋转时，右侧油腔由于轮齿逐渐脱开啮合，使密封容积逐渐增大而形成局部真空，油箱中的油液在大气压作用下，经油管进入油腔，充满齿槽，并随着齿轮的旋转被带到左腔。而左边的油腔，由于轮齿逐渐进入啮合，使密封容积逐渐减小，齿槽中的油液受到挤压，从排油口排出。当齿轮不断旋转时，吸油腔不断吸油，压油腔不断排油。

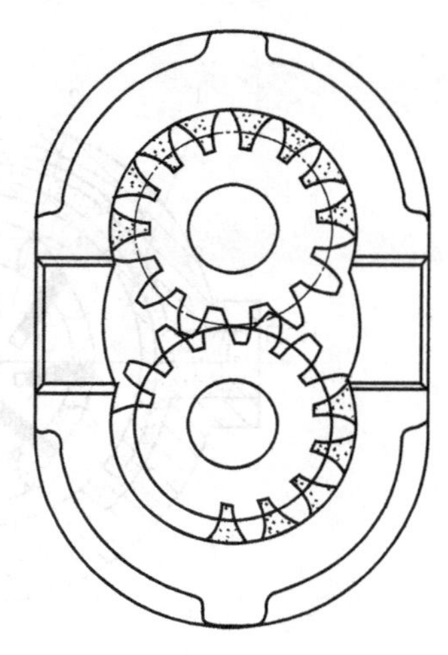

图 1—14 外啮合式齿轮泵的工作原理

(3)齿轮泵的特点及用途

外啮合式齿轮泵结构简单，尺寸小，质量轻，制造方便，价格低廉，工作可靠，自吸能力强(允许的吸油真空度大)对油液污染不敏感，维护容易。但一些机件要承受不平衡径向力，磨损严重，泄漏大，工作压力的提高受到限制。此外，它的流量脉动大，因而压力脉动和噪声都较大。外啮合式齿轮泵主要用于低压或不重要的场合。

3. 叶 片 泵

叶片泵分双作用式和单作用式两大类，前者是定量泵，后者是变量泵，叶片泵在液压系统中得到了广泛应用。叶片泵具有流量均匀，运转平稳，噪声小等优点。但结构比较复杂，自吸能力差，对油液污染比较敏感。

(1)双作用叶片泵的结构

图 1—15 所示为双作用叶片泵的工作原理，它主要由定子、转子、叶片、配流盘、传动轴和泵体等组成。转子和定子同心安装。定子内表面近似椭圆形，它由两段长半径 R 圆弧、两段短半径 r 圆弧和四段过渡曲线组成。

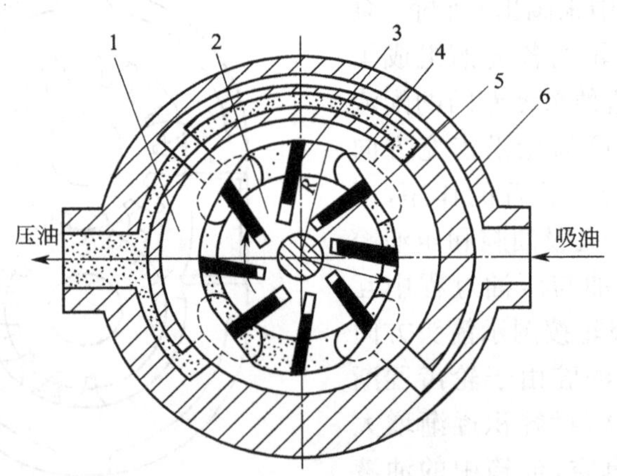

图 1—15　双作用叶片泵

1—定子；2—转子；3—叶片；4—配流盘；5—轴；6—泵体

(2)双作用叶片泵的工作原理

转子旋转时，由于离心力和叶片根部油压的作用，使叶片顶部紧靠在定子内表面上，这样，由每两个叶片之间和定子的内表面、转子的外表面及前后配流盘形成了若干个密封工作腔。图 1—15 中，转子顺时针方向旋转时，密封工作腔的容积在左上角和右下角处逐渐增大，形成局部真空而吸油，为吸油区；在右上角和左下角处逐渐减小而压油，为压油区。吸油区和压油区之间有一段封油区把它们隔开。这种泵的转子每转一周，每个密封工作腔完成吸油、压油各两次，故称为双作用叶片泵。又因为泵的两个吸油区和压油区是径向对称的，使作用在转子上的径向液压力平衡，所以又称为卸荷式叶片泵。

4. 柱 塞 泵

柱塞泵是靠柱塞在缸体内作往复运动，使密封容积发生变化而实现吸油和压油的。由于构成密封容积的柱塞和缸体均为圆柱表面，加工方便，可得到较高的配合精度，故密封性能好，容积效率高。而且，只要改变柱塞的工作行程就能改变泵的流量，所以与齿轮泵和叶片泵相比，柱塞泵具有压力高、结构紧凑、效率高、流量调节方便等优点。柱塞泵广泛应用于需要高压、大流量、大功率的系统中和流量需要调节的场合，如龙门刨床、液压养路机械、工程机械、矿山冶金机械及船舶上等。

柱塞泵按柱塞排列方向不同，分为径向柱塞泵和轴向柱塞泵两大类。

(1)轴向柱塞泵的结构

轴向柱塞泵的柱塞沿轴向均布在缸体的柱塞孔中，它主要由缸体、配流盘、柱塞和斜盘等部分组成，如图 1—16 所示。斜盘和配流盘固定不

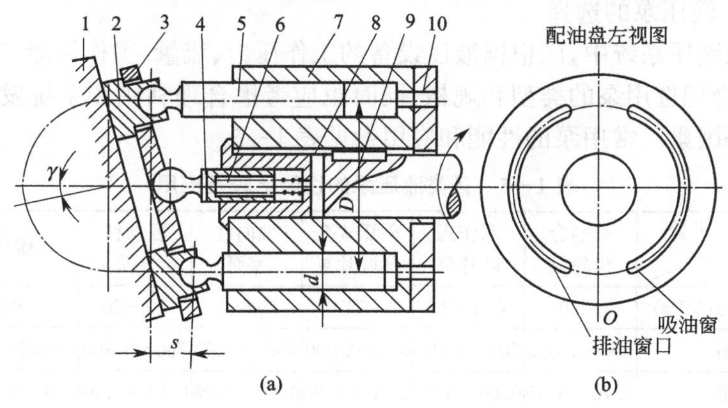

图 1—16 轴向柱塞泵

1—斜盘；2—滑履；3—压板；4—内套筒；5—柱塞；6—弹簧；7—缸体；8—外套筒；9—轴；10—配流盘

动，斜盘法线与缸体轴线夹角为斜盘倾角 γ。缸体由轴带动旋转，缸体上均布了若干个轴向柱塞孔，孔内装有柱塞，内套筒在中心弹簧的作用下，通过压板而使柱塞头部的滑履紧靠在斜盘上，同时外套筒在弹簧的作用下，使缸体和配流盘紧密接触，起密封作用。在配流盘上开有吸、压油窗口。

(2)轴向柱塞泵的工作原理

当传动轴带动缸体按图 1—16 所示方向旋转时，在右半周内，柱塞逐渐向外伸出，柱塞与缸体孔内的密封容积逐渐增大，形成局部真空，通过配流盘的吸油窗口吸油；缸体在左半周旋转时，柱塞在斜盘斜面作用下，逐渐被压入柱塞孔内，密封容积逐渐减小，通过配流盘的压油窗口压油。缸体每转一转，每个柱塞往复运动一次，吸、压油各一次。若改变斜盘倾角 γ 的大小，就能改变柱塞的行程长度 s，也就改变了泵的排量。如果改变斜盘倾角的方向，就能改变吸、压油的方向，所以称为双向变量轴向柱塞泵。

(3)轴向柱塞泵的特点

轴向柱塞泵的优点是结构紧凑，径向尺寸小，质量轻，转动惯量小，容积效率高，目前最高工作压力一般为 32～40 MPa，甚至更高。轴向柱塞泵一般用于工程机械、压力机等高压泵，但其轴向尺寸较大，轴向作用力也较大，结构比较复杂。

5. 液压泵的选择

在液压系统中，应根据液压设备的工作压力、流量、工作性能、工作环境等，合理选用泵的类型和规格，同时也应考虑合理利用和系统发热、经济性等因素。常用泵的性能和应用参见表 1—5。

表 1—5　各类液压泵的性能比较及应用

性能＼类型	外啮合齿轮泵	双作用叶片泵	限压式变量叶片泵	轴向柱塞泵	径向柱塞泵	螺杆泵
工作压力(MPa)	<20	6.3～21	≤7	20～35	10～20	<10
转速范围	300～7 000	500～4 000	500～2 000	600～6 000	700～1 800	1 000～18 000
容积效率	0.70～0.95	0.80～0.95	0.80～0.90	0.90～0.98	0.85～0.95	0.75～0.95
总效率	0.60～0.85	0.75～0.85	0.70～0.85	0.85～0.95	0.75～0.92	0.70～0.85
功率质量比	中等	中等	小	大	小	中等
流量脉动率	大	小	中等	中等	中等	很小

续上表

性能＼类型	外啮合齿轮泵	双作用叶片泵	限压式变量叶片泵	轴向柱塞泵	径向柱塞泵	螺杆泵
自吸特性	好	较差	较差	较差	差	好
对油的污染敏感性	不敏感	敏感	敏感	敏感	敏感	不敏感
噪　声	大	小	小	大	大	很小
寿　命	较短	较长	较短	长	长	很长
单位功率造价	最低	中等	较高	高	高	很高
应用范围	机床、工程机械、农机、航空、船舶、一般机械	机床、注塑机、液压机、起重运输机械、工程机械、飞机	机床、注塑机	工程机械、锻压机械、起重机械、矿山机械、冶金机械、船舶、飞机	机床、液压机、船舶机械	精密机床、精密机械、食品、化工、石油、纺织等机械

(四)液压传动的执行元件

液压执行元件的功用是将液压系统中的压力能转化为机械能，以驱动外部工作部件。常用液压执行元件有液压缸和液压马达。它们的区别是:液压缸将液压能转换成直线运动(或往复直线运动)的机械能，而液压马达则是将液压能转成旋转运动的机械能。

1. 液压油缸

液压油缸按结构特点可分为活塞缸、柱塞缸和摆动缸三类;按其供油方向不同可分为单作用式和双作用式两种。单作用式液压缸中液压力只能使活塞(或柱塞)单方向运动，反方向运动必须靠外力(如弹簧力或自重等)实现;双作用式液压缸可由液压力实现两个方向的运动。

(1)活塞式液压缸

活塞式液压缸可分为双杆式和单杆式两种结构。

①双杆活塞液压缸即被活塞隔开的液压缸两腔中都有活塞杆伸出，如图 1—17 所示，它主要由活塞杆、压盖、缸盖、缸体、活塞、密封圈等部分组成。缸体固定在床身上，活塞杆和支架连在一起，使活塞杆只受拉力，因而可做得较细。缸体与缸盖采用法兰联结，活塞与活塞杆采用锥销联结。活塞与缸体间采用间隙密封，活塞杆与缸体端盖处采用 V 形密封圈密封。

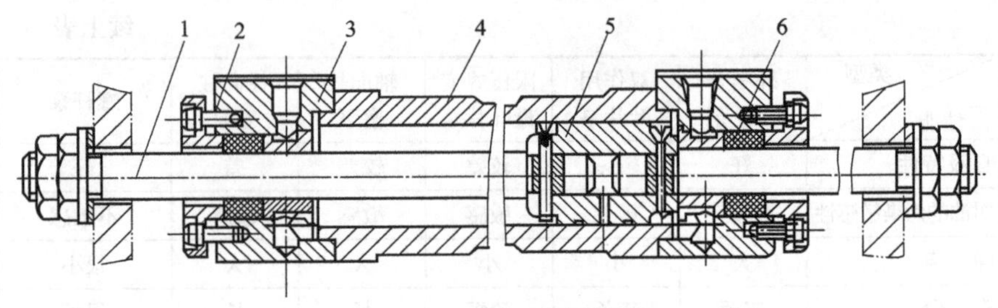

图 1—17　双杆活塞液压缸

1—活塞杆；2—压盖；3—缸盖；4—缸体；5—活塞；6—密封圈

②单杆活塞液压缸即仅一端有活塞杆的液压缸。图 1—18 所示为工程机械设备常用的单杆液压缸，主要由缸底、活塞、O 形密封圈、Y 形密封圈、缸体、活塞杆、导向套等部分组成。活塞与缸体的密封采用 Y 形密封圈密封，活塞的内孔与活塞杆之间采用 O 形密封圈密封。导向套起导向、定心作用，活塞上套着一个用聚四氟乙烯制成的支承环，缸盖上设有防尘圈，活塞杆左端设有缓冲柱塞。

单杆液压缸的特点如图 1—19(a)所示，单杆液压缸无论是缸体固定

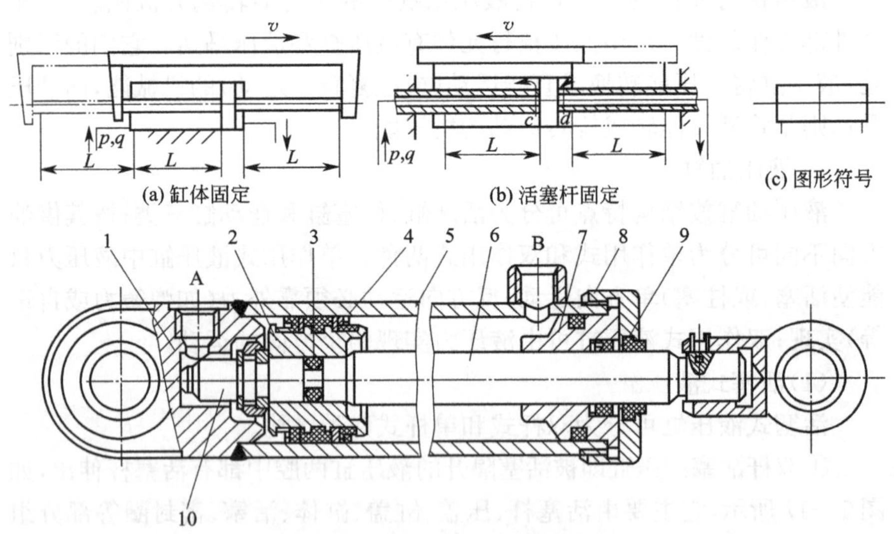

图 1—18　单杆活塞液压缸

1—缸底；2—活塞；3—O 形密封圈；4—Y 形密封圈；5—缸体；6—活塞杆；7—导向套；8—缸盖；9—防尘圈；10—缓冲柱塞

还是活塞杆固定，工作台的运动范围都等于缸有效行程 L 的两倍，故结构紧凑，应用广泛。图形符号如图 1—19(b)所示。由于仅一侧有活塞杆，所以两腔的有效工作面积不同，当分别向缸两腔供油，且供油压力和流量相同时，活塞(或缸体)在两个方向产生的推力和运动速度不相等。单杆活塞缸常用于一个方向有较大负载，但运行速度较低，另一个方向为空载快速退回运动的设备。例如，各种金属切削机床、压力机、起道机、起重机、起到机的液压系统即常用单杆活塞缸。

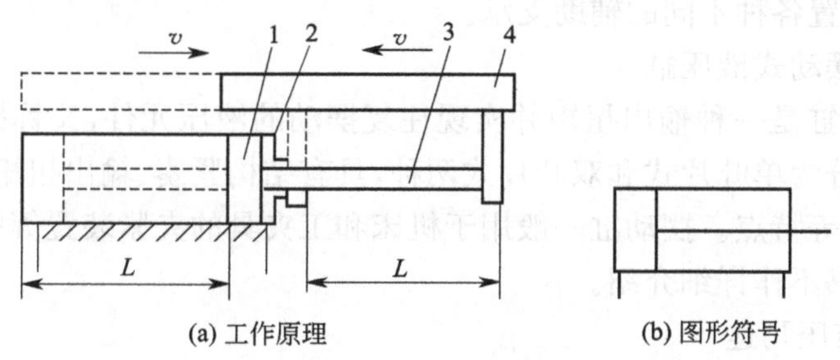

(a) 工作原理　　(b) 图形符号

图 1—19　单杆活塞液压缸

1—活塞；2—缸体；3—活塞杆；4—工作台

(2)柱塞式液压缸

柱塞缸是一种单作用液压缸，其工作原理如图 1—20(a)所示，柱塞与工作部件相连，缸筒固定在机体上。当压力油进入缸筒时，推动柱塞带动运动部件向右运动，但回程要靠自重(垂直安装)或其他外力(如弹簧力)来实现。图形符号如图 1—20(b)所示。

当柱塞的直径为 d，输入液压缸的流量为 q，压力为 p 时，其柱塞上所产生的推力 F 和速度 v 为

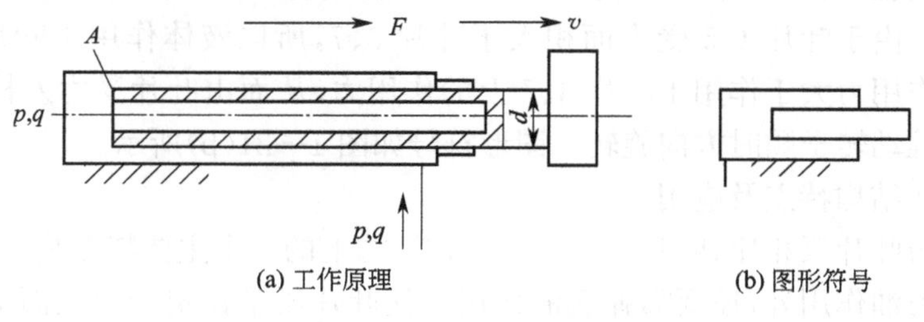

(a) 工作原理　　(b) 图形符号

图 1—20　柱塞式液压缸

$$F=PA=P(\pi/4)d^2$$

$$v=q/A=4q/\pi d^2$$

柱塞缸的主要特点是柱塞与缸体内壁不接触，所以缸体内孔只需粗加工甚至不加工，故工艺性好，适用于较长行程的场合，如龙门刨床、导轨磨床、大型拉床等设备的液压系统中。柱塞端面受压，为了能输出较大的推力，柱塞一般较粗、较重。水平安装时易产生单边磨损，故柱塞缸适于垂直安装使用。当其水平安装时，为防止柱塞因自重而下垂，常制成空心柱塞并设置各种不同的辅助支承。

(3)摆动式液压缸

摆动缸是一种输出扭矩并实现往复摆动的液压元件，又称摆动式油压马达，分为单叶片式和双叶片式两种，具有结构紧凑、输出扭矩大，但密封性较差等特点。摆动缸一般用于机床和工夹具的夹紧装置等中低压系统中，本书不作详细介绍。

2. 液压马达

液压马达是将液体的压力能转换为连续回转的机械能的液压执行元件。从原理上讲，泵和马达具有可逆性，其结构与液压泵基本相同。但由于泵和马达二者的功用和工作状况不同，所以在实际结构上存在一定的差别，因此并非所有液压泵都能当做液压马达使用。液压马达按结构可分为齿轮式、叶片式和柱塞式三大类。下面介绍叶片式液压马达和轴向柱塞式液压马达的工作原理。

(1)叶片式液压马达

①叶片式液压马工作原理

如图 1—21(a)所示为叶片式液压马达的工作原理图。当压力油进入压油腔后，在叶片 1、3(或 5、7)上，一面作用有压力油，另一面则为低压回油。由于叶片 1、5 受力面积大于叶片 3、7，所以液体作用于叶片 1、5 上的作用力大于作用于叶片 3、7 上的作用力，从而由叶片受力差构成的力矩推动转子顺时方向旋转。图形符号如图 1—21(b)所示。

②结构特点及应用

与叶片泵相比，叶片式液压马达在结构上的一个主要特点是，叶片除靠压力油作用外，还要靠弹簧的作用力使叶片压紧在定子内表面上。因为在启动时，如叶片未贴紧定子内表面，进油腔和排油腔相通，就不能形

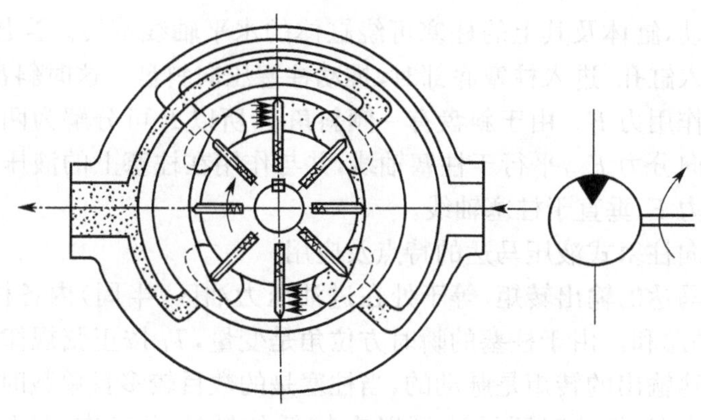

图 1—21 叶片式液压马达

成油压，也不能输出转矩。因此，在叶片根部应设置预紧弹簧。另外叶片在转子中是径向放置的，因为马达要求正反转。此外，为了使叶片的底部始终都通压力油，不受液压马达回转方向的影响，在吸、压油腔通入叶片根部的通路上应设置单向阀(图中未示出)。叶片式液压马达体积小，转动惯量小，动作灵敏，但其泄漏量较大，低速工作时不稳定。因此，叶片式液压马达适用于转速高、转矩小和要求换向频率较高的场合。

(2)轴向柱塞式液压马达

①轴向柱塞式液压马达的结构和工作原理

如图 1—22 所示为轴向柱塞式液压马达的工作原理图。斜盘和配流

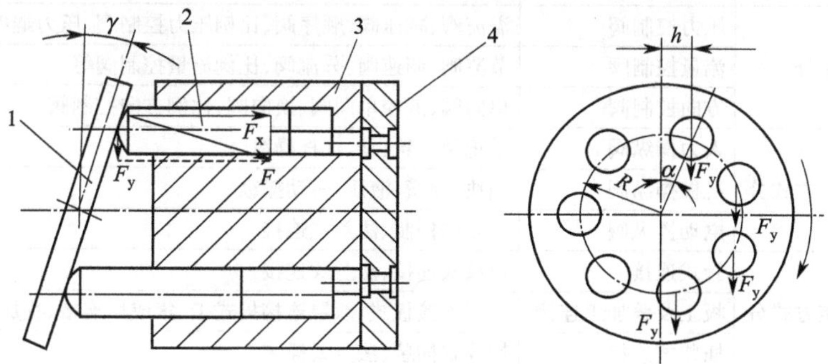

图 1—22 轴向柱塞式液压马达工作原理

1—斜盘；2—柱塞；3—缸体；4—配流盘

盘固定不动，缸体及其上的柱塞可绕缸体的水平轴线旋转。当压力油经配流盘通入缸孔、进入柱塞底部时，推动柱塞压向斜盘。这时斜盘对柱塞产生一反作用力 F。由于斜盘有一倾斜角 γ，所以 F 可分解为两个分力，一个是轴向分力 F_x，平行于柱塞轴线，并与作用在柱塞上的液压力平衡；另一个分力 F_y 垂直于柱塞轴线。

②轴向柱塞式液压马达的特点及应用

液压马达的输出转矩，等于处在进油压力油区(半周)内各柱塞瞬时转矩 T_i 的总和。由于柱塞的瞬时方位角是变量，T_i 按正弦规律变化，所以液压马达输出的转矩是脉动的，当柱塞是的数目较多且单数时，则脉动较小。轴向柱塞式液压马达可以在较低的转速下工作，最低转速为 2 r/min，而且调速范围较大，最高转速可达到 1 000 r/min 以上，较其他液压马达性能优越，已被广泛用于机床及各种自动控制的液压系统中，如电液脉冲液压马达。

(五)液压传动的控制元件

液压控制阀用来控制液压系统中的油液的压力、流量和流动方向，从而满足液压执行元件对压力、速度和换向的要求。

1. 液压控制阀的分类

液压控制阀的种类繁多，功能各异，可根据其结构、用途和操纵方式进行分类，见表 1—6。

表 1—6 液压控制阀的分类

分类方法	种类	详细分类
按用途分	压力控制阀	溢流阀、减压阀、顺序阀、比例压力控制阀、压力继电器等
	流量控制阀	节流阀、调速阀、分流阀、比例流量控制阀等
	方向控制阀	单向阀、液控单向阀、换向阀、比例方向控制阀
按操作方式分	人力操纵阀	手把及手轮、踏、杠杆操纵
	机械操纵阀	挡块、弹簧、液压、所动操纵
	电动操纵阀	电磁铁控制、法兰式连接
按连接方式分	管式连接	螺纹式连接、法兰式连接
	板工及叠加工连接	单层连接板式、双层连接板式工、集成块连接、叠加阀
	插装式连接	螺纹式插装、法兰式插装

2. 对液压控制阀的性能要求

(1)动作灵敏，工作可靠，工作时冲击振动小。

(2)油液通过液压阀时,压力损失要小。

(3)密封性能好,内泄漏少,无外泄漏。

(4)结构简单紧凑,安装、调试、维护方便,通用性好。

3. 方向控制阀

方向控制阀是用以控制和改变液压系统液流方向的阀。方向控制阀的基本工作原理是利用阀芯与阀体间相对位置的改变,实现油路间的通、断,以满足系统对液流方向的要求。方向控制阀分为单向阀和换向阀两类。

(1)单 向 阀

普通单向阀作用是只允许液流单方向流动,不允许反向倒流。正方向液流通过时压力损失小,反向截止时密封性能好。

普通单向阀有直通式和直角式两种形式,分别如图 1—23(a)、图 1—23(b)所示,图形符号如图 1—23(c)所示。

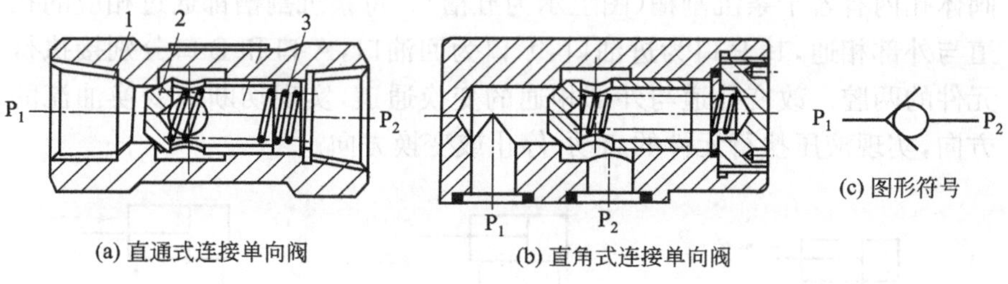

(a) 直通式连接单向阀　(b) 直角式连接单向阀

图 1—23　单向阀

1—阀体;2—阀芯;3—弹簧

单向阀由阀体、阀芯和弹簧等零件组成。当压力油从 P_1 口流入时,克服弹簧力使阀芯右移,阀口开启,油液经阀口、阀芯上的径向孔和轴向孔,从 P_2 口流出。若油液从 P_2 口流入时,在油压和弹簧作用下,将阀芯锥面紧压在阀座上,阀口关闭,使油液不能通过。单向阀中的弹簧只起阀芯复位作用,弹簧刚度应较小,以免液流通过时产生过大的压力损失。一般单向阀的开启压力为 0.03～0.05 MPa。当通过额定流量时的压力损失不超过 0.1～0.3 MPa。若用作背压阀时可更换较硬弹簧,使其开启压力达到 0.2～0.6 MPa。

(2)换 向 阀

①换向阀的分类

换向阀的种类很多,其分类见表1—7。

表1—7　换向阀的分类

分类方法	形　　式
按阀芯结构及运动方式	滑阀、转阀、锥阀等
按阀的工作位置数和通路数	二位二通、二位三通、二位四通、二位五通、三位四通、三位五通等
按阀的操纵方式	手动、机动、电动、液动、电液动等
按阀的安装方式	管式、板式、法兰式等

②换向阀的结构和工作原理

换向阀是利用阀芯与阀体的相对位置改变使油路接通、切断或变换油流的方向,从而实现液压执行元件的启动、停止或变换方向,如图1—24所示。滑阀阀芯是一个具有多段环槽的圆柱体(图示阀芯有三个台肩),而阀体孔内有若干条沉割槽(图上示为五槽)。每条沉割槽都通过相应的孔道与外部相通,其P口为进油口,T口为回油口,A口和B口分别接执行元件的两腔。改变孔道与外部相通的变换通道,实现切断或变换油流的方向,实现液压执行元件的启动、停止或变换方向。

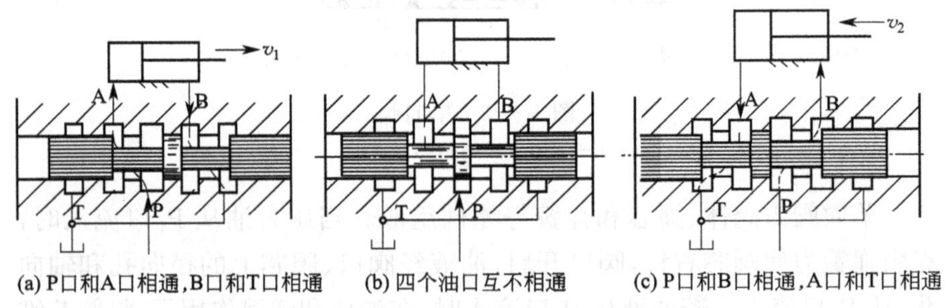

(a) P口和A口相通,B口和T口相通　(b) 四个油口互不相通　(c) P口和B口相通,A口和T口相通

图1—24　换向阀工作原理图

4. 压力控制阀

控制和调节液压系统油液压力或利用液压力作为信号控制其他元件动作的阀称为压力控制阀,如溢流阀、减压阀、顺序闪和压力继电器等。

压力控制阀的共同特点是:利用作用在阀芯上的液压力和弹簧力相平衡的原理进行工作。

(1)溢 流 阀

溢流阀是通过其阀口的溢流,使被控系统或回路的压力维持恒定,从而实现稳压、调压或限压作用。

溢流阀的主要特点是调压范围大,调压偏差小,压力振摆小,动作灵敏,通流能力大,噪声小。溢流阀按其结构和工作原理可分为直动式溢流阀和先导式溢流阀。

①溢流阀的结构和工作原理

以直动式溢流阀阐述溢流阀的结构和工作原理,如图 1—25 所示为直动式溢流阀的结构和图形符号。P 是进油口,T 是回油口,进口压力油经阀芯上的径向孔 f、轴向阻尼孔 g 进入阀芯底端 c 腔。当进油压力较低,向上的液压力不足以克服弹簧的预紧力时,阀芯处于最下端位置,将 P 和 T 两油口隔开,阀处于关闭状态。当进口压力升高,在阀芯下端产生的作用力超过弹簧的预紧力时,阀芯上移,阀口被打开,将多余的油液由 P 口经 T 口排回油箱,溢流阀溢流。这样,被控制的油液压力就不再

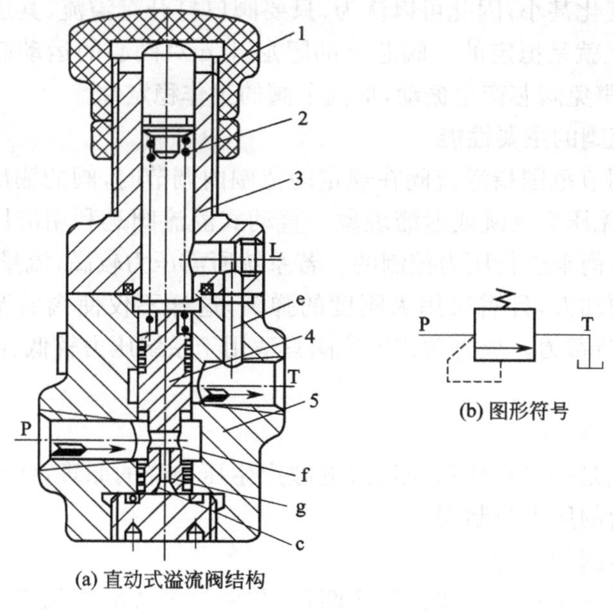

图 1—25 直动式溢流阀

1—调节螺母;2—弹簧;3—上盖;4—阀芯;5—阀体

升高，使阀芯处于某一平衡位置。

设进口压力为 P，阀芯端面积为 A，弹簧力为 F_s，若忽略阀芯自重和摩擦力，则阀芯的受力平衡方程为

$$PA=F_s$$

或

$$P=F_s/A$$

由上式可看出，溢流阀处于某一平衡位置时，进口处的油液压力 P 的大小就由弹簧力 F_s 来决定。调节螺母1可以改变弹簧的预紧力，从而也就调整了溢流阀进口处的油液压力 P，并使其稳定在所调定的数值上。

溢流阀稳压的自动调节过程：当进口油压 P 超过预先所调定的压力时，阀芯失去平衡，阀芯上移，溢流口增大，油液溢回油箱的阻力减小，使进口处油压 P 下降，直至作用在阀芯上的液压力和弹簧力重新平衡为止。同理，若进口压力 P 低于所调定的压力时，阀芯亦失去平衡，阀芯下移，溢流口关小，溢流阻力增大，进口处的油压便自动升高，直至使阀芯重新恢复平衡为止。在自动调节过程中，阀芯移动量很小，作用在阀芯上的弹簧力 F 变化甚小，因此可以认为，只要阀口打开有溢流，其进口处的压力 P 基本上就是恒定的。阀芯上的阻尼孔 g 对阀心的运动起到阻尼作用，从而可避免阀芯产生振动，提高了阀的工作稳定性。

②溢流阀的主要性能

压力调节范围指溢流阀在规定的范围内调节时，阀的输出压力能平稳地升降，无压力突跳或迟滞现象。直动式溢流阀是利用液压力直接和弹簧力相平衡来进行压力控制的。若系统所需压力较高，流量较大时，阀的结构必须加大，且需采用大刚度的弹簧，这样不仅使阀的调节性能变差，而且调节费力。故直动式溢流阀只适用于系统压力较低、流量不大的场合。

(2)减 压 阀

减压阀是一种利用液流通过缝隙产生压力降的原理，使出口压力低于进口压力的压力控制阀。

①减压阀的结构

减压阀分为直动式和先导式两种，其中先导式减压阀应用较广。图1—26为先导式减速压阀结构原理和图形符号。减压阀的主要组成部分与溢流阀相同，外形亦相似。先导式减压阀也是由先导阀和主阀两部分

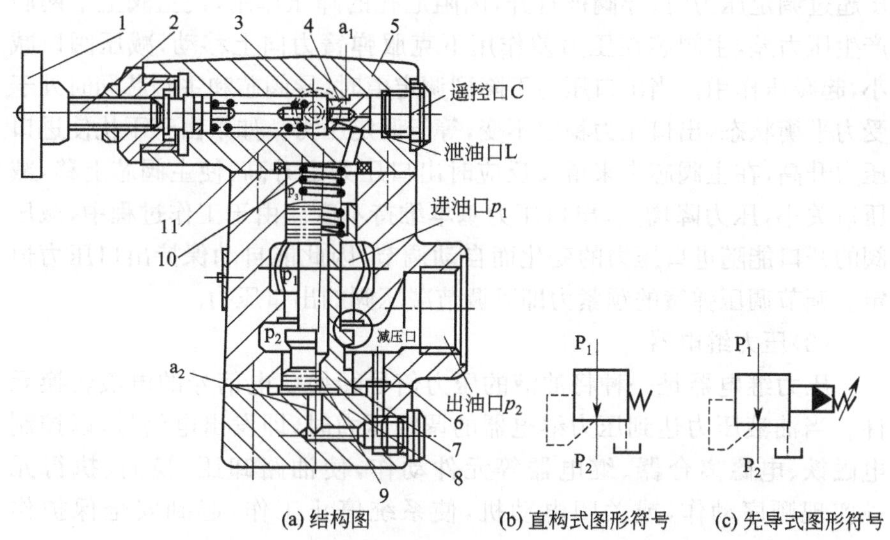

(a) 结构图　　(b) 直构式图形符号　　(c) 先导式图形符号

图 1—26　先导式减压阀的结构和图形符号

1—调压手轮；2—调节螺钉；3—锥阀；4—锥阀座；5—阀盖；6—阀体；7—主阀芯；8—端盖；9—阻尼孔；10—主阀弹簧；11—调压弹簧

组成，由先导阀调压，主阀减压，其不同点如下：

a. 主阀芯结构不同，溢流阀主阀芯有两个台肩，而减压阀主阀芯有三个台肩。

b. 在常态下，溢流阀进、出口是常闭的，减压阀是常开的。

c. 控制阀口开启的油液，溢流阀来自进口油压 p_1，保证进口压力恒定；减压阀来自出口油压 p_2，保证出口压力恒定。

d. 溢流阀导阀弹簧腔的油液在阀体内引至回油口（内泄式）；减压阀其出口油液通执行元件，因此泄漏油需单独引回油箱（外泄式）。

②减压阀的工作原理

先导式减压阀的压力油从进口 P_1 流入，经主阀阀口（减压缝隙）减压后从出口 P_2 流出，同时油液经孔 a_2 流入阀芯下腔，并通过阻尼孔流入阀芯上腔，经孔 a_1 作用在锥阀上。当负载较小，出口压力低于调定压力时，导阀关闭，由于阻尼孔没有油液流动，所以主阀芯上、下两腔油压相等，主阀芯在弹簧作用下处于最下端，减压阀口全开，不起减压作用。当出口油压超过调定压力时，导阀被打开，因阻尼孔的降压作用，使主阀上下两腔产生压力差，主阀芯在压力差作用下克服弹簧力向上移动，减压阀口减小，起减压作用。当出口压力下降到调定值时，导阀芯和主阀芯同时处于受力平衡状态，出口压力稳定不变，等于调定压力。如果由于干扰使进口压力升高，在主阀芯未来得及反应时出口压力也升高，使主阀芯上移，减压口关小，压力降增大，出口压力基本维持不变。由于工作过程中，减压阀的开口能随进口压力的变化而自动调节，因此能自动保持出口压力恒定。调节调压弹簧的预紧力即可调节减压阀的出口压力。

(3)压力继电器

压力继电器是一种将油液的压力信号转换成电信号的电液转换元件。当油液压力达到压力继电器的调定压力时，即发出电信号，以控制电磁铁、电磁离合器、继电器等元件动作，使油路卸压、换向、执行元件实现顺序动作，或关闭电动机，使系统停止工作，起到安全保护作用等。

(六)液压系统的辅助元件

液压系统中的辅助元件主要包括管件、密封元件、过滤器、蓄能器、测量仪表和油箱等。除油箱通常需要自行设计外，其余均为标准件。这些元件从液压传动的工作原理来看，起辅助作用，但它们对保证液压系统可靠和稳定地工作，具有非常重要的作用。如果选择或使用不当，会严重影响整个液压系统的工作性能，甚至使液压系统无法正常工作。因此，必须给予足够的重视。

(七)液压系统的使用与维护

1. 液压系统的使用

(1)保持油液清洁。油箱在灌油前要进行清洗，加油时油液要用 120 目的滤网过滤，油箱应加以密封并设置空气过滤器。对油液进行定期检查，一般半年至一年更换一次。

(2)随时清除液压系统中的气体，以防系统产生爬行和引起油液变质。

(3)箱油温一般控制在 30 ℃～60 ℃，温升过高时，可采取冷却措施。

(4)设备若长期不用，应将各调节旋钮全部放松，防止弹簧产生永久变形而影响元件的性能。

2. 液压系统的维护保养

维护保养分日常维护、定期检查和综合检查三个阶段进行。

(1)日常维护通常采用目视、耳听及手触感觉等较简单的方法。在启动前后和停止运转前,检查油量、油温、压力、漏油、噪声及振动等情况,发现问题随之进行维护和保养。

(2)定期检查包括调查日常维护中发现异常现象的原因并进行排除。对需要维修的部位,必要时进行分解检修。一般与过滤器的检修期相同,通常为 2～3 个月。

(3)综合检查大约一年一次。其主要内容是检查液压装置的各元件和部件,判断其性能和寿命,并对产生故障的部位进行检修,对经常发生故障的部位提出改进意见。定期检查和综合检查均应作好记录,作为设备出现故障时查找原因或设备大修的依据。

3. 液压传动系统的故障分析与排除

液压系统发生故障的机率随着时间而变化,大致可分为三个阶段,即初期故障阶段、正常工作阶段和寿命故障阶段。初期故障阶段时间较短,但发生故障的机率较高。此阶段发生故障的主要原因,一是新系统设计可能存在一定问题,这时要根据系统的性能要求改进设计;二是系统安装工艺不合理及系统调试不当。对于此类故障,一般由泵站到执行元件依次进行诊断。保证安装精度,进行合理调试后,故障会逐渐减少,从而转入正常工作阶段。在正常工作阶段中,系统故障只有偶尔发生。对于此类故障,可根据发生故障的现象寻找造成故障的元件,给予修复或更换,不一定非得从液压泵开始依次查找。由于液压元件的磨损和疲劳等原因,使系统进入一个新的故障阶段,即寿命故障阶段。随着时间的延长发生故障的机率越来越高。

总之,设备在运行中出现的故障大致有五类,即漏油、发热、振动、压力不稳定和噪声。当液压系统发生故障时,应认真仔细地分析,这不仅要了解液压系统的工作原理,而且还要了解每个元件的结构原理及其作用。诊断方法有耳听、目测、手感等方式,必要时可用专用仪器和试验设备进行检测。通过理论知识的学习和不断积累实践经验,便可逐渐掌握液压系统故障的分析和排除方法。液压系统故障诊断流程图如图 1—27 所示。液压系统常见故障及排除方法见表 1—8。

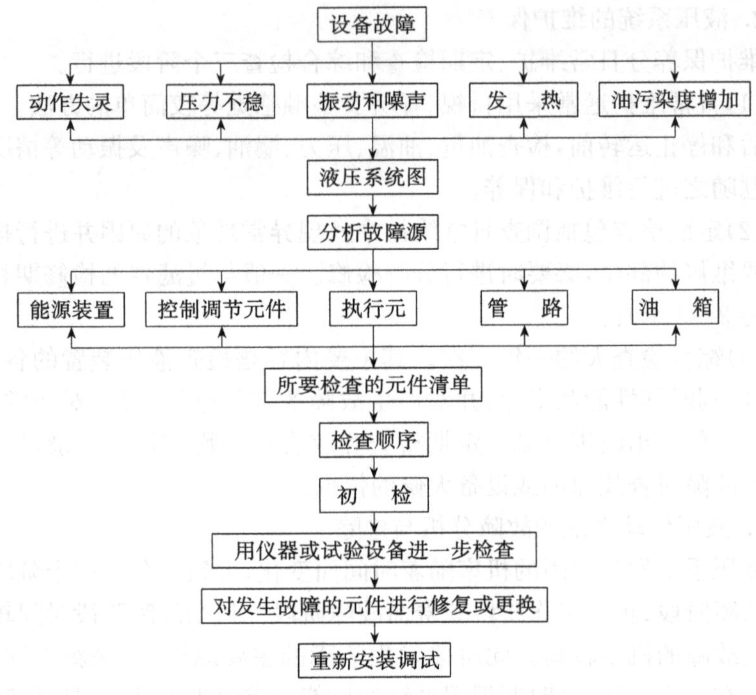

图 1—27　液压系统故障诊断流程图

液压系统故障的诊断必须遵循一定的程序进行，即根据液压系统的基本工作原理进行逻辑分析，减少怀疑对象，逐渐逼近，找出故障发生的部位和元件。

(1)液压系统出现故障大致可归纳为五大问题，即动作失灵、振动和噪声、系统压力不稳定、发热及油液污染严重。

(2)审核液压系统图对于新系统在调试中出现的故障，首先要认真分析液压系统设计是否合理，各压力阀及流量阀调节是否合理；对于运行中的系统，要结合液压系统图检查各元件，确认其性能和作用，评定其质量状况。

(3)分析故障源大致有五大部分，即能源装置、控制调节元件、执行元件、管路和油箱。分析故障可用“四觉”诊断法，即检修人员运用触觉、视觉、听觉和嗅觉来分析判断液压系统故障。

①触觉：即检修人员通过手感判断油温的高低，元件及管道的振动

大小。

②视觉:如执行元件无力,运动不稳定,泄漏和油液变色等现象,检修人员凭经验通过目测可做出一定的判断。

③听觉:检修人员通过耳听,根据液压泵和液压马达的异常声响,溢流阀的尖叫声及油管的振动等来判断噪声和振动大小。

④嗅觉:指检修人员通过嗅觉,判断油液变质和液压泵发热、烧结等故障。

(4)列出与故障有关的元件清单通过以上分析判断,将需要检修或更换的元件清单列出。但要注意,不要漏掉任何一个对故障有重要影响的元件。

(5)对清单列出的元件,按其对引起故障的主次进行排队。

(6)初步检查判断元件的选用和装配是否合理,元件的外部信号是否合适,对外部的输入信号是否有反应等。并注意观察出现故障的先兆,如噪声、振动、高温和泄漏等现象。

(7)未检查出引起故障的元件,则应用仪器设备反复检查,以鉴定其性能参数是否合格。

(8)对发生故障的元件进行修复或更换,应注意在安装前要认真清洗。

(9)重新安装调试。对经过检修后的系统进行重新启动调试,并认真总结系统出现故障的原因及排除的方法,为今后分析、判断和维修液压系统故障积累实践经验。

液压系统常见故障及排除方法见表1—8。

表1—8 液压系统常见故障及排除方法

故障	原 因	排除方法
无压力或压力提不高	1. 液压泵	
	(1)液压泵转向错误	改变转向
	(2)泵体或配件流盘缺陷,吸压油腔互通	更换零件
	(3)零件磨损、间隙过大、磨损严重	修复或更换零件
	(4)油面太低、液压泵吸空	补加油液
	(5)吸油管路不严,造成吸空,进油吸气	拧紧接头,检查管路,加强密封
	(6)压油管路密封不严,造成泄漏	拧紧接头,检查管路,加强密封

续上表

故障	原因	排除方法
无压力或压力提不高	2. 溢流阀	
	(1)弹簧疲劳变形或折断	更换弹簧
	(2)滑阀在开口位置卡住,无法建立压力	修研滑阀使其灵活移动
	(3)锥阀或钢球与阀座密封不严	更换锥阀或钢球,配研阀座
	(4)阻尼孔堵塞	清洗阻尼塞
	3. 液压缸高低压腔相通	修配活塞,更换密封件
	4. 系统中某些阀卸荷	查明卸荷原因,采取相应措施
	5. 系统严重泄漏	加强密封,防止泄漏
	6. 压力表损坏失灵造成无压力现象	更换压力表
	7. 油液黏度过低,加剧系统泄漏	提高油液黏度
	8. 温度过高降低了油液黏度	查明发热原因,采取相应措施或散热
爬行	1. 系统负载刚度太低	改进回路设计
	2. 节流阀或调速阀不稳定	选用流量稳定性好的流量控制阀
	3. 液压缸	
	(1)液压缸零件加工装配精度差,摩擦力大	更换不符合精度要求的零件,重新装配
	(2)液压缸内外泄漏严重	修研缸内孔,重配活塞,更换密封圈
	(3)液压缸刚度低	提高刚度
	4. 混入空气	
	(1)油面过低吸油不畅	补加油液
	(2)过滤器堵塞	清洗过滤器
	(3)吸、排油管相距太近	将吸、排油管远离设置
	(4)回油管没插入油面以下	将回油管插入油液中
	(5)密封不严,混入空气	加强密封
	(6)运动部件停止运动时,液压缸油液流失	增设倍压阀或单项阀,防止停机时油液流失
	5. 油液不洁	
	(1)污物卡住执行元件,增加摩擦阻尼	清洗执行元件,更换油液或加强滤油
	(2)污物堵塞节流口,引起流量变化	清洗节流阀,更换油液或加强滤油
	6. 油液黏度不适当	换用指定黏度的液压油

续上表

故障	原　　因	排 除 方 法
爬行	7. 外部摩擦力	
	(1)拖板楔铁或压板调的过紧	重新调整
	(2)导轨等导向机构精度不高,接触不良	按规定刮研导轨,保证接触精度
	(3)润滑不良,油膜破坏	改善润滑条件
液压冲击	1. 液压缸	
	(1)运动速度过块,没设置缓冲装置	设置缓冲装置
	(2)缓冲装置中单向阀失灵	检修单向阀
	(3)液压缸与运动部件连接不牢固	紧固连接螺栓
	(4)液压缸缓冲柱塞锥度过小,间隙太小	按要求修理缓冲柱塞
	(5)缓冲柱塞严重磨损,间隙过大	配置缓冲柱塞或活塞
	2. 节流阀开口过大	调整节流阀
	3. 换向阀	
	(1)电液换向阀中的节流螺钉松动	调整节流螺钉
	(2)电液换向阀中的单向阀卡住或密封不良	修研单向阀
	(3)滑阀运动不灵活	修配滑阀
	4. 压力阀	
	(1)工作压力调的太高	调整压力阀,适当降低工作压力
	(2)溢流阀发生故障,压力突然升高	排除溢流阀故障
	(3)背压阀压力过低	适当提高背压力
	5. 没有设置背压阀	设置背压阀或节流阀使回油产生背压
	6. 垂直运动的液压油缸下腔没采取平衡措施	设置平衡阀,平衡重力作用产生的冲击
	7. 混入空气	
	(1)系统密封不严,吸入空气	加强密封
	(2)停机时执行元件油液流失	回油管路设置单向阀或背压阀,防止元件油液流失
	(3)液压泵吸空	加强吸油管路密封,补足油液
	8. 运动部件惯性力引起换向冲击	设置制动阀
	9. 油液黏度太低	更换油液

续上表

故障	原　　因	排 除 方 法
振动和噪声	1. 液压泵	
	(1)油液不足,造成吸空	补足油液
	(2)液压泵位位置不高	调整液压泵吸油高度
	(3)吸油管道密封不严,吸入空气	加强吸油管道的密封
	(4)油液黏度太大,吸油困难	更换液压油
	(5)工作温度太低	提高工作温度,油箱加热
	(6)吸油管截面太小	增大吸油管直径或将吸油管截口斜切45°,以增加吸油面积
	(7)过滤器堵塞,吸油不畅	清洗过滤器
	(8)吸油管浸入油面太浅	将吸油管浸入油箱 2/3 处
	(9)液压泵转速太高	选择适当的转速
	(10)泵轴与电动机轴不同轴	重新安装调整或更换弹性联轴器
	(11)联轴器松动	拧紧联轴器
	(12)液压泵制造装配精度太低	更换精度差的零件,重新安装
	(13)液压泵零件磨损	更换磨损件
	(14)液压泵脉动太大	更换脉动小的液压泵
	2. 溢流阀	
	(1)阀座磨损	修复阀座
	(2)阻尼孔堵塞	清洗阻尼孔
	(3)阀芯与阀体间隙过大	更换阀芯,重配间隙
	(4)弹簧疲劳或损坏,使阀移动不灵活	更换弹簧
	(5)阀体拉毛或污物卡住阀芯	去除毛刺,清洗污物,使阀芯移动灵活
	(6)实际流量超过额定值	选用流量较大的溢流阀
	(7)与其他元件发生共振	调整压力,避免共振,或改变振动系统的固有振动频率
	3. 换向阀	
	(1)电磁铁吸不紧	修理电磁铁
	(2)阀芯卡住	清洗或修理阀体和阀芯
	(3)电磁铁焊接不良	重新焊接
	(4)弹簧损坏或过硬	更换弹簧

续上表

故障	原　　因	排除方法
振动和噪声	4. 管　路	
	(1)管路直径太小	加大管路直径
	(2)管路过长或弯曲过多	改变管路布局
	(3)管路与阀产生共振	改变管路长度
	5. 由冲击引起的振动和噪声	见“液压冲击”项
	6. 由外界振动引起液压系统振动	采取隔振措施
	7. 电动机、液压泵转动引起振动和噪声	采取缓振措施
	8. 液压缸密封过紧或加工装配误差运动阻力大	适当调整密封松紧，更换不合格零件，重新装配
油温过高	1. 液压设计系统不合理，压力损失大，效率低	改进设计，采用变量泵或卸荷泵措施
	2. 压力调整不当，压力偏高	合理调整系统压力
	3. 泄漏严重造成容积损失	加强密封
	4. 管路细长且弯曲，造成压力损失	加粗管径，缩短管路，使油液流动畅通
	5. 相对运动零件的摩擦力过大	提高零件加工装配精度，减小摩擦力
	6. 油液黏度大	选用黏度低的液压油
	7. 油箱容积小，散热条件差	增大油箱容积，改善散热条件
	8. 由外界热源引起温升	隔绝热源
泄漏	1. 密封件损坏或装反	更换密封件，改变安装方向
	2. 管接头松动	拧紧管接头
	3. 单向阀钢球不圆，阀座损坏	更换钢球，配研阀座
	4. 相互运动表面间隙过大	更换某些零件，减小配合间隙
	5. 某些零件磨损	更换磨损的零件
	6. 某些铸件有砂眼，气孔等缺陷	更换铸件或修补缺陷
	7. 压力调整过高	降低工作压力
	8. 油液黏度太低	选用黏度较高的油液
	9. 工作温度太高	降低工作温度或采取冷却措施

第二章　小型养路机械原动力简介

目前常用的小型养路机械的原动力一般采用电动机(没有网电需配用相应的内燃发电机组)和内燃发动机。电动机又分为单相和三相电动机,内燃发动机又分为汽油发动机和柴油发动机。

第一节　内燃发动机

内燃发动机是将其他形式的能量转化为机械能的机器,是将燃料在汽缸内部燃烧产生的热能直接转化为机械能的动力机械,其机种繁杂,有往复活塞和旋转活塞式两大类。本书只介绍往复活塞式内燃发动机。

一、内燃发动机的分类

往复活塞式内燃发动的机种非常多,根据不同特点,其分类见表 2—1。

表 2—1　内燃发动机的分类

分类方法	类　别	含　义
按冲程数分	二冲程内燃发动机	活塞经过两个行程完成一个工作循环的内燃发动机
	四冲程内燃发动机	活塞经过四个行程完成一个工作循环的内燃发动机
按着火式分	点燃式内燃发动机	压缩汽缸内的可燃混合气,并用外源点火燃烧的内燃发动机
	压燃式内燃发动机	压缩汽缸内的空气或可燃混合气,产生高温,引起燃料着火的内燃发动机
按使用燃料种类分	液体燃料内燃发动机	燃烧液体燃料(汽油、柴油、醇类等)的内燃发动机
	气体燃料内燃发动机	燃烧气体燃料(液化石油气、天然气等)的内燃发动机
	多种燃料内燃机发动	能够使用着火性能差异较大的两种或两种以上燃料的内燃发动机
按进气状态分	非增压内燃发动机	进入汽缸前的空气或可燃混合气未经压缩的内燃机。对于四冲程内燃机亦称自吸式内燃发动机
	增压内燃发动机	进入汽缸前的空气或可燃混合气先经过气体压缩,以增大充量密度的内燃发动机

续上表

分类方法	类　　别	含　　义
按冷却方式分	水冷式内燃发动机	用水冷却汽缸和汽缸盖等零件的内燃发动机
	风冷式内燃发动机	用空气冷却汽缸和汽缸盖等零件的内燃发动机
按汽缸数及布置分	单缸内燃发动机	只有一个汽缸的内燃发动机
	多缸内燃发动机	具有两个或两个以上汽缸的内燃发动机
	立式内燃发动机	汽缸布置于曲轴上方且汽缸中心线垂直于水平面的内燃发动机
	卧式内燃发动机	汽缸中心线平行于水平面的内燃发动机
	直列式内燃发动机	具有两个或两个以上直立汽缸，并呈一列布置的内燃发动机
	V形内燃发动机	具有两个或两列汽缸，其中心线夹角呈V形，并共用一根曲轴输出功率的内燃发动机
	对置汽缸式内燃发动机	两个或两列汽缸分别排列在同一曲轴的两边呈180°夹角的内燃发动机
	斜置式内燃发动机	汽缸中心线与水平面呈一定角度（不是直角）的内燃发动机
按用途分类	有汽车用、机车用、拖拉机用、船用、坦克用、摩托车用、发电用、农用、工程机械用等内燃机发动	

内燃发动机具有单机功率范围大、热效率高（汽油机略高于0.3，柴油机达0.4左右）、体积小、质量轻、操作简单、便于移动和启动性能好等优点，被广泛应用于汽车、火车、工程机械、拖拉机、发电机、船舶、坦克、小型养路机械和众多其他机械。小型养路机械广泛采用二冲程、四冲程汽油发动机和柴油发动机作为机器的原动力。现以二冲程、四冲程汽油发动机和柴油发动机来阐述内燃发动机，下面都简称为发动机。

二、发动机的结构特点和工作原理

（一）四冲程发动机的工作原理

四冲程发动机是指活塞在上、下止点间往复移动四个行程（相当于曲轴旋转720°），完成进气、压缩、做功、排气一个工作循环的发动机，也就是说发动机的活塞每做四次往复运动，汽缸做功一次。按燃油不同分为四冲程汽油发动机和四冲程柴油发动机。

1. 四冲程汽油发动机结构特点与工作原理

(1)四冲程汽油发动机基本工作原理

①进气行程

如图 2—1(a)所示,当活塞从上止点(活塞顶面离曲轴中心最远处)向下止点(活塞顶面离曲轴中心最远处)运动时(相当于曲轴转角为 0°~180°),进气门开启,排气门关闭,喷油器向进气道喷油,空气与汽油混合后被吸入汽缸,该过程称为进气行程。

②压缩行程

如图 2—1(b)所示,当活塞继续从下止点向上止点运动时(相当于曲轴转角 180°~360°),进、排气门关闭,进入汽缸的混合气被压缩,该过程称为压缩行程。

③做功行程(膨胀行程)

如图 2—1(c)所示,在压缩行程末,火花塞开始点火,进、排气门都关闭,进入汽缸的可燃混合气被点燃并燃烧,放出大量的热能,导致汽缸内气体压力和温度迅速增加(最高压力达 5 MPa,最高温度达 2 800 ℃),气

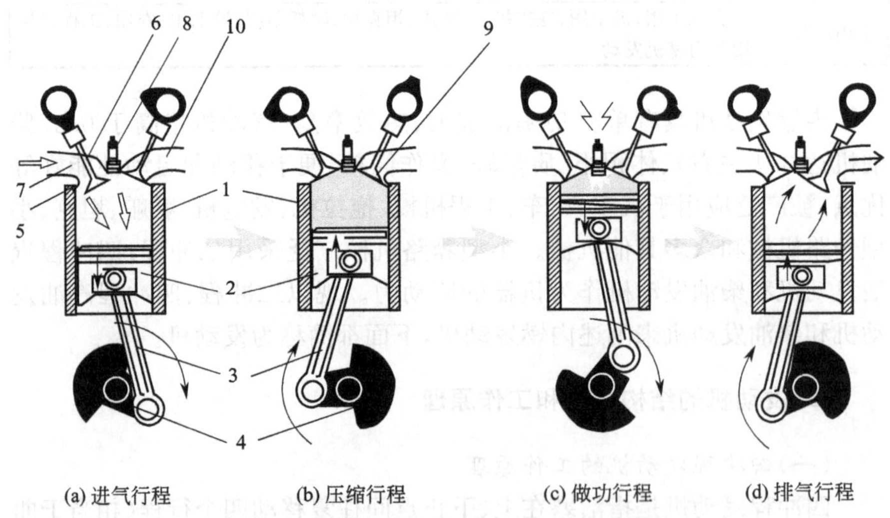

图 2—1 四冲程汽油发动机结构与工作原理示意图

1—汽缸;2—活塞;3—连杆;4—曲轴;5—汽缸盖;6—进气门;7—进气道;8—火花塞;9—排气门;10—排气道

体体积急剧膨胀，推动活塞从上止点向下止点运动（相当于曲轴转角360°～540°），通过连杆使曲轴旋转并输出机械能，该过程称为作功行程。

④排气行程

如图2—1(d)所示，活塞继续从下止点往上止点运动（相当于曲轴转角540°～720°）。这时，进气门关闭，排气门开启，燃烧后产生的废气被排出汽缸，该过程称为排气行程。

(2)四冲程汽油发动机工作过程分析

四冲程发动机在一个工作循环的四个行程中，只有一个行程做功，其余三个行程都是耗功的，势必造成曲轴转速不均匀，工作振动大。为了克服上述缺点，发动机在曲轴后端安装了一个质量较大的飞轮，做功时飞轮吸收储存能量，其余三个行程则依靠飞轮惯性维持转动。多缸发动机将各缸做功顺序均匀分布在720°曲轴转角内，所以转速均匀性较好。

(3)多缸发动机结构特点

单缸发动机功率小，转速不均匀，工作振动大，多缸发动机是由多个结构相同的汽缸组成，它们一般共用一个机体，一根曲轴。曲轴的曲柄布置应使各缸做功行程均匀分布在720°曲轴转角内。

2. 四冲程柴油发动机结构特点与工作原理

柴油发动机所用的燃料是柴油。与四冲程汽油机相比，四冲程柴油发动机的基本结构特点是没有火花塞，喷油器直接安装在汽缸顶向汽缸内喷油，如图2—2所示。

其工作原理与四冲程汽油机有所不同，在进气行程，进入汽缸的是纯空气，而不是可燃混合气；在压缩行程末，喷油器向汽缸喷入高压柴油，由于汽缸的高温高压作用，柴油迅速着火燃烧，使气体急剧膨胀，推动活塞做功。其着火方式属于压燃式，而不是汽油机的点燃式。

由于柴油燃料的性质与汽油不同，黏度高，不易挥发，自燃点低，不会产生爆燃。为了使柴油可靠着火，提高发动机燃烧热效率，柴油机的压缩比较汽油机高得多，一般为16～22，所以其最高燃烧压力也比汽油机高，工作也比汽油机粗暴。柴油机与汽油机比较见表2—2，各有其优缺点。

(二)二冲程发动机结构特点与工作原理

二冲程发动机是指活塞在上、下止点间往复移动两个行程（相当于曲

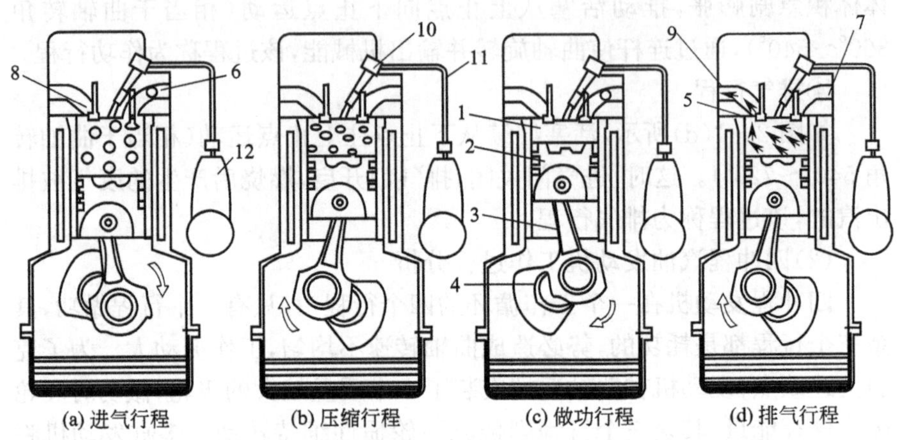

图 2—2 四冲程柴油发动机结构与工作原理示意图

1—汽缸;2—活塞;3—连杆;4—曲轴;5—汽缸盖;6—进气门;7—进气道;
8—排气门;9—排气道;10—喷油嘴;11—高压油管;12—高压油泵

轴旋转 360°),完成进气、压缩、做功、排气一个工作循环的发动机。也就是说发动机的活塞每做两次往复运动汽缸做功一次。

表 2—2 柴油机与汽油机比较

机型 性能	汽油机	柴油机
着火方式	点燃	压燃
燃油消耗	高	低
热效率	30%左右	40%左右
工作平稳性	柔和	粗暴
发动机转速	高(4 000～6 000 r/min)	低(2 500～3 000 r/min)
升功率	大	小
启动性	易	难
制造维修成本	低	高
质量功率比	小	大
使用寿命	短	长
排 放	CO、HC 大,黑烟少	CO、HC 大,黑烟多

1. 二冲程汽油机结构特点与工作原理

(1)二冲程汽油机结构特点

二冲程汽油机基本结构如图 2—3 所示。与四冲程汽油机不同的是,二冲程汽油机没有进、排气门,分别以进气孔和排气孔代之,由活塞圆柱面控制其开闭。另外,还有扫气孔,扫气时曲轴箱和汽缸连通。

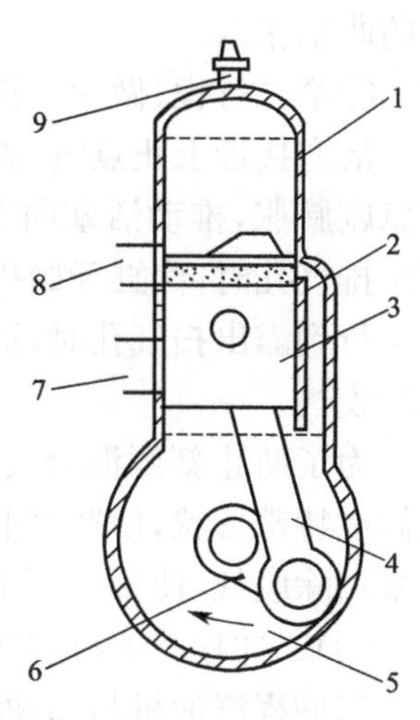

图 2—3　二冲程汽油发动机基本结构示意图

1—汽缸;2—扫气孔;3—活塞;4—连杆;5—曲轴箱;6—曲轴;7—进气孔;8—排气孔;9—火花塞

(2)二冲程汽油机工作原理

二冲程汽油发动机的工作循环由进气、压缩、燃烧膨胀、排气过程组成,但它是在曲轴旋转一圈(360°),活塞上下往复运动的两个冲程内完成的。因此,二冲程发动机与四冲程发动机工作原理不同,如图 2—4 所示。

①第一行程(压缩—进气行程)

活塞自下止点向上止点移动,到活塞圆柱面将排气孔和扫气孔都关闭时,开始压缩上一循环吸入汽缸内的汽油与空气混合气,同时在活塞下面的曲轴箱内形成真空度(曲轴箱是密封的)。当活塞继续上行时,进气孔打开,新的汽油与空气可燃混合气经进气孔被吸入活塞下

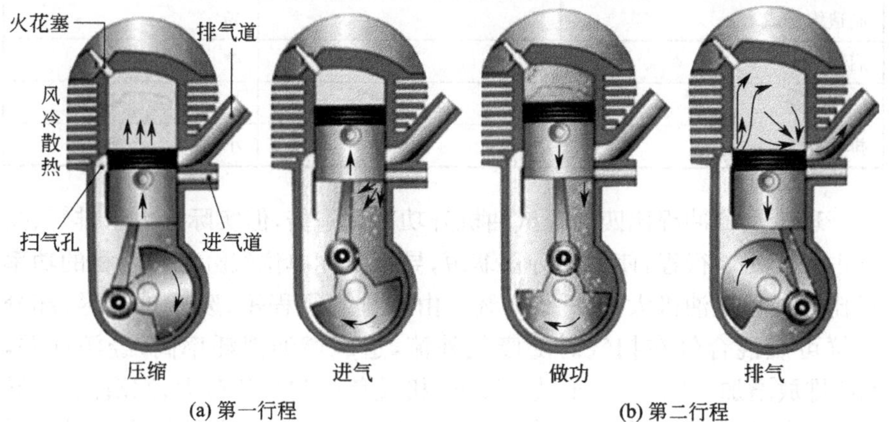

图 2—4　二冲程汽油风冷发动机工作原理示意图

方的曲轴箱内。

②第二行程(做功—排气行程)

活塞接近上止点时,火花塞点火,点燃被压缩的混合气,高温、高压气体急剧膨胀,推动活塞向下运动,对外做功。当活塞下行至关闭进气孔、露出排气孔时,汽缸开始排气,同时压缩活塞下方的可燃混合气。活塞继续下行到露出扫气孔时,受到预压的新鲜混合气体自扫气孔流入缸内,并扫除废气。

为了防止新鲜混合气大量与废气混合并排出汽缸而造成浪费,活塞顶做成特殊形状,使新鲜混合气的气流被引向上部,还可以利用新鲜混合气来扫除废气,使排气更干净。

(3)二冲程汽油机与四冲程汽油机的特点

二冲程汽油机与四冲程汽油机的特点比较见表2—3。

表2—3　二冲程汽油机与四冲程汽油机比较

机　型 性　能	二冲程汽油机	四冲程汽油机
结　构	简单	复杂
质量功率比	小	大
燃油消耗率	高	低
升功率	大	小
制造维修成本	低	高
启动性	好	差
使用寿命	短	长
排　放	大	小

理论上二冲程比四冲程汽油机升功率大一倍,但实际上由于排气、换气占去了1/3行程,使做功行程缩短,导致实际单位汽缸工作容积的功率只比四冲程汽油机大50%～60%。由于排气行程短,废气排不尽,部分新鲜可燃混合气在扫气时随废气外流,造成燃油消耗率高,经济性差,HC排放增加。同时,由于做功频繁,机械负荷和热负荷大,润滑困难,导致发动机寿命短。因此,二冲程汽油机在大型机械上较少采用,而被广泛应用于摩托车和手提式小型养路机械上。

2. 二冲程柴油机结构特点与工作原理

(1)二冲程柴油机结构特点

柴油发动机所用的燃料是柴油。与二冲程汽油机相比,二冲程柴油机基本结构特点是没有火花塞,喷油器直接安装在汽缸顶,向汽缸内喷油,如图 2—5 所示。也是由汽缸、扫气孔、活塞、连杆、曲轴箱、曲轴、进气孔、排气孔和喷油嘴等组成。

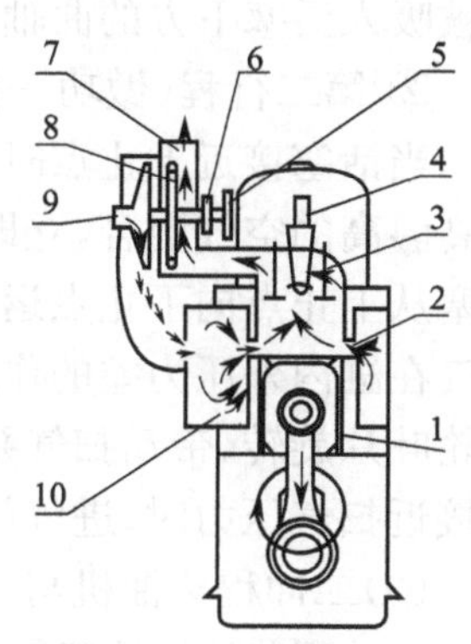

图 2—5　二冲程柴油发动机(带增压器)的基本结构示意图

1—活塞;2—进气孔;3—排气门;4—喷油嘴;5—传动轮;6—单向离合器;7—排气口;8—排气涡轮;9—扫气泵;10—储气室

(2)二冲程柴油机的工作原理

二冲程柴油发动机的工作循环与二冲程汽油发动机的工作循环基本相同,只是压缩气体是空气而不是混合气体,是压燃不是点燃,如图 2—6 所示。

①第一行程(换气—压缩行程)

活塞自下止点向上止点运动,行程开始时,进气孔和排气孔均已开启,扫气泵压入储气室的压缩空气进入汽缸内,并冲向排气门,产生清除废气的作用,同时也使汽缸内充满新鲜空气,即换气过程。活塞继续向上移动,进气孔首先被活塞遮盖关闭,随后排气门也关闭,汽缸内的空气受到压缩、压力和温度上升,同时在活塞下面的曲轴箱内形成真空度(曲轴箱是密封的)。当活塞继续上行时,进气孔打开,新的空气经进气

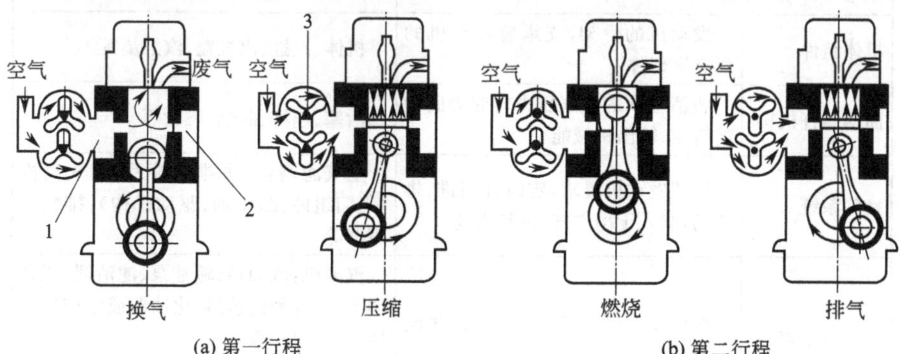

图 2—6　二冲程柴油发动机的工作原理示意图

孔被吸入活塞下方的曲轴箱内。

② 第二行程(做功—排气行程)

当活塞接近上止点时,高压燃油从喷油嘴喷入燃烧室,雾化的燃油与压高温高的空气混合,立即自行点着燃烧,使汽缸内压力急剧升高,推动活塞从上止点向下止点运动,对外做功,直至排气门打开为止。燃烧后的废气在缸内外压力差的作用下自行从排气门排出,同时排出的废气冲动涡轮叶片旋转,带动扫气泵给进气增压。活塞继续下行,当汽缸内压力降至接近扫气压力时,进气门被活塞打开时后,汽缸内又进入换气过程。

(3)二冲程柴油机与二冲程汽油机的特点

二冲程柴油机的工作过程与二冲程汽油机工作过程不同的是,进入柴油机汽缸的是纯空气,而不是可燃混合气,大多数柴油机都采用进气涡轮增压系统,空气进入汽缸前先经过增压,所以二冲程柴油机比二冲程汽油机的经济性好。二冲程柴油机主要应用于内燃机车、低速船用柴油机上。

三、发动机的基本构造

发动机种类繁多,结构复杂。一台发动机由上万个零件组成,但从总体上来看,汽油机都是在一个机体上安装一个机构(曲柄连杆机构)和六大系统(换气系统、供油系统、润滑系统、冷却系统、点火系统和启动系统,如表 2—4 及图 2—7 所示)。柴油机则分为五大系统,没有点火系统。

表 2—4　发动机总体组成

名　称	功　用	主　要　部　件
机体组件	发动机的骨架,支承着发动机的所有零部件	机体、汽缸、汽缸盖、汽缸垫等
曲柄连杆机构	将活塞顶的燃气压力转变为曲轴的转矩,输出机械能	活塞、连杆、曲轴、飞轮等
换气系统	按照发动机要求,定时开闭进、排气门,吸入干净空气,排除废气	空气滤清器、进排气管系、配气机构(气门组件、凸轮轴、驱动机构)、排气消声器等
燃料供给系统	按照发动机要求,定时、定量供给所需要的燃料	汽油机:汽油箱、输油泵、滤清器、压力调节器、各种传感器、化油器或电控喷油器、电控单元等 柴油机:柴油箱、输油泵、滤清器、高压油泵、调速器、喷油器等

续上表

名 称	功 用	主 要 部 件
点火系统	按规定的时刻，准时点燃汽油机汽缸内的可燃混合气	蓄电池、点火开关、点火线圈组件、传感器、电控装置、火花塞等
润滑系统	润滑、减摩、延长寿命、密封、清洁、冷却、防锈蚀	油底壳、机油泵、机油滤清器、机油压力表、机油道等
冷却系统	保持发动机在适宜的温度下工作	冷却水泵、风扇、节温器、散热器、冷却水道等
启动系统	启动发动机	蓄电池、启动开关、启动马达等或手启动盘、拉绳

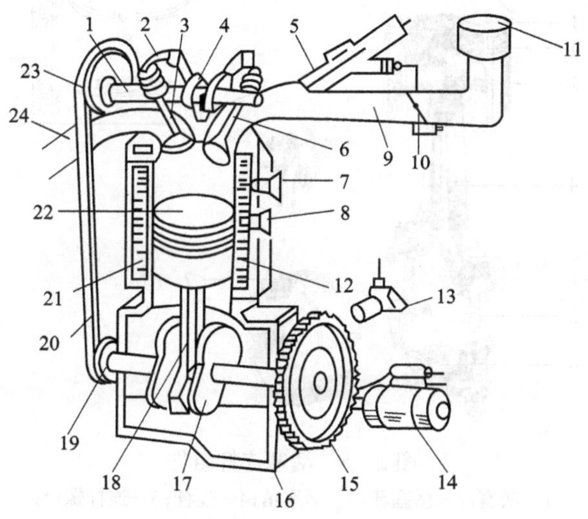

图 2—7 汽油发动机总成示意图

1—凸轮轴；2—摇臂；3—排气门；4—火花塞；5—喷油器（化油器）6—进气门；7—冷却液温度感应器；8—爆燃感应器；9—进气管；10—节气门；11—空气滤清器；12—冷却液道；13—发动机转速传感器；14—启动马达；15—飞轮；16—油底壳；17—曲轴；18—连杆；19—曲轴带轮；20—正时传动带；21—汽缸；22—活塞；23—凸轮轴带轮；24—排气管

（一）机体和曲柄连杆机构

1. 机体组件

机体组件是发动机的骨架，安装着发动机的所有主要零件的附件，承受各种载荷，其内部有油道。它主要由汽缸体、汽缸（或汽缸套）、汽缸盖和汽缸垫等零件组成。

2. 曲柄连杆机构

曲柄连杆机构主要由活塞、连杆、曲轴和飞轮等组成。它是将活塞顶的燃气压力转变为曲轴的转矩，输出机械能的传动机构。

(1)活塞连杆组件

活塞连杆组件由活塞、活塞环、活塞销、连杆、连杆轴瓦等组成，如图2—8所示。

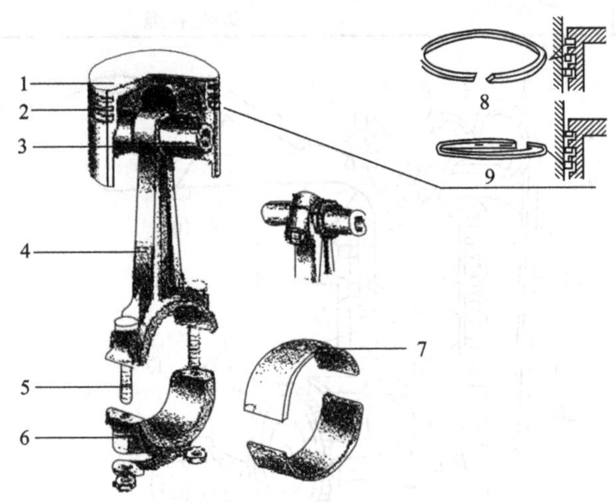

图2—8　活塞连杆组件

1—活塞；2—活塞环；3—活塞销；4—连杆；5—连杆螺栓；6—连杆盖；7—连杆轴瓦；8—气环；9—油环

①活　塞

活塞的功用是承受汽缸中的气体压力，并通过活塞销将此力传给连杆，驱动曲轴旋转，活塞顶部还与汽缸盖、汽缸壁一起组成燃烧室。

②活 塞 环

活塞环的作用是保证汽缸与活塞间的密封性，防止漏气，并且把活塞顶部吸收的大部分热量传给分缸壁，由冷却水带走。

油环起布油和刮油作用，下行时刮除汽缸壁上多余的机油，上行时在汽缸壁上铺涂一层均匀的油膜。这样既可以防止机油窜入汽缸燃烧，又可以减少活塞、活塞环与汽缸壁的摩擦阻力，还能起到封气的辅助作用。

③连杆、活塞销

连杆其功用是连接活塞与曲轴，将活塞的往复运动转变成曲轴的旋转运动。活塞销连接活塞和连杆小头，将活塞承载的气体作用力传递给连杆。

连杆由连杆小头、连杆杆身和连杆大头等部分组成，如图 2—9 所示。

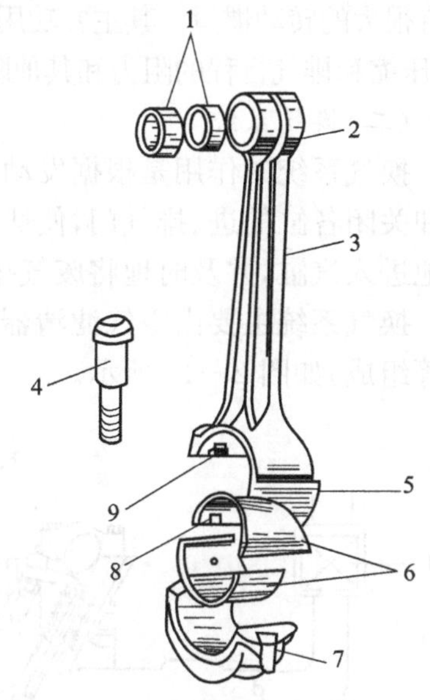

图 2—9　连杆结构

1—连杆衬套；2—连杆小头；3—连杆杆身；4—连杆螺钉；5—连杆大头；6—连杆大瓦；7—连杆盖；8—轴瓦定位台；9—轴瓦定位槽

(2)曲轴飞轮组件

曲轴飞轮组件主要由曲轴、飞轮和一些附件组成，如图 2—10 所示。

①曲轴：它与连杆配合将作用在活塞上的气体压力变为旋转的动力，传给底盘的传动机构，驱动配气机构和其他辅助装置，如风扇、水泵、发电机等。

②飞轮：它是一个很重的铸铁圆盘，用螺栓固定在曲轴后端的接盘上，

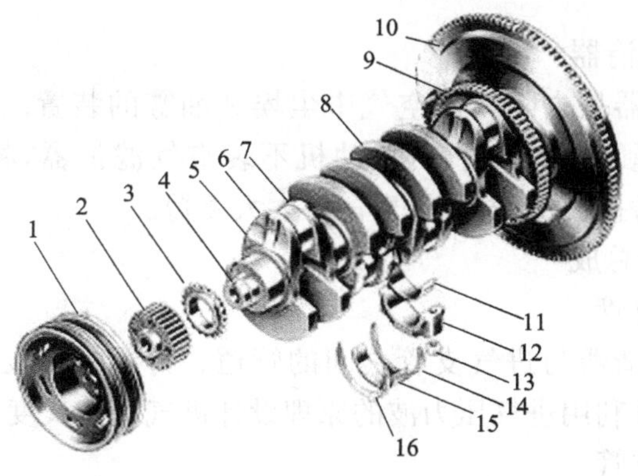

图 2—10　曲轴飞轮组件

1—曲轴带轮；2—曲轴正时齿轮带轮；3—曲轴链轮；4—曲轴前端；5—曲轴主轴劲；6—曲轴柄；7—曲柄销(连杆轴劲)；8—平衡重块；9—转速传感器脉冲轮；10—飞轮；11—主轴瓦；12—主轴承盖；13—螺母；14—止推垫片；15—主轴瓦；16—止推垫片

具有很大的转动惯量。其主要功用是用来储存做功行程的能量，用于克服进气、压缩和排气行程的阻力和其他阻力，使曲轴能均匀地旋转。

(二)换气系统

换气系统的作用是根据发动机各缸的工作循环和着火次序适时地开启和关闭各缸的进、排气门，使适量的纯净空气或空气与燃油的混合气及时地进入汽缸，并及时地将废气排出。

换气系统主要由空气滤清器、进气管系、配气机构、排气管系和消声器等组成，如图2—11所示。

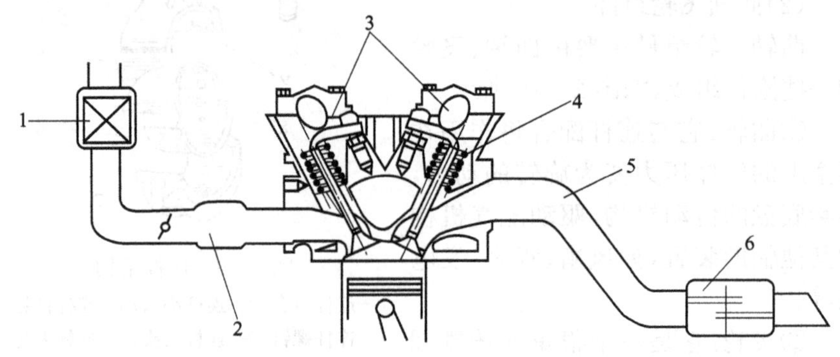

图2—11　换气系统结构图

1—滤清器；2—进气管；3—配气机构；4—配气机构；5—排气管；6—消音器

1. 空气滤清器

空气滤清器是去除新鲜空气中尘埃和油雾的装置。空气中灰尘的75%以上是高硬度的SiO_2，若发动机不装空气滤清器，将使活塞、活塞环、活塞缸套磨损极快，发动机寿命将大大缩短。

2. 进气管总成

(1)进气总管

指空气滤清器与进气支管之间的管道。为了提高发动机的充分效率，通常按有效利用进气压力波的原理设计进气管的长度、形状和结构。

(2)进气支管

指进气总管后向各汽缸分配空气的支管。

3. 排气总成

排气总成由排气支管和排气总管组成，其作用是汇集发动机各缸的废气，使之安全地排入大气中。

消声器用于减小排气噪声和消除废气中的火焰或火星，使废气安全地排入大气。消耗废气中的能量，衰减排气气流的压力波，除低噪声。

(三)配气机构

配气机构的作用是根据发动机工作循环和点火次序，适时地开启和关闭各缸的进、排气门，使纯净空气或空气与燃油的混合气及时地进入汽缸，废气及时地排出。

1. 配气机构的结构和工作原理

(1)配气机构的结构

配气机构主要由曲轴正时带轮、中间轴正时带轮、正时带、张紧轮、凸轮轴带轮、进气凸轮轴、凸轮、气门挺杆、进气门组件、排气凸轮轴和排气门组件等组成，如图 2—12 所示。

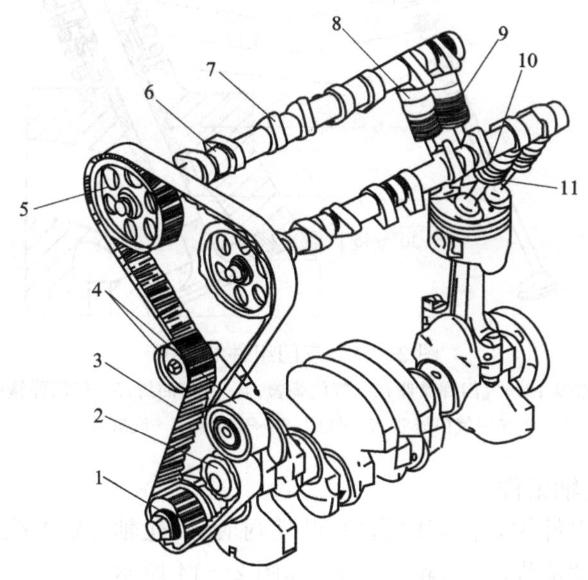

图 2—12　配气机构结构图

1—曲轴正时带轮；2—中间轴正时带轮；3—正时带；4—张紧轮；5—凸轮轴带轮；6—进气凸轮轴；7—凸轮；8—气门挺杆；9—进气门组件；10—排气凸轮轴；11—排气门组件

(2)配气机构的工作原理

发动机工作时，通过正时带带动进排气凸轮轴旋转。当进气凸轮轴某缸的进气凸轮克服气门弹簧力作用压下进气门时，进气门开启，开始进气；当进气凸轮轴转到凸轮的基圆段时，该进气门在气门弹簧作用下回位，关闭进气门，进气停止。排气门的开闭原理与进气门类似。

2. 配气机构主要组件

配气机构主要组件由气门组件、凸轮轴组件、凸轮轴传动机构和气门驱动机构组成。

(1)气门组件

气门组件由气门、气门座、气门导管、气门弹簧、气门锁夹等零件组成，如图 2—13 所示。

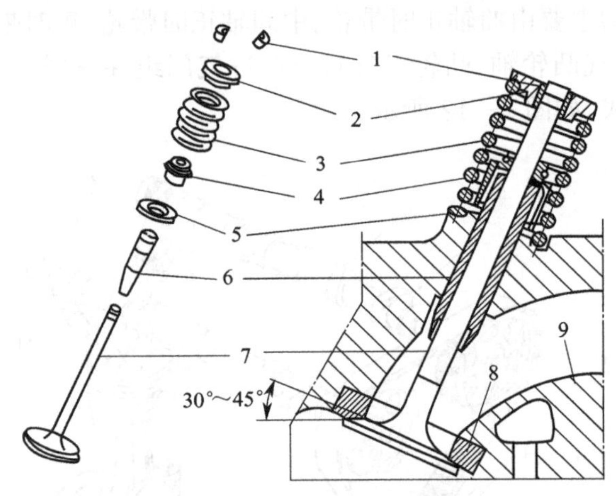

图 2—13　气门组件结构图

1—气门锁夹；2—气门弹簧座；3—气门弹簧；4—气门油封；5—气门弹簧座垫圈；6—气门导管；7—气门；8—气门座；9—汽缸盖

(2)凸轮轴组件

凸轮轴组件主要由正时齿轮、凸轮衬套、凸轮轴、汽油泵偏心轮、机油泵分电器的螺旋齿轮、凸轮等组成，如图 2—14 所示。

(3)凸轮轴传动机构

凸轮轴传动机构是指驱动凸轮轴转动的机构，有齿轮传动、链传动和齿形带传动。

(4)气门驱动机构

气门驱动机构是将凸轮轴的旋转运动变为气门往复运动的机构，主

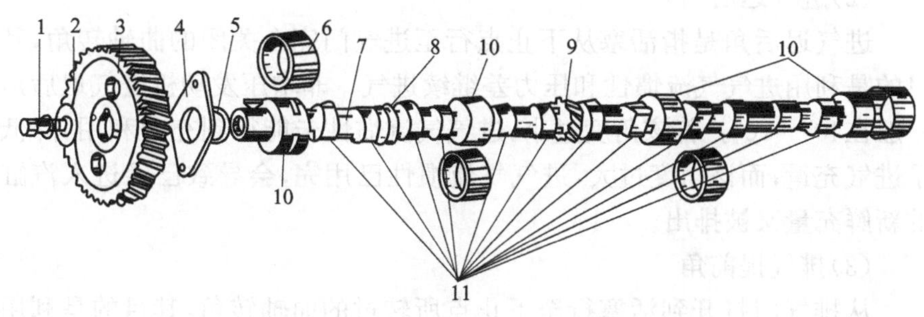

图 2—14　凸轮轴组件

1—螺栓；2—垫圈；3—正时齿轮；4—止推凸缘；5—止推座；6—凸轮衬套；7—凸轮轴；8—汽油泵偏心轮；9—机油泵分电器的螺旋齿轮；10—凸轮轴轴颈；11—凸轮

要由气门挺柱、推杆、摇臂、摇臂轴、气门间隙调整螺钉和液压挺柱等组成。

3. 配气相位

由发动机换气过程分析可知，为了使进气充分，排气彻底，进气门应在上止点前打开，下止点后关闭；而排气门应在下止点前打开，上止点后关闭。进、排气门实际开启和关闭的时刻以曲轴转角表示，即为配气定时，也称配气相位。用环形图表示配气相位称为配气相位图，如图 2—15 所示。

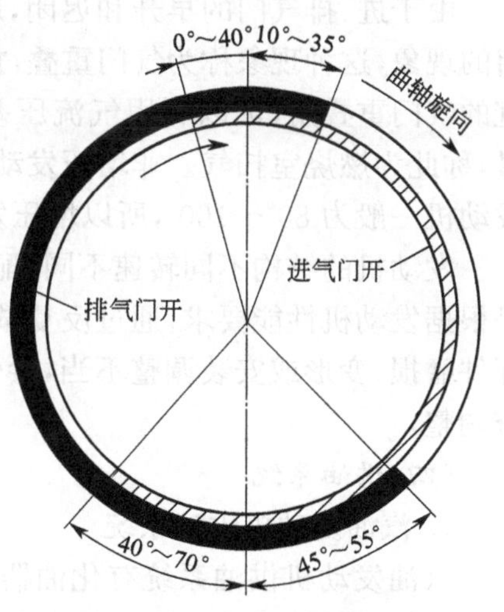

图 2—15　发动机配气相位图

(1)进气提前角

指发动机从进气门打开时刻到活塞行至上止点所转过的曲轴转角。其目的是为了保证进气开始时，进气门已开启较大，增加进入汽缸的新鲜气体或可燃混合气。非增压发动机进气提前角一般在 0°～40°。该角度过小，进气充量增加少；该角度过大，又会导致废气流入进气管。

(2)进气迟后角

进气迟后角是指活塞从下止点行至进气门完全关闭的曲轴转角,其目的是利用进气气流惯性和压力差继续进气。非增压发动机进气迟后角一般在40°~70°。若该角度过小,进气气流惯性未能得到充分利用,降低了进气充量;而该角度过大,进气气流惯性已用完,会导致已经进入汽缸的新鲜充量又被排出。

(3)排气提前角

从排气门打开到活塞行至下止点所转过的曲轴转角,其目的是利用废气压力,使汽缸内废气排得更干净。但排气提前角也不宜过大,否则将造成做功能力损失。非增压发动机排气提前角一般在 45°~55°。

(4)排气迟后角

指活塞从上止点到排气门完全关闭所转过的曲轴转角,其目的是利用排气气流惯性使废气排除更干净。非增压发动机该角度一般在 10°~35°,过大会造成排出的废气又被吸入汽缸。

(5)气门重叠角

由于进、排气门的早开和迟闭,就会有一段时间内进、排气门同时开启的现象,这种现象称为气门重叠,重叠的曲轴转角称为气门重叠角。适宜的气门重叠角,可以利用气流压差和惯性清除残余废气,增加新鲜充量,称此为燃烧室扫气。非增压发动机气门重叠角一般为 20°~80°,增压发动机一般为 80°~160°,所以增压发动机可以有效提高充气量。

发动机的结构不同转速不同,配气相位也就不同,最佳的配气相位角是根据发动机性能要求,通过反复试验确定。在使用中,由于配气机构零部件磨损、变形或安装调整不当,会使配气相位产生变化,应定期进行检查调整。

(四)供油系统

1. 汽油发动机供油系统

汽油发动机供油系统有化油器式和燃油喷射式两种,本书只介绍化油器式燃料供给系统。化油器式燃料供给系统主要由汽油箱、汽油滤清器、汽油泵、化油器和供油管道等组成。

(1)汽油滤清器

汽油滤清器安装在汽油箱与汽油泵之间,用以滤除汽油中的水分和杂质，保证汽油泵和化油器正常工作。

(2)汽 油 泵

汽油泵的作用是将汽油从油箱中吸出，经汽油滤清器后送入化油器浮子室内，并能根据发动机需要，自动调节输油量。

(3)化 油 器

化油器是汽油机供给系统的核心。其作用是根据汽油发动机不同的工况要求，供给发动机不同数量和不同浓度的可燃混合气。其性能的好坏直接影响到发动机的动力性能、经济性能和排放性能。

①化油器的基本结构

化油器由简单化油器、主供油系统、怠速系统、加浓系统、加速系统、启动系统等部分组成。

化油器进气通道中，截面积最小处称喉管。喉管的作用是增加空气的流速，形成真空吸力，将汽油从喷管内吸出，并借助空气流速将吸出的汽油吹散雾化。简单化油器主要由进气管、主喷管、浮子室通气孔、浮子、针阀、浮子室、主量孔、节气门和喉管等组成，如图 2—16 所示。

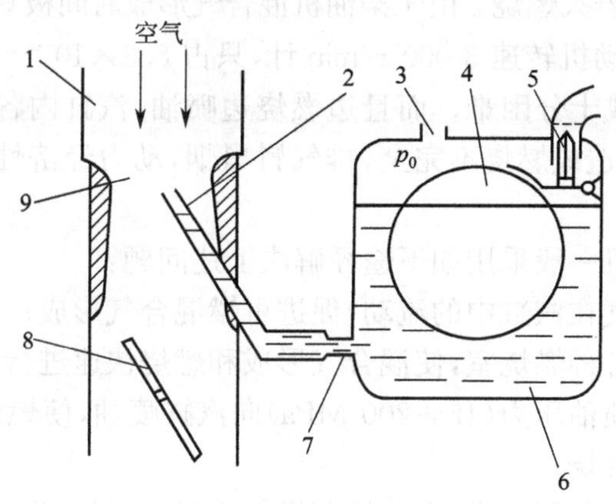

图 2—16　简单化油器结构示意图

1—进气管；2—主喷管；3—浮子室通气孔；4—浮子；5—针阀；6—浮子室；7—主量孔；8—节气门；9—喉管

②简单化油器的工作原理

发动机处于进气行程时，活塞由上止点向下止点运动，汽缸容积增大，产生一定的真空度，空气经空气滤清器吸入汽缸。当空气流经化油器喉管处时，流速升高，压力下降，产生一定真空度。在浮子室内与喷管口处压力差作用下，浮子室中的汽油经量孔从喷管喷出，并随即被高速空气流冲散，成为大小不等的雾状颗粒（雾化）。雾化的汽油在混合室中与空气混合，形成可燃混合气进入汽缸。从汽油与空气接触直到燃烧前，汽油不停地进行着吸热、蒸发、扩散并与空气混合。

③影响燃烧过程的因素

影响汽油机燃烧过程的因素主要有燃料的性质、发动机的转速、点火提前角、发动机负荷、混合气的成分、冷却水的温度、燃烧室的形状、压缩比、汽缸直径以及汽缸盖和活塞的材料等。

2. 柴油发动机供油系统

(1) 柴油机混合气的形成和特点

柴油机使用的燃料是柴油，由于其蒸发性和流动性比汽油差，不能像汽油机那样在进程中把汽油喷入进气管道，形成可燃混合气进入汽缸。但柴油的自燃点比汽油低，所以采用在压缩上止点前直接喷入汽缸，与空气混合，靠压缩着火燃烧。由于柴油机混合气形成时间极短，只占 15°～35° 曲轴转角（按发动机转速 3 000 r/min 计，只占 $8.3\times10^{-4}\sim1.9\times10^{-3}$ s），可燃混合气形成十分困难。而且边燃烧边喷油，汽缸内各处混合气浓度很不均匀，极易造成燃烧不完全，排气冒黑烟，动力经济性能下降等不良后果。

现代柴油机一般采用如下途径解决上述问题：

①组织空气在汽缸中的流动，促进可燃混合气形成；

②设计出各种燃烧室，使混合气形成和燃烧快速进行；

③采用高喷油压力（15～200 MPa）向汽缸喷油，使燃油雾化均匀，与空气快速混合燃烧；

④采用电子控制技术，准确控制燃料定时、定量向汽缸喷油。

为了使柴油与空气快速均匀混合燃烧，除采用组织空气运动和设计各种燃烧室外，还需要使喷入汽缸的柴油雾化均匀。为了使柴油雾化，需要大大提高喷油压力（15～200 MPa），柴油机燃料供给系统的作用就是根据柴油机的要求，定时、定量地产生高压油，并按要求喷入燃烧室特定的位置。

(2)柴油机供油系统总成

柴油机燃料供给是由低压油路和高压油路两部分组成。低压油路包括油箱、油水分离器、柴油滤清器和输油泵等部件;高压油路包括喷油泵、高压油管、调速器和喷油器等部件。有的高压油路采用泵—喷嘴结构,即不用高压油管,将喷油泵与喷油器合为一体,改善了喷油性能,但制造难度变大。

①输 油 泵

输油泵是将燃油从油箱吸出,并克服燃油滤清器等的阻力,以一定的压力和流量输往喷油泵的装置。根据输油泵的结构特点,有活塞式、膜片式和滑片式等三种形式。活塞式的结构如图 2—17 所示。

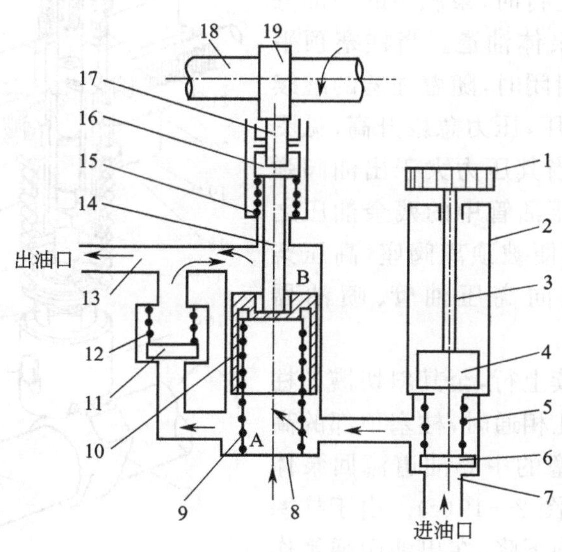

图 2—17　活塞式输油泵的结构图

1—手压泵拉钮;2—手压泵体;3—手压泵杆;4—手压活塞;5—进油阀弹簧;6—进油阀;7—进油接头;8—输油泵体;9—输油泵活塞弹簧;10—输油泵活塞;11—出油阀;12—出油阀弹簧;13—出油接头;14—推杆;15—推杆弹簧;16—挺柱;17—滚轮;18—喷油泵凸轮;19—偏心轮

②喷 油 泵

喷油泵是柴油机燃料供给系统中最重要的部件,被称为柴油机的心脏。它的基本作用是定时、定量地产生高压柴油。

a. 油泵结构：喷油泵泵油机构是喷油泵的核心，每缸有一组泵油机构，它主要由柱塞偶件（柱塞和柱塞套）、出油阀偶件（出油阀和出油阀座）、出油阀弹簧和柱塞弹簧等组成，如图 2—18 所示。

b. 泵油原理：当柱塞下行时，见图 2—19(a)，柱塞上方的空间容积变大，形成部分真空。当柱塞顶部下行到露出进油孔时，低压油便从泵体上的低压油腔流入柱塞顶部的空间，开始了进油行程。直至柱塞抵达下止点时，完成进油过程。

当柱塞上行时，泵腔中的一部分燃油被挤回泵体油道。当柱塞顶平面将进油孔封闭时，随着柱塞的继续上行，燃油受压，压力急剧升高，见图 2—19(b)。当其压力大于出油阀弹簧压力与高压油管中的残余油压之和时，出油阀便被顶离阀座，高压柴油经出油阀向高压油管、喷油器供油。

柱塞继续上行，至其斜切槽与柱塞套的回油孔相通时，柱塞顶部的高压油便经柱塞的中心油道流回泵体低压油腔，见图 2—19(c)。由于柱塞顶部油压急剧下降，在出油阀弹簧作用下，出油阀迅速落座，供油过程结束。柱塞有效行程见图 2—19(d)。

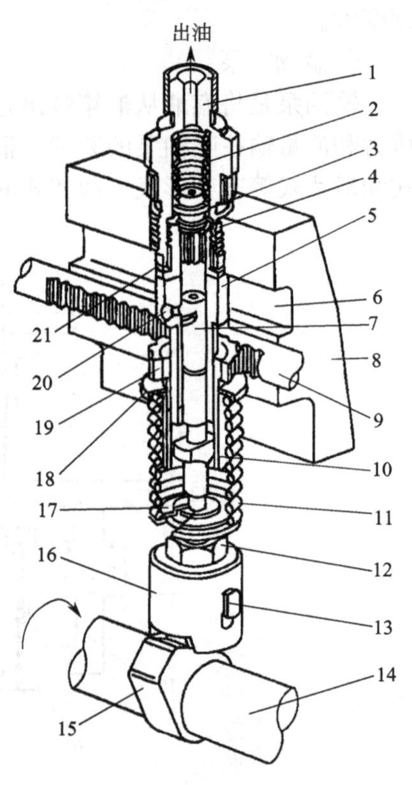

图 2—18　泵油机构

1—出油阀压紧座；2—出油阀弹簧；3—出油阀；4—出油阀座；5—柱塞套；6—低压油枪；7—柱塞；8—喷油泵体；9—油量；10—油量调节套筒；11—柱塞弹簧；12—供油正时调节螺钉；13—定位滑块；14—凸轮轴；15—凸轮；16—挺柱体部件；17—柱塞弹簧；18—柱塞弹簧上座；19—齿轮；20—进回油孔；21—密封圈

③喷 油 器

a. 喷油器功用：喷油器是一种向柴油机燃烧室喷射高压燃油的装置。根据不同柴油机要求，将高压油泵来的柴油雾气，以一定的喷油压力、喷

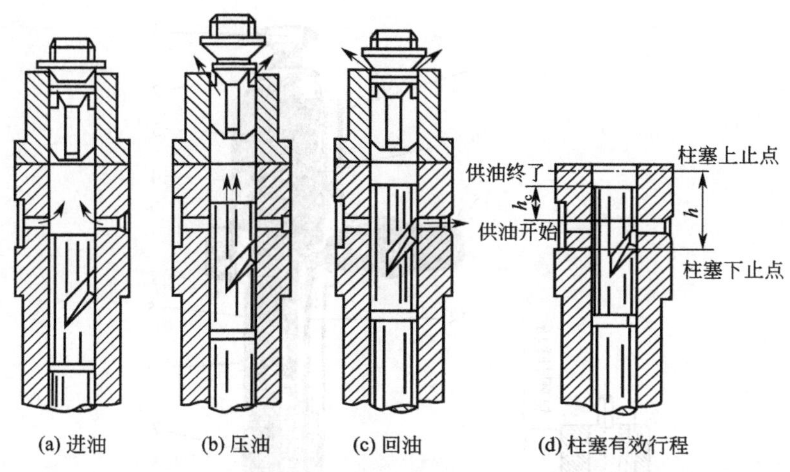

(a) 进油　(b) 压油　(c) 回油　(d) 柱塞有效行程

图 2—19　泵油机构

雾细度、喷油规律、射程和喷雾锥角喷入燃烧室特定位置，与空气混合燃烧。

b. 喷油器构造与工作原理：柴油机喷油器大多采用孔式喷油器，其基本构造如图 2—20 所示。喷油器主要部件是一对精密偶件——喷油嘴偶件，由针阀和油腔等部件组成，见图 1—20(a)。

喷油器工作时，来自喷油泵的高压柴油，经进油管接头进入喷油器体上的进油道，再进入针阀体中部的环形油腔，作用在针阀的承压锥面上，对针阀形成一个向上的轴向推力。此推力大于喷油器调压弹簧的预压力时，针阀上移，打开喷孔，高压柴油随即喷入燃烧室中。喷油泵停止供油时，高压油道内压力迅速下降，针阀在调压弹簧作用下及时回位，将喷孔关闭，停止喷油。

(五)点火系统

1. 点火系统的组成

传统点火系(也称白金触点点火系)主要由电源、点火开关、点火线圈、分电器、火花塞和高压导线等组成。

(1)点火线圈

点火线圈相当于一个自耦变压器，如图 2—21 所示，能将 12 V 的低压直流电变换成 15～20 kV 的高压直流电。

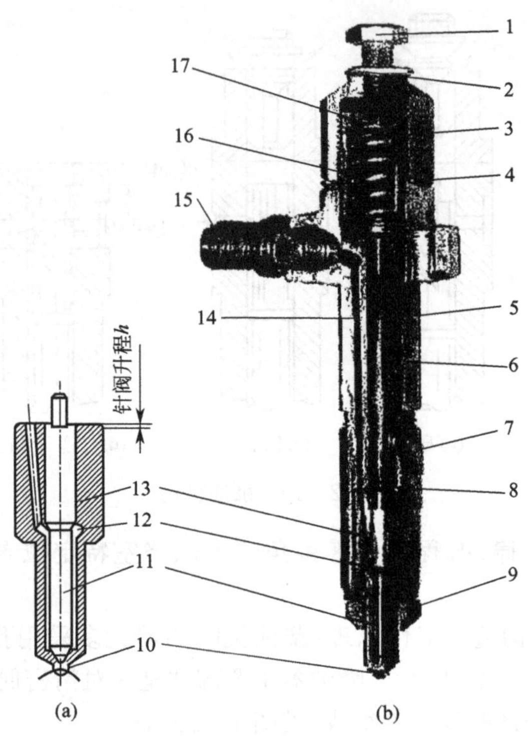

图 2—20　孔式喷油器结构

1—回油管螺钉；2—回油管垫片；3—调压螺钉；4—垫片；5—顶杆；6—喷油器体；7—紧固螺栓；8—定位销；9—喷油嘴垫；10—喷孔；11—针阀；12—环形油腔；13—油腔；14—进油道；15—进油管接头；16—调压弹簧；17—调压螺钉

(2)分 电 器

分电器主要由断电器、配电器、电容器和点火提前调节装置等组成，如图 2—22 所示。

发动机工作时，分火头和断电器凸轮一起旋转，当断电器触点打开时，高压电自分火头导电片跳至与其相对的旁电极，再经高压分线送到火花塞电极。

(3)火 花 塞

①火花塞的作用：将高压电引入燃烧室，产生电火花，点燃混合气。

②火花塞的结构有多种形式，普通型火花塞结构如图 2—23 所示，在

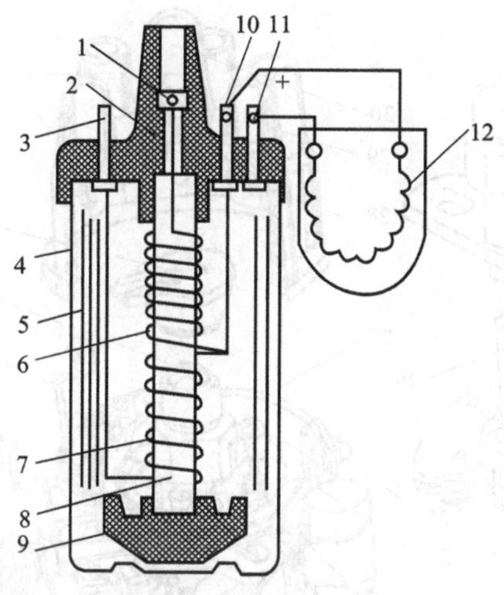

图 2—21　点火线圈

1—高压接线头；2—胶木盖；3—负极接线柱；
4—外壳；5—倒磁硅钢片；6—次级绕组；
7—初级绕组；8—铁芯；9—绝缘座；
10—启动机接线柱；11—正极接线柱；
12—附加电阻

钢质壳体的内部固定有高氧化铝陶瓷绝缘体，在绝缘体中心孔的上部有金属杆，杆的上端有接线螺母，用来接高压导线，下部装有中心电极，金属杆与中心电极之间用导体玻璃密封，纯铜垫圈起密封和导热作用。壳体的上部有便于拆装的六角平面，下部有螺纹，用于把火花塞安装到发动机汽缸盖内，壳体下端焊接有弯曲的侧电极。

火花塞中心电极和侧电极之间的间隙称为火花塞间隙，它对火花塞工作有很大的影响。间隙太小，则火花较弱，且容易因积炭产生漏电；间隙过大，所需的穿电压高，启动困难，且高速时易发生“缺火”现象。传统点火系统中火花塞间隙一般介于 0.6～0.8 mm 之间。

2. 传统点火系统的工作原理

如图 2—24 所示，接通点火开关，当断电器触点闭合时，初级绕组—中有电流流过，其低压回路(一次回路)为：蓄电池正极—点火开关—点火线圈的初级绕组—断电器触点—搭铁—蓄电池负极。回路中的电流称

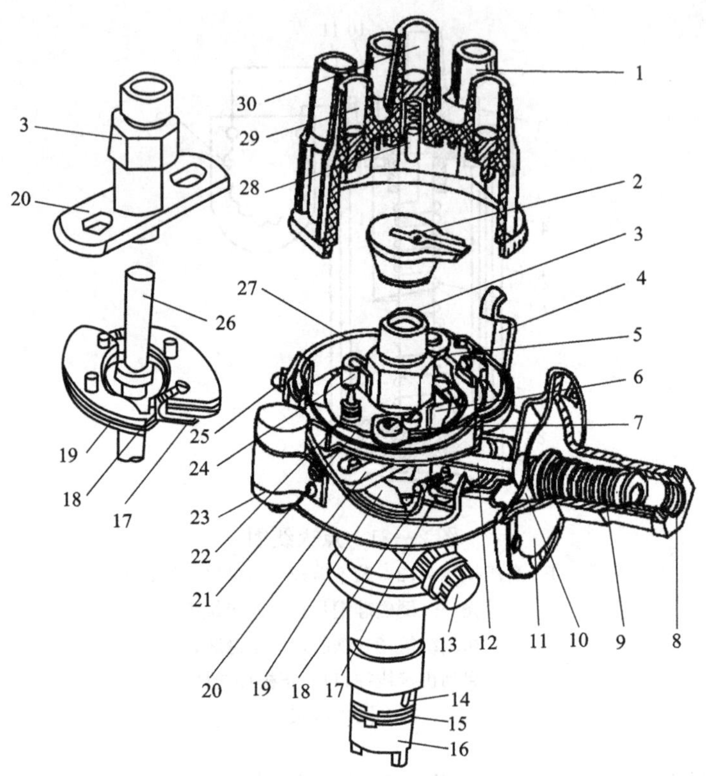

图 2—22　分电器结构图

1—分电器盖;2—分火头;3—断电器凸轮;4—分电器盖弹簧夹;5—断电器活动触电臂弹簧及固定夹;6—固定触点及支架;7—调整螺钉;8—接头;9—弹簧;10—真空点火提前器膜片;11—真空点火提前器外壳;12—拉杆;13—油杯;14—固定销及万向节;15—万向节钢丝;16—扁尾万向节;17—离心点火提前器底板;18—离心调节器弹簧;19—离心调节器重块;20—横版;21—断电器底板;22—真空点火提前器拉杆销及弹簧;23—电容器;24—油毡;25—断电器接线柱;26—分电器轴;27—分电器壳体;28—中心垫板;29—高压分线插孔;30—中央高压线插孔

为一次电流或初级电流。它通过点火线圈初级绕组时,在初级绕组的周围产生磁场,并由铁芯的作用而加强。当断电器凸轮顶开触点时,一次回路被断开,一次电流迅速下降为零,磁场也随之迅速衰减,在两个绕组中都产生感应电动势。由于次级绕组的匝数多,因而在次级绕组中感应出很高的电动势,足以击穿火花塞的电极间隙,产生电火花,点燃混合气。

当断电器触点被顶开时，分电器的分火头正好对准分电器盖上的某缸旁电极，次级电流从点火线圈的次级绕组经点火开关、蓄电池、搭铁、火花塞的侧电极、中心电极、配电器回到次级绕组。

在断电触点断开瞬间，由于初级绕组的自感作用，进一步提高了初级绕组电压（高压达 200～300 V），它将击穿断电器触点间隙，形成火花，烧蚀触点，同时使一次电流不能迅速下降到零，使二次级绕组中的电压降低，火花减弱。为降低上述影响，在断电器触点间并联有电容器。当断电器触点分开时，自感电流向电容器充电，以减小触点火花，加速一次电流和磁通的衰减，提高二次电压。

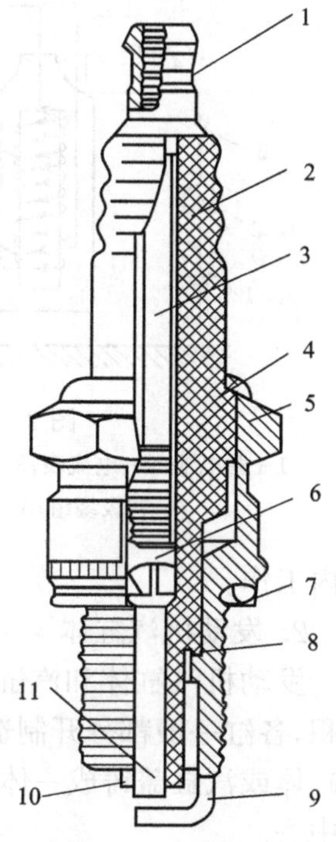

图 2—23　普通火花塞结构图

1—接线螺母；2—绝缘体；3—金属杆；4—垫圈；5—火花塞刻体；6—密封剂；7—密封垫圈；8—纯铜垫；9—侧电极；10—绝缘体裙部；11—中心电极

（六）冷却系统

发动机冷却系统的作用是对在高温条件下工作的发动机零件进行冷却，保证发动机在适宜的温度范围内工作。

1. 冷却系的类型

发动机常见的冷却方式有两种，即水冷却和风冷却。以空气为冷却介质的冷却系称为风冷系；以冷却液为冷却介质的冷却系称为水冷系。

水冷系是发动机的冷却系为强制循环水冷却，即利用水泵提高冷却液的压力，强制冷却液在发动机中循环流动。强制循环水冷系一般由水泵、散热器、百叶窗、冷却风扇、节温器、水温传感器、补偿水桶、发动机体和汽缸盖中的水套以及其他附属装置等组成。

风冷系是利用高速空气流直接吹过汽缸盖和汽缸体的外表面，把从汽缸内部传出的热量散发到大气中去，以保证发动机在最有利的温度范

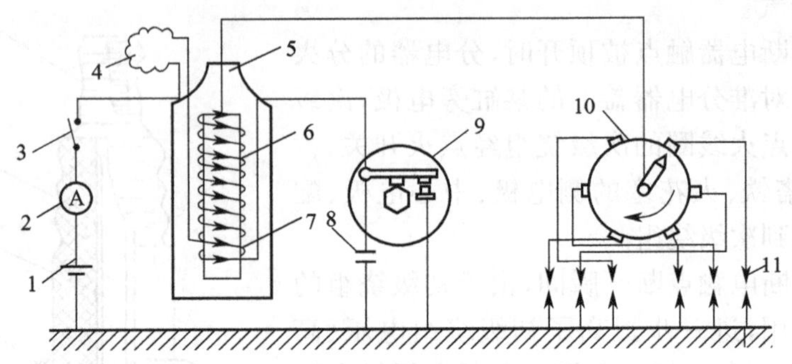

图 2—24 传统点火系统工作原理图

1—蓄电池；2—电流表；3—点火开关；4—附加电阻；5—点火线圈；6—次级绕组；7—初级绕组；8—电容器；9—断电器；10—分电器；11—点火塞

围内工作。

2. 发动机汽缸体

发动机汽缸体和汽缸盖采用传热较好的铝合金铸成，为了增大散热面积，各缸一般都分开制造。汽缸盖和汽缸体的表面均布有散热片，它与汽缸体或汽缸盖铸成一体，以增大散热面积，利用空气流把热量吹散到大气中去。

虽然风冷系具有结构简单、质量轻、故障少、使用维修方便等优点，但它存在对材料质量要求高、冷却不够可靠、工作噪声大和对气温变化不敏感等缺点，目前主要用在手提式小型养路机等轻型机械上。

(七)润滑系统

1. 润滑系统的作用

任何相互运动的摩擦表面，都存在磨损，都需要进行润滑。汽车发动机有众多相互运动件，如曲轴主轴颈与主轴瓦、曲柄销与连杆瓦，曲轴以 5 000～7 000 r/min 的高速旋转，一旦缺少润滑，将马上烧熔“抱轴”；活塞与活塞环在汽缸中高速往复运动，其线速度高达 17～23 m/s，若无有效润滑，极容易造成发热而“拉缸”。尤其对于新出厂的发动机，虽然工作表面经过精细的加工，但微观看这些表面却是粗糙不平的，工作压力集中，更容易造成“拉缸、抱轴”现象。所以发动机必须设有润滑系统，将清洁的润滑油不断输送到相互摩擦表面，以保证发动机可靠工作，减小摩擦阻力，降低功率消耗，减轻机件磨损。

除此之外，润滑油流经摩擦表面，带走表面热量，也带走零件磨损留下的磨屑，所以发动机润滑系统还兼有冷却和清洁功能。润滑油涂布在汽缸与活塞和活塞环之间，还起着增加活塞环密封的作用。同时，润滑油还具有防止金属零件表面被氧化锈蚀的作用。

2. 润滑方式

根据发动机不同运动表面的工作特点，分别采用以下三种方式。

(1)压力润滑是以一定的压力把润滑油供入摩擦表面的润滑方式。这种方式润滑可靠，但结构较为复杂，主要用于曲轴主轴承、连杆轴承及凸轮轴承等负荷较大的摩擦表面的润滑。

(2)飞溅润滑是利用发动机工作时运转零件撞击机油溅起来的油滴或油雾润滑摩擦表面的润滑方式。该方式结构简单，但可靠性较差。其主要用于负荷较轻的配气机构的凸轮、挺柱、气门杆、摇臂等零件的工作表面和难以用压力润滑的汽缸壁与活塞工作表面。

(3)润滑脂润滑是通过定期加注润滑脂来润滑零件工作表面，如水泵及发电机轴承等的润滑。

3. 润滑系统的组成

润滑系总体组成随不同发动机而有所不同。一般四冲程发动机由油底壳、机油集滤器、机油泵、机油滤清器、机油冷却器等组成。小型二冲程汽油发动机一般没有油底壳，采用混合油(即汽油中按比例加入二冲程机油)，对机器的汽缸壁与活塞工作表面、曲轴主轴承、连杆轴承等零件的工作表面进行润滑。

(八)启动系统

发动机靠外力驱动使之着火燃烧，从开始运转到着火燃烧的过程称为启动。

1. 发动机启动方式

发动机启动有手启动、电启动、汽油机启动、压缩空气启动和拖动等几种方式。

(1)手启动是用手转动发动机曲轴的启动方式，其结构简单，但启动转矩小，转速低，增加劳动强度，一般只用于小功率发动机。

(2)汽油机启动是利用小型汽油机带动曲轴旋转的启动方式，其结构复杂，启动麻烦，一般是先用手启动小型汽油机，再带动主发动机启动。

一般用于大功率柴油机启动。

(3)压缩空气启动是利用压缩空气按一定次序充入汽缸,强制发动机曲轴旋转的启动方式,其结构庞大、复杂,一般用于大型柴油机组(如船舶、电站等)。

(4)电启动是利用电动机带动发动机曲轴旋转的启动方式,其具有启动快捷方便、省力等优点,但需要一套电启动系统。重型功率发动机一般采用电启动方式。

2.启动系的基本组成与工作过程

电启动系主要由蓄电池、启动机、启动继电器、点火开关、安全开关组成。

电启动的启动机是将蓄电池的电能转换成机械能,以启动发动机。它一般由直流电动机、控制装置和传动机构三部分组成。

(1)直流电动机基本结构

直流启动电动机主要由电磁开关、接线盒 、电刷 、磁场线圈、离合器、驱动齿轮、制动盘、传动套筒、换向器 、拨叉等组成,如图 2—25 所示。

(2)直流电动机基本工作原理

直流电动机是将电能转变为机械能的部件,它根据通电导体在磁场中受到电磁力作用而产生运动的原理进行工作。启动机通电后开始旋转,电磁开关带动拨叉,拨动驱动齿轮啮合发动机启动齿轮,使启动机旋转动力带动发动机转动,开始供油燃烧做功。

四、发动机的养护和维修

(一)发动机的保养和维修

1. 发动机的日常保养

(1)检查机油油位,油量不足时应按规定添加机油。

(2)检查并排除漏油、漏水和漏气现象。

(3)检查机脚螺栓及各部件连接螺栓有无松动。

(4)检查电气线路及仪表装置的连接是否可靠。

(5)擦拭设备,清除油污、水迹及尘土,尤其要注意燃油系统和配气系统的清洁。

(6)在尘土多的地区,应于每班后清洗空气滤清器。

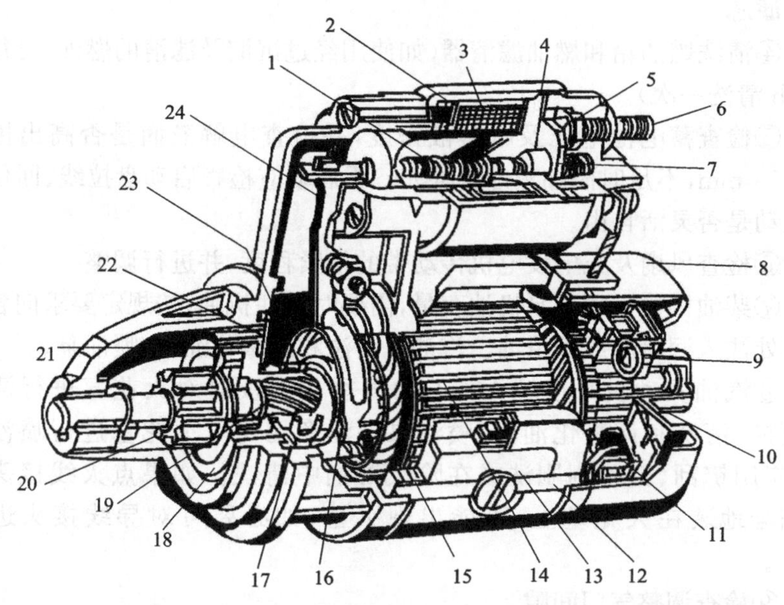

图 2—25　启动机的结构图

1—回位弹簧；2—保持线圈；3—吸引线圈；4—电磁开关壳体；5—主触点；6—接线柱；7—线盘；8—后端盖；9—电刷压簧 10—换向器；11—电刷；12—磁极；13—磁极铁芯；14—电枢；15—磁场线圈；16—移动衬套；17—缓冲弹簧；18—离合器；19—电枢轴花键；20—驱动齿轮；21—齿轮罩；22—制动盘；23—传动套筒；24—拨叉

(7)风冷式发动机，散热系统很容易脏，应经常清除散热片及启动盘上的废渣或灰尘。因为这些杂物会影响汽油机的散热，导致汽油机过热而损坏汽油机。

(8)检查燃油箱内燃油是否足够。

(9)排除所发现的故障及不正常现象。

2. 发动机的定期维修及保养

(1)发动机的一级保养

①完成日常保养的各项工作。

②清洗机油滤清器，并更换机油(若机油比较清洁，可延长到 200 h 再换油)。

③清洗空气滤清器，并更换油池内的机油。若滤芯是纸质的，应更换

新的滤芯。

④清洗燃油箱和燃油滤清器(如使用经过沉淀及滤清的燃油,可每隔200 h清洗一次)。

⑤检查蓄电池电压及电解液密度,并检查电解液面是否高出极板10～15 mm,不足时添加蒸馏水补充。手启动应检查启动盘拉线、回位弹簧运动是否灵活自由。

⑥检查风扇及充电发电机传动带的松紧程度,并进行调整。

⑦柴油机检查喷油泵机油存量,需要时添注机油;按规定要求向各注油嘴处注入润滑脂或润滑油。汽油机清洗和调整化油器、喷油泵。

⑧汽油发动机每运转 100 h 和每季都应及时对火花塞进行清洁或更换,清洗和调整化油器、喷油泵。注意切勿对火花塞进行喷沙清洁,应用铲刮、钢丝刷刷洗或在除炭溶剂中清洗。如果点火线接头没有完全地装在火花塞上,可能出现火星,如必要可对导线接头进行校正。

⑨检查调整气门间隙。

⑩重新装配因保养工作而拆卸的零部件时,应确保安装位置正确无误。

⑪完成保养工作后启动发动机,检查运转情况,排除所存在的故障和不正常现象。

(2) 发动机的二级保养

①完成一级技术保养的各项工作。

②柴油机检查喷油泵工作情况和喷油提前角是否正确,必要时加以调整;汽油机检查和调整点火提前角。

③拆下汽缸盖,清除积灰,并检查进气门、排气门与气门座的密封是否良好,必要时用气门砂进行研磨;清除活塞、活塞环、汽缸壁的积灰;活塞环间隙过大时,应予以更换。

④检查连杆轴承间隙是否过大、活塞销是否空旷,必要时予以更换;检查连杆螺栓、主轴承螺栓的紧固及锁定情况,必要时重新紧固、锁定或更换。

⑤清洗油底壳和机油冷却器芯子。

⑥检查冷却系统结垢情况,如结垢严重,可放净冷却系统的存水,加

入清洗液(消洗液由每升水加入 150 g 烧碱的比例配制),静置 8～12 h 后启动发动机,当水温达到工作温度后停车,放出清洗液,并用清水清洗。对于用铝合金制成的机体,可用弱碱水清洗液(由每升水加入 15 g 水玻璃和 2 g 液体肥皂配成),加入冷却系统后启动柴油机,运转至正常温度后再运转 1 h,放出清洗液,并用清水冲洗。

⑦普遍检查机组各主要零部件,并进行必要的调整和修理。

⑧拆洗和重新装配后,全面检查安装位置的正确性和紧固情况,擦拭干净并启动发动机,检查运转情况,排除存在的故障及不正常现象。

(3)柴油发动机冬季使用时的注意事项

在严寒的冬季,使用内燃机必须按下述特殊方法操作,否则会发生严重事故。

①停机后约 30 min 应放去冷却系统内的存水(放置防冻液或有保温措施的除外),如果长时间停机还必须把机油放干净,以免将机件冻裂。

②在冬季换机油时,必须一停机就换,换入的机油要加热到 60 ℃以上,但也不要超过 90 ℃,否则会使机油变质。绝对禁止在明火上烤机油,最好使用带盖的锅子在水中加热。

③冬季启动前,应将机油加热,使机油黏度降低,以易于到达各摩擦表面。

④启动前应用 80 ℃～90 ℃的水由排气管上的出水口灌入。由汽缸体侧面的放水开关(或水泵进水口)流出,一直放到放出的水温度在 60 ℃以上为止。然后把放水开关关闭,把冷却系统注满。这样做可防止汽缸盖等炸裂,且易于启动。冬季绝对不允许不预热启动柴油机。

⑤冬季必须绝对保证柴油机在热车状态下工作,如水温太低,外界气温寒冷,柴油在汽缸内燃烧时便会形成积炭。因此,启动后应慢速运转,如水温过低,启动前可将冷却水加换部分热水。

(二)发动机的故障排除

1. 柴油发动机的故障排除

柴油发动机的常见故障及排除方法见表 2—5。

表 2—5　柴油发动机的常见故障及排除方法

常见故障	可 能 原 因	排 除 方 法
柴油机不能启动	柴油机不能转动或旋转无力：	
	①蓄电池电力不足	①采用电力充足的蓄电池，或增加蓄电池并联使用
	②蓄电池接线柱氧化，导线与接线接触不良	②清理蓄电池接线柱，紧固各导线与接线桂的连接，并涂上一层凡士林
	③启动按钮毁坏或接触不良，继电器接触不良、短路或断路	③修理或更换
	④启动电动机电刷与换向器接触不良，电刷磨损，弹簧压力不足	④修理或更换电刷，用纱布擦净换向器表面，调节弹簧压力或更换弹簧
	⑤启动电动机轴承磨损过大，电枢与励磁线圈短路	⑤检修轴承并排除线圈短路处
	⑥减压机构位置不对，没有起减压作用	⑥将减压手柄推向减压位置
	启动电动机电枢转动，但其齿轮与飞轮齿圈不啮合：	
	①启动电动机离合片转矩不够、打滑	①增加离合器垫片，并调整好
	②启动电动机与柴油机齿圈中心线不平行	②重新安装调整，消除不平行
	③启动电动机齿轮钢套松脱或传动齿杆折断	③检修钢套，并更换齿杆
	柴油机排气管冒白色浓烟，而柴油机仍不能启动：	
	①气温太低，柴油机预热不充分	①充分预热，按低温环境下的启动要求操作
	②供给系统管路中有空气	②检修油管接头等处的漏气部位，并排除系统内的空气
	③喷油嘴喷油质不好	③清洗、更换或校正喷油嘴
	④进气量不足	④清洗空气滤清器堵塞处
	排气管无烟或有时冒小股烟：	
	①油箱阀门未打开或油箱内无油	①打开油门或加添燃油
	②燃油管路有空气或水分	②检修漏气处并排除水分
	③喷油嘴阻塞，喷油很少或喷油压力太低	③检修清洗喷油嘴
	④燃油滤清器阻塞	④清洗滤清器
	⑤喷油时间过迟或过早	⑤调好喷油提前角度
	⑥柴油内有水	⑥放出油箱底部杂质和水
	⑦燃烧室内积油太多	⑦排尽积油

续上表

常见故障	可能原因	排除方法
柴油机功率不足	供油量不足： ①燃油滤清器或输油管受阻 ②喷油泵、喷油嘴零件磨损严重，压力不够	①清洗滤清器或输油管 ②检修更换磨损件，并调整喷油压力
	空气滤清器堵塞	清洗滤清器
	喷油提前角不正确	检查调整
	柴油机转速不够	调整调速器弹簧弹力
	气门弹簧坏	更换调整气门弹簧
柴油机汽缸压缩不良	①气门杆与摇臂之间无间隙 ②气门与气门座配合不严密 ③汽缸套过度磨损 ④活塞环胶结卡死 ⑤汽缸垫漏气 ⑥汽缸盖变形或螺钉太松 ⑦活塞环对口	①调整气门间隙 ②磨配气门 ③检修或更换汽缸套 ④刷除环上的积炭 ⑤拧紧汽缸盖螺母，汽缸垫损坏应更换 ⑥拧紧螺钉或更换汽缸盖 ⑦将各活塞环开口错开安装
柴油机工作不稳有间断爆发现象	柴油机预热不够	关上挡风帘
	燃油系统中有空气	排除空气
	气门间隙不对	检查调整气门间隙
	各缸供油量不均匀： ①各缸压缩力不一致 ②各缸喷油量和喷油间隔角不一致 ③喷油泵体内调整杆卡住或柱塞弹簧损坏	①更换磨损零件或密封件 ②检查各缸工作情况并调整一致 ③检修调整杆或更换弹簧
	燃油质量不好，或油中有水	检查燃油，必要时更换燃油
	冷却水漏入汽缸	检查汽缸有无裂纹或损坏并修理或更换
	燃油供给系统漏气	检查燃油管和汽缸有无裂纹或连接不紧密，修理或更换
	调速器工作不正常	调整或修理调速器
柴油机排烟不正常	排气管冒黑烟(表示柴油燃烧不良)： ①负载过大，相应地增加了喷油量 ②喷入各缸供油量不同 ③喷油器滴油或雾化不良 ④喷油时间过晚 ⑤空气滤清器太脏阻塞 ⑥燃油质量不好，黏度大	 ①减轻负载，适当调整减速器 ②调整各缸供油量一致 ③更换喷油器磨损件 ④调整喷油提前角 ⑤清洗滤清器 ⑥更换燃油

续上表

常见故障	可 能 原 因	排 除 方 法
柴油机排烟不正常	柴油机冒白烟(表示柴油机过冷,燃烧室温度太低): ①柴油机预热不够,而所加负载过大 ②燃油内有水 ③汽缸垫密封不严,防水圈破裂 ④喷油时间太早	 ①预热柴油机,并逐渐增加负载 ②更换燃油 ③改善密封性能或更换防水圈 ④调整喷油提前角
	排气管冒蓝烟(表示汽缸内有机油燃烧): ①湿式空气滤清器加机油太多 ②活塞环磨损过多,或弹性不足 ③汽缸活塞磨损过度 ④气门杆与导管配合间隙过大	 ①放出多余的机油 ②清洗或更换活塞环 ③更换活塞 ④检修、调整配合间隙
柴油机发生敲击现象	①喷油提前角过大,在缸体上部可听到清脆的敲击声 ②气门间隙过大,低速转动时可听到敲击声 ③活塞销与连杆小头铜套间隙过大,突然降速时在汽缸上部可听到撞击声 ④连杆轴承间隙过大。突然改变负荷时在曲轴箱附近可听到敲击声 ⑤曲轴主轴承间隙过大,高负荷时在曲轴箱下部可听到敲击声 ⑥齿轮轴间隙过大	①检查、调整喷油提角前 ②调整气门间隙 ③更换磨损零件,调好正常间隙 ④检查连杆轴瓦和轴颈间隙,必要时更换轴瓦 ⑤检查主轴瓦,必要时更换 ⑥检修调整齿轮轴间隙
柴油机温度过高	①冷却水量不足或有漏泵现象 ②水泵风扇带打滑 ③水箱中沉积水垢太多 ④散热器被挡住,或散热器芯子黏有污物 ⑤柴油机长时间超负荷运行 ⑥水温表水温感应器或节温器失灵 ⑦水泵叶轮损坏,水不循环 ⑧风冷柴油机导风罩漏风 ⑨机油黏度太大,润滑不良	①停机,待温度下降后加冷却水,并排除漏水现象 ②调整风扇带松紧程度 ③清洗冷却系统 ④清除污物,用压缩空气吹通芯子 ⑤降低负荷 ⑥更换新的水温表等 ⑦修复或更换水泵叶轮 ⑧修理导风罩 ⑨更换合适黏度的机油
柴油机机油无压力压力不足或压力过高	油底壳中机油太少	加注机油到规定的油面高度
	油压表管路受阻或折断	清洗或更换油管
	油压表感应塞损坏或失电	更换感应塞,并检查电路
	油压表损坏或失灵	更换油压表

续上表

常见故障	可能原因	排除方法
柴油机机油无压力压力不足或压力过高	机油压力调节器的油门堵塞，或调节器弹簧折断	清洗油道及调节器油门，更换损坏的零件或更换清洁机油
	机油泵齿轮磨损严重，间隙太大，泵油效果不好	更换齿轮，调整间隙，或更换油泵
	油管接头不紧，漏油严重	修理和紧固油管
	各轴瓦的间隙过大	检修或更换轴瓦
	机油泵进油腔前面的油道进气或吸油盘滤网堵塞	检修油道或清洗吸油盘滤网
	主油道有裂纹	检修或更换主油道
	机油太稀	更换机油
	机油压力过高： ①油压表故障 ②机油调节器工作不正常 ③机油黏度太大	①修理或更换油压表 ②调节机油调节器 ③更换机油
机油耗量太大	①活塞环与环槽间隙增大，活塞与汽缸间隙增大，使机油进入汽缸燃烧 ②活塞环折断或活塞环装反 ③活塞环胶结，失去弹性 ④气门杆与气门导管磨损，配合间隙过大 ⑤机油压力过高 ⑥柴油机温度过高，使机油不断蒸发 ⑦机油油路中接头松动，油管因有裂纹漏油	①换用加大的活塞与活塞环，必要时更换缸套 ②检查调整 ③清洗或更换活塞环 ④更换磨损件 ⑤调整压力调节器，降低机油压力 ⑥加强冷却和散热效率 ⑦检查紧固接头，或更换油管
柴油机飞车	①调速器工作不正常 ②调速器齿杆卡死在最高速位置 ③柴油中混入汽油 ④供油量过大	①检修调速器 ②检修和清洗齿杆，使之灵活移动 ③更换燃油 ④减小供油量
柴油机突然停车	①无油或油路堵塞，断油停车 ②润滑不好，活塞连杆轴瓦与曲轴咬死	①加添燃油，或疏通油路 ②检修或更换连杆轴瓦和曲轴

2. 汽油发动机的故障排除

汽油发动机的常见故障及排除方法见表 2—6。

表 2—6　汽油发动机的常见故障及排除方法

故障			产生的原因	排除方法
部位	类型	现象		
曲轴连杆机构	汽缸套、活塞磨损	启动困难、功率不足,同时机油消耗量增大,缸内积炭增多;曲轴箱内下排气增多,曲轴箱内温度增高	①空气滤清器失效 ②机油滤清器过滤效果不好 ③汽缸套及活塞环密封性不好	①清洗或更换空气滤清器 ②清洗或更换机油滤清器 ③更换活塞环,磨损严重则需要换活塞、汽缸套
	汽缸垫烧损	水箱中冒气泡,排气管冒白烟甚至排水;损坏严重时,停车稍久,汽缸中就有积水	①汽缸盖螺栓松动或扭力不够 ②汽缸盖与汽缸体接合面不平或有烧蚀,汽缸盖压不紧 ③汽缸垫质量差,厚薄不均,以及汽缸垫使用过久失去弹性	①按次序拧紧汽缸盖螺栓 ②调整和修理汽缸盖与汽缸体接合面 ③更换新汽缸盖
	拉缸	汽缸活塞卡死在汽缸内,汽油机突然熄灭,曲轴不能转动	①活塞环开口间隙过小,活塞与汽缸配合间隙过小 ②汽油机过热时卡在汽缸中 ③活塞销卡环松脱或折断,使活塞销窜出而刮伤缸壁	更换活塞环、活塞和汽缸,并按规定尺寸进行匹配
	烧瓦	汽油机运转吃力,冒黑烟,以致自行熄火,摇转曲轴时转不动	①机油油面过低 ②油路堵塞 ③轴瓦和轴颈间隙过小或过大 ④汽油机长期超负荷工作	更换合适尺寸新瓦。严重时,需磨修轴颈,换加大尺寸轴瓦
配气机构	汽缸体、汽缸盖的裂纹	水漏到油底壳使油面增高;水漏到汽缸会变成蒸汽,同废气一齐排出。水从裂纹处向外渗漏	①冷却系统中水垢过多,散热不良 ②过热或因缺水而温度过高,产生裂纹 ③冬季停车而未放尽冷却水	发现裂纹可进行修补或更换新件
	气门关闭不严	动力性能、启动困难。漏气时,发生汽化器回火现象;排气门漏气,柴油机可出现规律性的白烟(或黑烟)	①气门和气门座由于积炭,磨损和烧蚀,使接触环带贴合不好 ②气门杆与气门导管间隙过大,使气门在关闭时产生偏斜 ③气门弹簧折断或弹力严重不足 ④气门间隙过小	①清除积炭研磨气门 ②更换气门或气门导管,重新研磨接触环带 ③更换气门弹簧 ④重新调整气门间隙

续上表

故障			产生的原因	排除方法
部位	类型	现象		
配气机构	气门脱落	冒烟，甚至有强烈的机械撞击声或熄火	①锁片脱出，弹簧折断 ②气门在头和杆过渡处或尾端的沟槽处折断等	解体重新安装，弹簧、弹簧座，锁片重新安装必须牢靠
	气门敲击	气门杆尾端受摇臂头撞击会发出有节奏的“嗒嗒”声。气门与活塞顶相碰，也会在汽缸上部产生不清脆的金属敲击声	①气门间隙过大 ②调整螺钉松动，摇臂轴支座固定螺钉松动 ③凸轮、挺柱、摇臂等配气机构零件磨损	①螺钉松动应紧固，应及时调整间隙 ②检查调整配气相位 ③应铰削气门座，研磨气门
润滑系统	机油压力不足	机油供油不足	①油底壳油量不足 ②滤器滤网堵塞 ③机油泵严重磨损 ④限压阀弹簧过软、折断或阀门关闭不严 ⑤滤清器堵塞，安全阀开启压力过高 ⑥主轴承和连杆轴承间隙过大	①检查油底壳油量 ②清洗滤清器 ③更换机油泵 ④检查调整安全阀、限压阀的开启压力 ⑤清洗机油泵 ⑥调整主轴承、连杆轴承间隙
	机油温度过高	机油温度过高	①汽油机长时间超负荷工作 ②汽缸漏气，高温气体窜入曲轴箱内 ③冷却水套中水垢过多 ④油温调节开关位置不当 ⑤机油散热器堵塞	①调整负荷 ②解决活塞环、活塞、汽缸密封 ③应清洗水套中水垢 ④检查油温调节开关位置 ⑤清洗机油散热器，清除堵塞
冷却系统	水温过高	水温过高	①汽油机长期超负荷工作 ②供油时间过晚 ③汽油机漏气严重 ④风扇皮带过松 ⑤散热器风道堵塞或保温帘使用不当 ⑥节温器失灵 ⑦水道、散热器芯管水垢过多	①调整负荷 ②调整供油时间 ③更换活塞环 ④调整风扇皮带张紧度 ⑤清理散热器堵塞 ⑥检查节温器的开启状况 ⑦清洗水套和散热器芯管中的水垢

续上表

故障			产生的原因	排除方法
部位	类型	现象		
点火系统	火花塞不发火	汽油机不能启动或突然熄火	①断电器触点间隙过大,不能闭合 ②触点严重烧蚀,不能断电 ③电容器被击穿 ④初级线圈或次级线圈断路 ⑤中央高压线接触不良,漏电或脱落	①磨修断电器触点,调整其间隙 ②磨修配电器触点 ③更换电容器 ④检查初级线圈、次级线圈是否短路 ⑤检查、维修中央高压线
	火花塞火花弱	启动困难或启动后运转不稳定	①断电器触点烧蚀接触不良 ②低压线路导线接头处接触不良 ③电容器、点火线圈漏电 ④分火头与中央高压导线接触不良 ⑤分火头或配电器盖有裂纹,造成漏电 ⑥火花塞间隙过小	① 磨修断电器触点 ②维修低压线路导线接头 ③更换电容器、点火线圈 ④检查、维修分火头与中央高压导线的接触 ⑤更换分火头或配电器盖 ⑥调整火花塞间隙

(三)常用汽油发动机主要部件的拆卸与装配

小型养路机械的动力源多数采用 12 kW 以下的小型汽油发动机,手持式小型养路机械多数采用二冲程风冷汽油发动机和小型电动机。在使用维修中经常需要对汽油发动机进行解体、拆卸和装配。虽然机型种类很多,但解体、拆卸和装配的工艺基本相似。现以本田 GX390 四冲程汽油发动机主要部件的拆卸、装配为例,介绍四冲程发动机的拆卸、装配,如图 2—26~图 2—29 所示;以 WM80 二冲程风冷汽油发动机主要部件的拆卸、装配为例,介绍二冲程发动机的拆卸、装配,如图 2—30~图 2—33 所示。

1. 本田 GX390 四冲程汽油发动机主要部件拆卸、装配

(1)本田 GX390 四冲程汽油发动机化油器装配图如图 2—26 所示,注意在拆卸之前应清洗化油器。

(2)本田 GX390 四冲程汽油发动机气门装配图如图 2—27 所示。

(3)本田 GX390 四冲程汽油发动机曲轴、平衡轴及活塞装配如图 2—28 所示。

(4)本田 GX390 四种程汽油发动机活塞装配如图 2—29 所示。

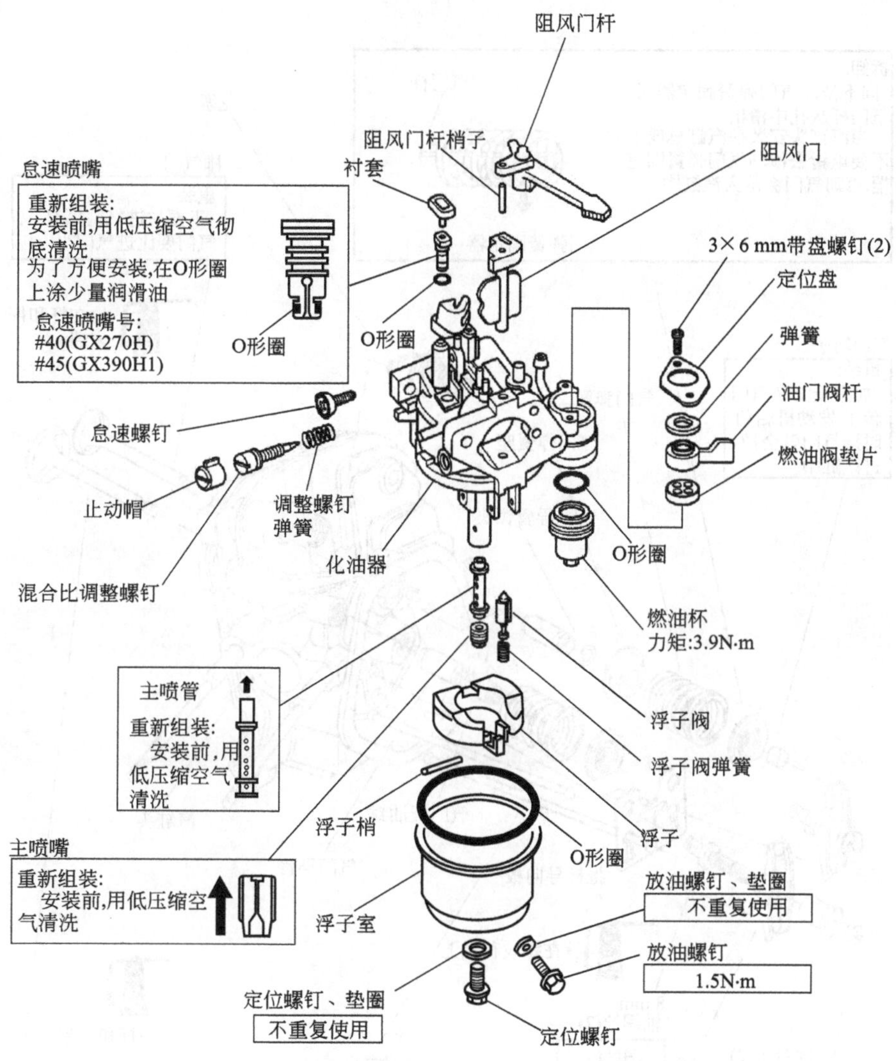

图 2—26　本田 GX390 四冲程汽油发动机化油器装配图

(5)本田 GX390 四冲程汽油发动机离合器、减速器装配如图 2—30 所示。

2. WM80 二冲程风冷汽油发动机主要部件拆卸、装配图

(1)WM80 二冲程风冷汽油发动机油塞、连杆、曲轴装配如图 2—31 所示。

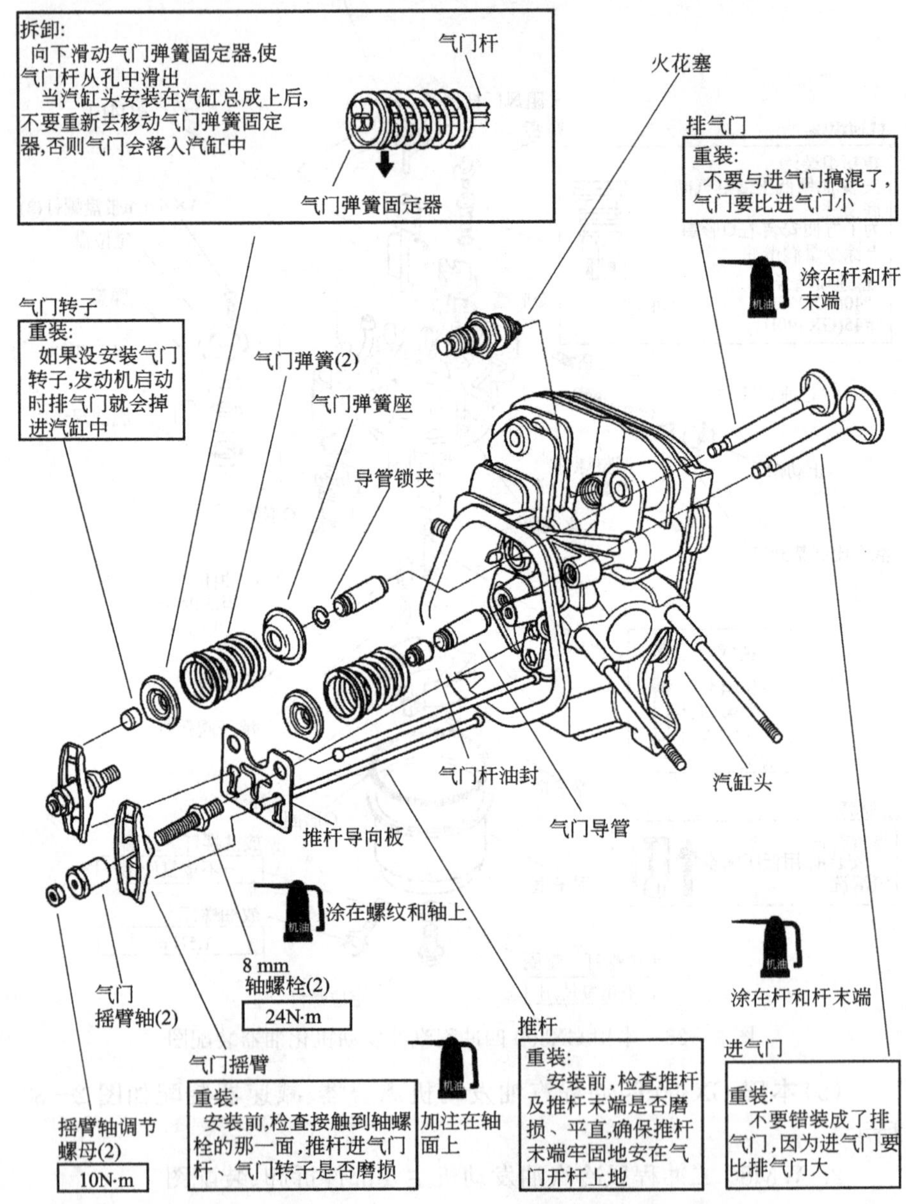

图 2—27　本田 GX390 四冲程汽油发动机气门装配图

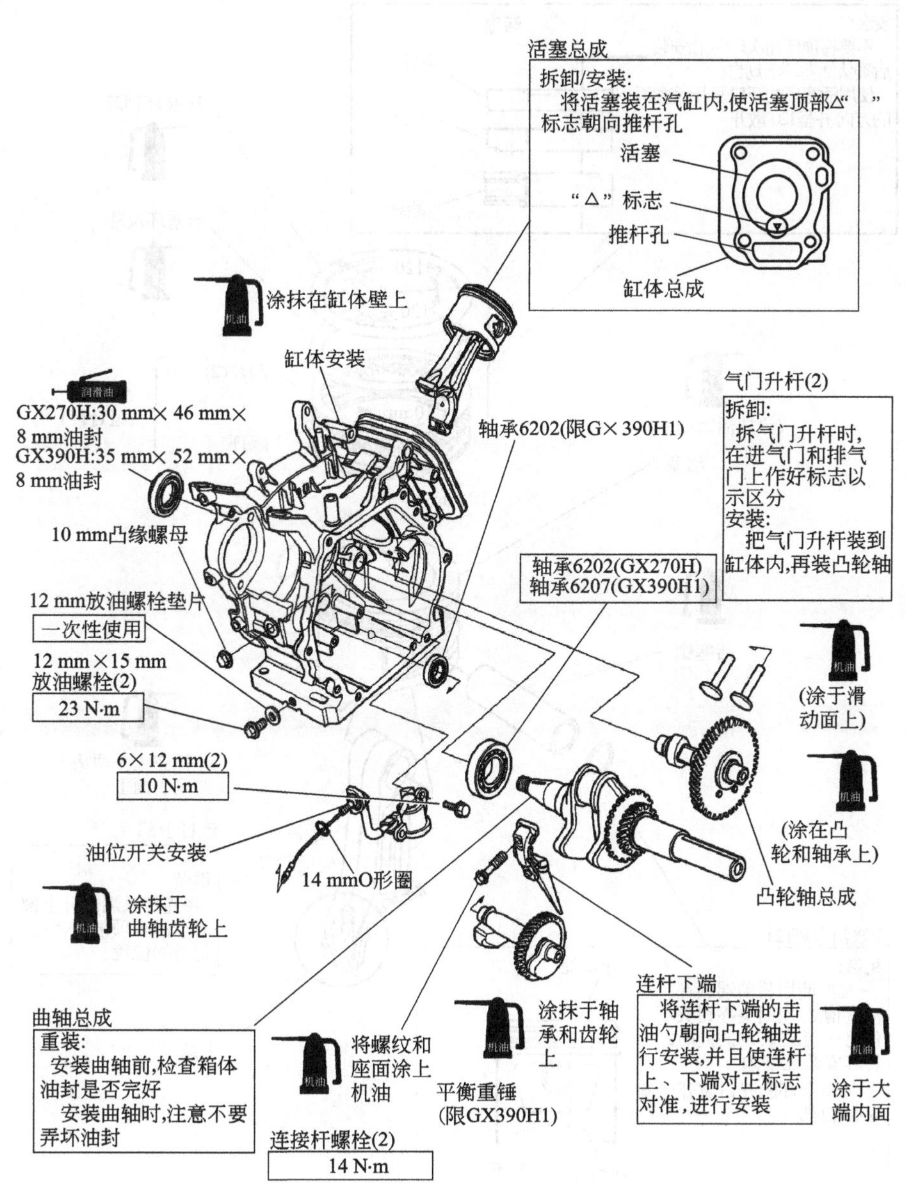

图 2—28 本田 GX390 四冲程汽油发动机曲轴、平衡轴及活塞装配图

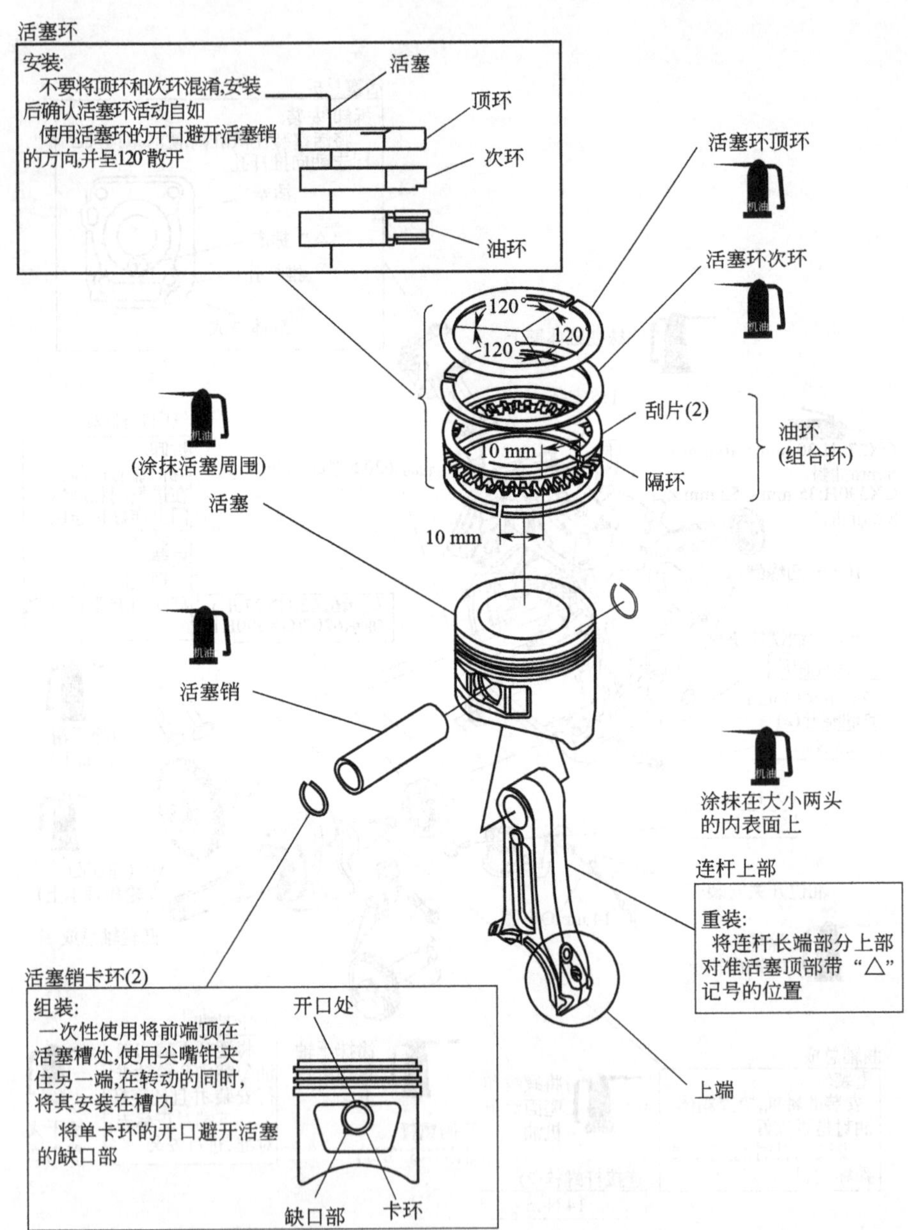

图 2—29 本田 GX390 四冲程汽油发动机活塞装配图

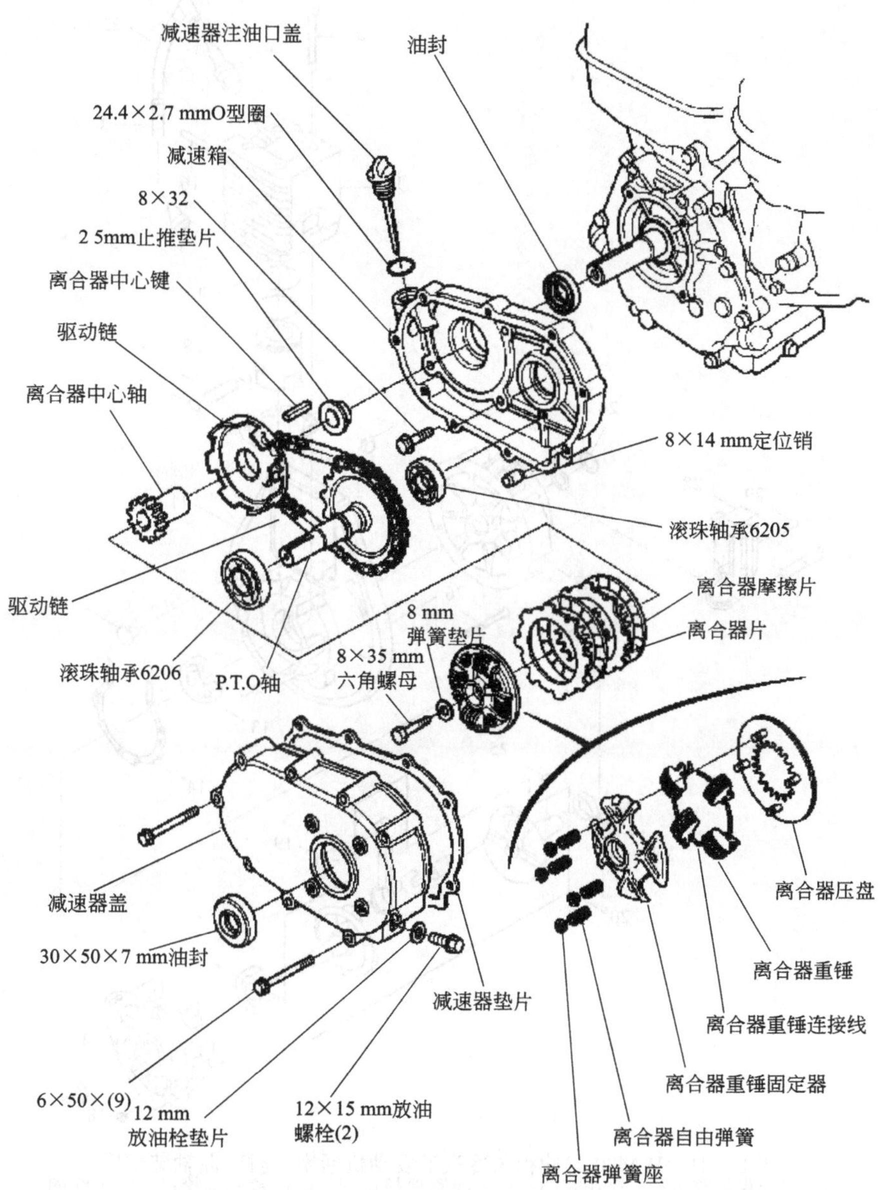

图 2—30　本田 GX390 四冲程汽油发动机
离合器、减速器装配图

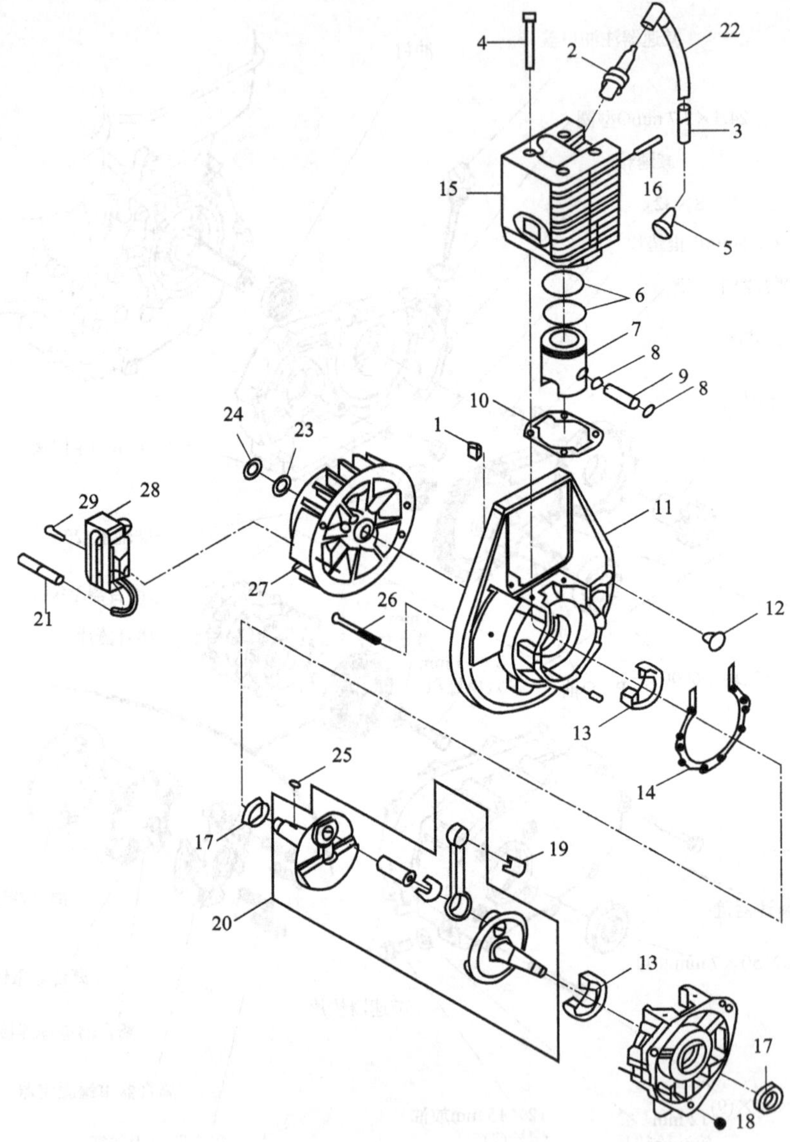

图 2—31　WM80 二冲程风冷汽油发动机活塞、连杆、曲轴装配图

1—限位保护胶块；2—火花塞；3—点火线路保护罩；4—缸体紧固螺栓；5—固定线圈胶块；6—活塞环；7—活塞；8—活塞销卡簧；9—活塞销；10—缸套垫片；11—发动机壳体部件；12—卡头；13—滚珠轴承；14—曲轴箱连接垫片；15—缸体总成；16—双头螺栓；17—曲轴油封；18—曲轴箱连接螺母；19—滚针轴承；20—曲轴组合；21—线路保护壳；22—点火线路；23—垫圈；24—飞轮螺母；25—半圆销键；26—曲轴箱连接螺栓；27—飞轮组合；28—点火线圈；29—固定螺栓

(2)WM80 二冲程风冷汽油发动机空滤、化油器装配如图 2—32 所示。

(3)WM80 二冲程风冷汽油发动机离合器、排气管装配如图 2—33 所示。

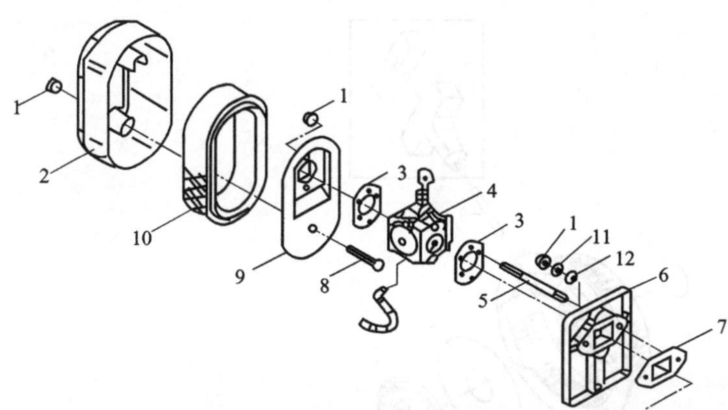

图 2—32　WM80 二冲程风冷汽油发动机空滤、化油器装配图

1—防松螺母;2—空滤保护罩;3—化油器垫片;4—化油器总成;5—螺栓;6—进气口支架;7—进气口垫片;8—螺栓;9—空滤支架;10—空气过滤器;11—垫圈;12—螺母

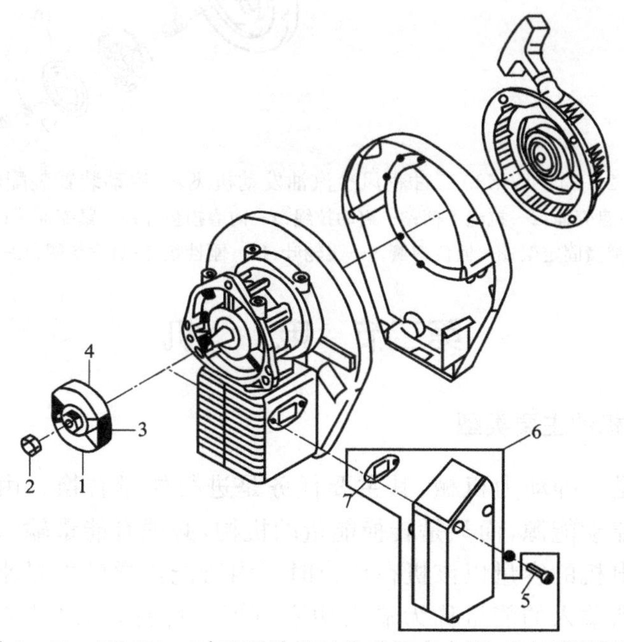

图 2—33　WM80 二冲程风冷汽油发动机离合器、排气管装配图

1—离合器总成;2—离合器螺母;3—离合器弹簧;4—离合器片
5—螺栓;6—排气管总成;7—排气管垫片

(4)WM80 二冲程风冷汽油发动机飞轮、启动装置装配如图 2—34 所示。

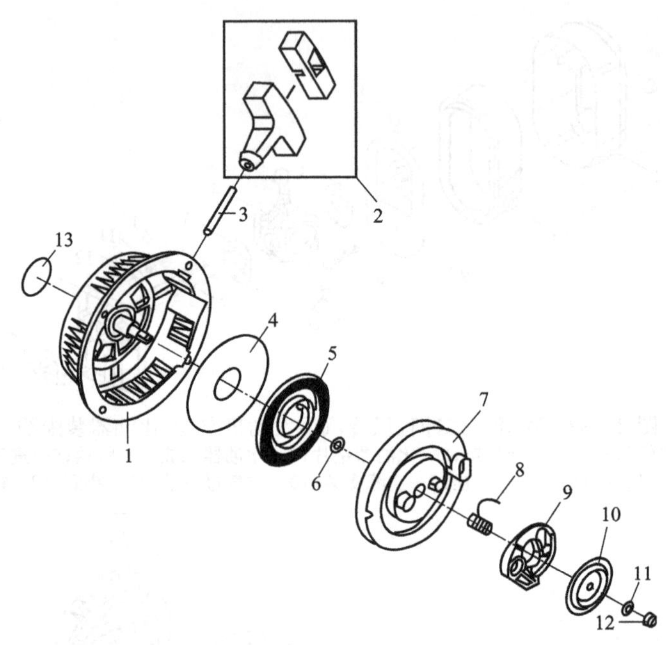

图 2—34 WM80 二冲程风冷汽油发动机飞轮、启动装置装配图

1—启动拉盘壳体;2—拉绳手柄;3—启动拉绳;4—防磨损垫片;5—紧缩弹簧;6—垫圈;7—紧缩弹簧固定架;8—回位弹簧;9—飞轮叶;10—刚性垫片;11—垫圈;12—铜螺母

第二节 电 机

一、电机的主要类型

电机是一种动力机械,其主要任务是进行能量转换。由于电机本身并不是原动能源,而只是转换能量的机构,必须有能量输入才会有能输出量。电机的容量以该机在单位时间内所能传递的能量来度量。单位时间内所输入的能量称为输入功率,单位时间内输出的能量称为输出功率,功率的单位通常用 W 或 kW 来表示,当能量通过电机转换时,不可避免有一些内部损耗。例如,当电流流过导线时要引起定子绕组

线耗和转子绕组线耗，当磁通在铁芯中变化时要引起磁滞损耗和涡流损耗，当有机械运动时会引起机械摩擦损耗，这些损耗均作为热量而散发。因此，任一电机输出功率总比输入功率为小，以 P_1 表示电机的输入功率，P_2 表示电机的输出功率，则其比值 $\eta=P_2/P_1$ 就称为电机的效率。

电机的种类很多，分类方法也很多，常用的分类方法有以下几种。

1. 按电机的运行方式分类

(1)发电机：将机械能转换为电能。

(2)电动机：将电能转换为机械能。

(3)控制电机：不以功率传递为主要职能，而在自动调节系统中起控制作用。

2. 按电流性质的不同分类

(1)直流电机：应用于直流电系统的电机。

(2)交流电机：应用于交流电系统的电机。在交流电机中有同步电机和异步电机两个主要的类型。

①同步电机：电机的转子转速和旋转磁场同步运转，电机速度等于同步速度，同步速度取决于该电机的极数和频率。同步电机通常用作发电机运行。

②异步电机：又称感应电机。电机的转速低于旋转磁场的转速并且随着负载的加重而降低。作为电动机运转时，速度较同步速度小，作为发电机运行时，速度较同步速度大。异步电机通常用作电动机运行，也可以作为发电机使用，但工作性能较差。因此，异步发电机仅用于要求不高的小型发电设备中。

在任何电机中功率的转换是可逆的。如在电机的轴上外施机械功率.通过电机的磁场可把机械功率转换为电功率。反之，如在电机电路的端点送入电功率，通过电机的磁场可把电功率转换为机械功率。即任何电机既可以作为发电机运行，又可以作为电动机运行，这一性质称为电机的可逆性原理。但在实用上有所偏重。例如，实用的交流发电机以同步电机为最多，实用的交流电动机以异步电机为最多。同一品种的电机，也将根据它在正常情况下用作发电机或者电动机，而在设计上和制造上提出不同的要求。

二、发 电 机

(一)同步电机的类型

1. 同步电机的分类

同步电机的分类方式很多,现按同步电机的运行方式、原动机的类别和结构形式等进行分类。

(1)按运行方式和功率转换方向分类

①发电机:把机械能转换为电能。

②电动机:把电能转换为机械能。

③补偿机:基本上不转换有功功率,而专门用来调节电网的无功功率,改善电网的功率因数。补偿机又称调相机。

(2)按原动机的类别分类

①汽轮发动机。

②水轮发电机。

③燃油(汽油或柴油)发电机。

④燃气能发电机。

⑤风力发电机。

(3)按结构分类

旋转磁极式和旋转电枢式。

2. 同步发电机的特点

发电机分为直流发电机和交流发电机两大类。交流发电机可分为同步发电机和异步发电机两种。现代发电站中最常用的是同步发电机。这种发电机的特点是由直流电流励磁,既能提供有功功率,也能提供无功功率,可满足各种负载的需要。异步发电机由于没有独立的励磁绕组,其结构简单,操作方便,但是不能向负载提供无功功率,而且还需要从所接电网中汲取滞后的磁化电流。因此异步发电机运行时必须与其他同步电机并联,或者并接相当数量的电容器。这限制了异步发电机的应用范围,使其只能较多地应用于小型自动化水电站。

同步发电机除了小型电机有用永久磁铁产生磁场以外,一般的磁场都是由通直流电的励磁线圈产生,而且励磁线圈放在转子上,电枢绕组放在定子上。因为励磁线圈的电压较低,功率较小,又只有两个出线头，容易通过滑环引出；而电枢绕组电压较高，功率较大，多用三相绕组，有 3 个或 4 个引出头，放在定子上比较方便。

因此，铁路工务系统线路维修使用的电动小型养路机械供电电源，一般采用燃油(汽油或柴油)同步交流发电机组(简称交流发电机)。交流发动机又分单相交流发电机和三相交流发电机，现以三相交流发电机来阐述发电机的基本结构和工作原理。

(二)三相交流发电机的基本结构

三相交流发电机主要由机座、定子、转子、风扇、接线盒等结构组成，如图 2—35 所示。

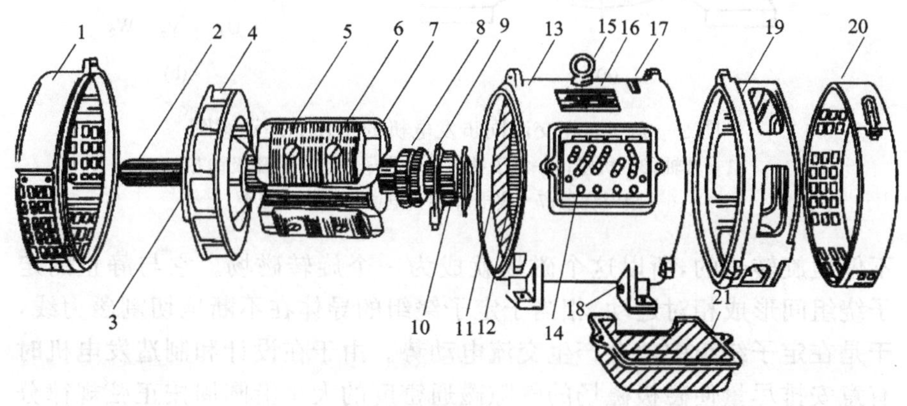

图 2—35　三相交流同步发电机结构图

1—前端盖；2—转轴；3—前轴承；4—风扇；5—磁极铁芯；6—螺钉；7—励磁绕组；8—集电环；9—后轴承盖；10—轴承；11—定子绕组；12—定子铁芯；13—机座；14—接线端子；15—吊环；16—铭牌；17—旋转方向箭头；18—接地点；19—后端盖；20—防护罩；21—接线盒盖

(三)三相交流发电机的工作原理

图 2—36(a)是一个三相交流发同步电机的原理示意图。它的转子是一对磁极，定子铁芯槽中分别嵌有 U、V、W 三相定子绕组，U_1、V_1、W_1分别为三相绕组的首端，U_2、V_2、W_2分别为三相绕组的末端，三相绕组沿定子铁芯的内圆各相差 120°放置。其电路图如图 2—36(b)所示。

发电机的转子由原动机(如汽油机或柴油机等)带动旋转，当直流电经电刷、集电环通入励磁绕组后，转子就会产生磁场。由于转子是在

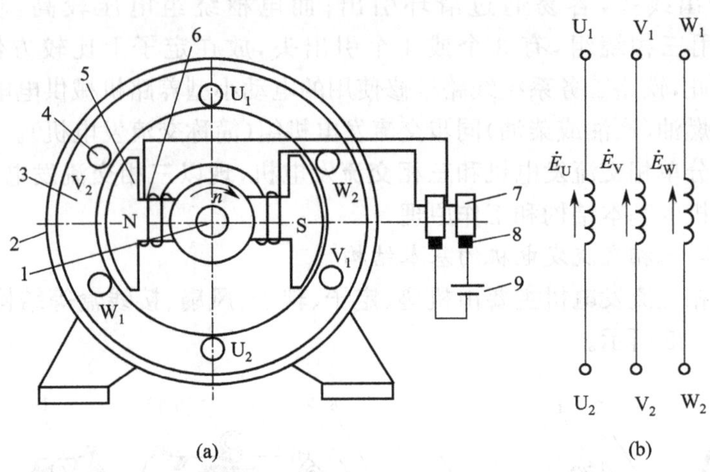

图 2—36　三相交流同步发电机的工作原理示意图

1—转轴；2—机座；3—定子铁芯；4—定子绕组；5—磁极铁芯；6—励磁绕组；7—集电环；8—电刷；9—直流电源

不停地旋转着的，所以这个磁场就成为一个旋转磁场。它与静止的定子绕组间形成相对运动，相当于定子绕组的导体在不断地切割磁力线，于是在定子绕组中就会产生交流电动势。由于在设计和制造发电机时有意安排尽量使磁极磁场的气隙磁通密度的大小沿圆周按正弦规律分布，所以，每根导体中产生的电动势的大小也随着时间按正弦规律变化。

转子不停地旋转，磁场的磁力线被 U、V、W 三相定子绕组切割磁力线而感生电动势。由于磁场按正弦规律分布，因此感应出的电动势为正弦电动势。而三相绕组结构相同，切割磁力线的速度相同，位置互差120°，因此三相绕组感应出的电动势幅值相等，频率相同，相位互差 120°。这样的三相电动势称为对称三相电动势，设各相电动势方向为由末端指向始端，如图 2—37(b)所示，并以 e 为参考量，则三个电动势的瞬时值表达式为

$$e_V = E_m \sin\omega t$$

$$e_U = E_m \sin(\omega t - 120°)$$

$$e_W = E_m \sin(\omega t - 240°) = E_m \sin(\omega t + 120°)$$

从三相对称电动势波形图及相量图(图 2—37)得知,任一瞬时,对称的三相电动势之和为零,即 $e_U + e_V + e_W = 0$。

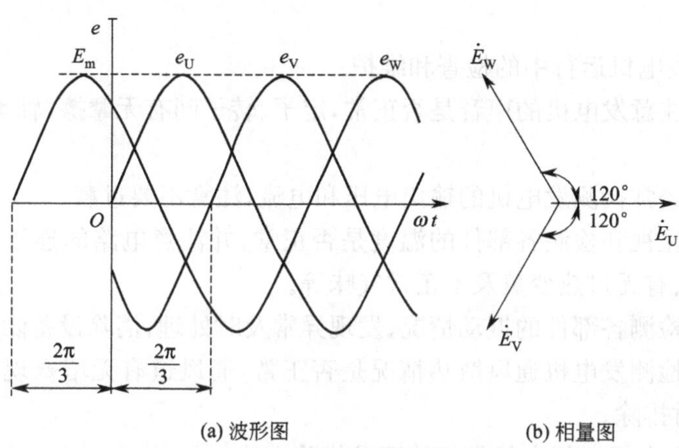

(a) 波形图　(b) 相量图

图 2—37　三相对称电动势波形图及相量图

三相电源中三个电动势依次达到最大值(或零值)的先后次序称为三相电源的相序,三相电源相序为 U—V—W—U,即 V 相滞后于 U 相,W 相滞后于 V 相,称之为正序。如果相序为 W—V—U—W,则称为逆序。工程上通用的是正序。U 相是可以任意假定的,但 U 相一经确定,那么比 U 相滞后 120°的就是 V 相,比 U 相超前 120°的则是 W 相,这是不可混淆的。工业上通常在交流发电机引出线及配电装置的三相母线上涂黄、绿、红三色,用以表示 U、V、W 三相。

(四)发电机的使用与保养

1. 发电机的日常保养

(1)清扫发电机内部及换向器表面的灰尘,清理电刷粉末及油污。

(2)检查发电机的绝缘电阻是否符合标准,不符合标准的进行检修。

(3)检查换向器表面是否光洁,如发现有损伤,应对其进行保养。

(4)检查电刷边缘是否碎裂,刷辫是否完整,有无断裂、断股情况及电刷的磨耗情况,如有上述情况应进行保养或更换。

(5)检查电刷有无卡、摆情况及弹簧压力是否标准,各电刷的压力是否均匀,如有上述情况应进行调准。

(6)检查各部件的螺栓是否有松动,如有松动进行紧固。

(7)检查各零部件是否灵活,位置是否正确,如不正确应进行调准。

2. 发电机运行中的检查和维护

(1)注意发电机的声音是否正常,定子、转子间有无摩擦,轴承是否有异响。

(2)经常检测发电机的输出电压和电流,注意不要过载。

(3)注视和检测各部件的温度是否正常,并注意电路的连接点、换向器、电刷、有无过热变黄及不正常气味等。

(4)检测各部件的振动情况,发现异常及时处理,消除设备隐患。

(5)检测发电机通风散热情况是否正常,通风道有无堵塞现象,发现情况及时排除。

3. 发电机运行中的常见故障及排除方法

发电机运行中的常见故障及排除方法见表 2—7。

表 2—7 发电机运行中的常见故障及排除方法

故　　障	可能产生的原因	排除方法
发电机电压不能建立	①并励绕组两出线端接反	①对调并励绕组两出线端
	②励磁回路电阻过大或有开路	②调节磁场变阻器;检查回路中有无断线及接头松动
	③并励或复励发电机中没有剩磁	③重新充磁:用外加直流电源与励磁绕组瞬时接通,充磁时,注意电源极性应与绕组极性相同
	④励磁绕组短路或并励绕组与串励绕组、换向极绕组之间短路	④查出短路点并排除
	⑤发电机旋转方向错误	⑤改变发电机转向
	⑥转速太低	⑥测量发电机转速是否与铭牌规定相符,否则应提高转速
	⑦电枢绕组短路或换向片间短路	⑦查出短路点并排除
	⑧电刷偏离中性线太多	⑧调整电刷位置,使之接近中性线
	⑨电刷过短或弹簧压力过小,使电刷与换向器接触不良	⑨更换成新电刷或调整弹簧压力

续上表

故　障	可能产生的原因	排除方法
发电机空载电压达不到额定值	①发电机转速低于额定转速 ②磁场变阻器电阻太大 ③励磁绕组匝间短路 ④串励绕组和并励绕组相互接错 ⑤电刷不在中性线上	①检查原动机转速是否太低；原动机与发电机间的传动带是否过松；修理更换后速比是否不适当 ②调节磁场变阻器，若阻值不能调节则应检查变阻器是否接触不良或被卡住，并予以修复 ③检查短路情况，并修复 ④应拆开重新接线 ⑤调整电刷位置
发电机接负载后电压显著下降	①串励绕组极性接反 ②电刷与换向器接触不良，或接触电阻过大 ③电刷不在中性线上 ④发电机过载	①调换串励绕组两出线端 ②观察换向火花；擦换向器表面；修磨电刷，消除电阻过大的故障点 ③调整电刷位置，使之靠近中性线 ④减去一部分负载
励磁绕组过热	①励磁绕组匝间短路 ②发电机气隙太大，导致励磁电流过大 ③电动机长期过电压运行	①测量每一磁极的绕组电阻，判断有无匝间短路 ②拆开发电机，调整气隙 ③恢复正常额定电压运行
电枢绕组过热	①电枢绕组严重受潮 ②电枢绕组或换向片间短路 ③电枢绕组中，部分绕组元件的引线接反 ④定子、转子铁芯相摩擦 ⑤气隙相差过大，造成绕组电流不均衡 ⑥电枢绕组中均压线接错 ⑦发电机负载短路	①进行烘干，恢复绝缘 ②检测短路点，予以修复或重绕 ③查出绕组元件引线接反处，调整接线 ④检查定子螺栓是否脱落，轴承是否松动或摩擦，气隙是否均匀，予以修复或更换 ⑤应调整气隙，使气隙均匀 ⑥查出接错处，重新连接 ⑦应迅速排除短路故障
电刷与换向器之间火花过大	①电刷磨得过短，弹簧压力不足 ②电刷与换向器接触不良 ③换向器云母突出 ④电刷牌号不符合要求 ⑤刷握松动	①更换电刷，调整弹簧压力 ②研磨电刷与换向器表面，研磨后轻载运行一段时间进行磨合 ③重新调准云母片 ④更换与原牌号相同的电刷 ⑤紧固刷握螺栓，并使刷握与换向器表面平行

续上表

故　障	可能产生的原因	排除方法
电刷与换向器之间火花过大	⑥刷杆装置不等分，刷杆偏斜	⑥可根据换向片的数目，重新调整刷杆间的距离，调整刷杆与换向器的平行度
	⑦刷握与换向器表面之间的距离过大	⑦一般调到 2～3 mm
	⑧电刷与刷握配合不当	⑧不能过松或过紧，要保证在热态时电刷在刷握中能自由滑动
	⑨换向器表面粗糙、不圆	⑨研磨或车削换向器外圆
	⑩换向器表面有电刷粉、油污	⑩清洁换向器表面
	⑪换向片间绝缘损坏或片间嵌入金属颗粒造成短路	⑪查处短路点，消除短路故障
	⑫电刷偏离中性线过多	⑫调整电刷位置，减小火花
	⑬换向极绕组接反	⑬检查换向极极性。在发电机中，换向极的极性应为沿电枢旋转方向，与下一个主磁极的极性相同；而在电动机中，则与之相反
	⑭换向极绕组短路	⑭查处短路点，恢复绝缘
	⑮电枢绕组断路	⑮查处断路元件，予以修复
	⑯电枢绕组和换向片脱焊	⑯查处脱焊处，并重新焊接
	⑰电枢绕组或换向器短路	⑰查处短路点，并予以消除
	⑱电枢绕组中，有部分绕组元件接反	⑱查处接错的绕组元件，并重新连接
	⑲电动机过载	⑲恢复正常负载
	⑳电压过高	⑳调整电源电压为额定值

三、电 动 机

电动机俗称马达，是一种将电能转化成机械能，并用来驱动其他机械装置使用机械能产生动能的电气设备。

(一)电动机的分类

1. 按工作电源分类

根据电动机工作电源的不同，可分为直流电动机和交流电动机。其中交流电动机还分为单相电动机和三相电动机。

2. 按结构及工作原理分类

电动机按结构及工作原理可分为异步电动机和同步电动机。同步电动机还可分为永磁同步电动机、磁阻同步电动机和磁滞同步电动机。异步电动机可分为感应电动机和交流换向器电动机。感应电动机又分为三相异步电动机、单相异步电动机和罩极异步电动机等。

3. 按运动方式分类

电动机按运动方式分两种类型。一种是旋转式器件，它主要包括一个用以产生磁场的电磁铁绕组或分布的定子绕组和一个旋转电枢或转子，其导线中有电流通过并受磁场的作用而转动，这些机器中有些类型可作电动机用，也可作发电机用；另一种是线性马达。

4. 按启动方式分类

电动机按启动与运行方式可分为电容启动式单相异步电动机、电容运转式单相异步电动机、电容启动运转式单相异步电动机和分相式单相异步电动机。

5. 按用途分类

电动机按用途可分为驱动用电动机和控制用电动机。

各种电动机中应用最广的是交流异步电动机（又称感应电动机）。它使用方便、运行可靠、价格低廉、结构牢固，但功率因数较低，调速也较困难。大容量低转速的动力机常用同步电动机。同步电动机不但功率因数高，而且其转速与负载大小无关，只决定于电网频率，工作较稳定。在要求宽范围调速的场合多用直流电动机，但它有换向器，结构复杂、价格昂贵、维护困难，不适于恶劣环境。

因此，铁路工务系统线路维修用的小型养路机械常采用交流异步电动机，交流异步电动机又分单相和三相电动机，现以三相交流异步电动机来阐述电动机的基本结构和工作原理。

（二）三相交流异步电机的结构特点

1. 异步电机的用途和特点

异步电动机所以能得到广泛的应用，是由于相比其他各种电动机有很多显著的优点。例如，笼型三相交流异步电动机结构简单、制造容易、运行可靠、维护方便，而且效率高、质量轻、价格低，安装、维护方便等。但是，异步电动机也存在某些缺点，比较突出的缺点是调速性能差和功率因数低。

2. 三相异步电机的基本结构

三相异步电动机主要由定子和转子构成，定子是静止不动的部分，转子是旋转部分，在定子与转子之间有一定的气隙。定子由铁芯、绕组与机座三部分组成。转子由铁芯与绕组组成，转子绕组有鼠笼式（图 2—38）和线绕式（图 2—39）。鼠笼式转子是在转子铁芯槽里插入铜条，再将全部铜条两端焊在两个铜端环上而组成；线绕式转子绕组与定子绕组一样，由线圈组成绕组放入转子铁芯槽里。鼠笼式与线绕式两种电动机虽然结构不一样，但工作原理是一样的。

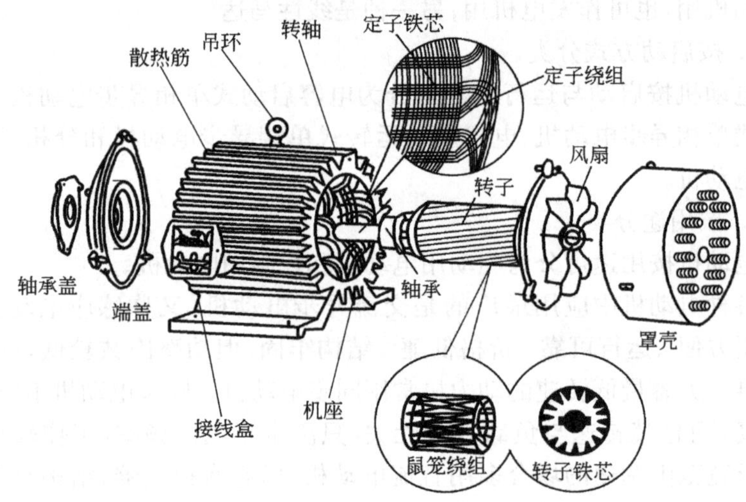

图 2—38　三相鼠笼式电动机结构示意图

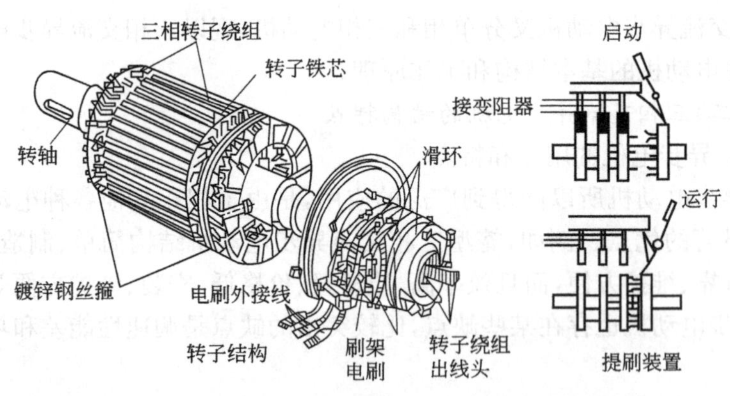

图 2—39　三相线绕式电动机结构示意图

（三）三相异步电机工作原理

定子三相绕组通入三相交流电即可产生旋转磁场。当三相电流不断随时间变化时，所建立的合成磁场也不断地在空间旋转，如图 2—40 所示。旋转磁场的旋转方向与三相电流的相序一致，任意调换两根电源进线，则旋转磁场反转。若定子每相绕组由 p 个线圈串联，绕组的始端之间互差 $360°/p$，将形成 p 对磁极的旋转磁场。旋转磁场的转速可用下式表示：

$$n_0=\frac{60f_1}{p}$$

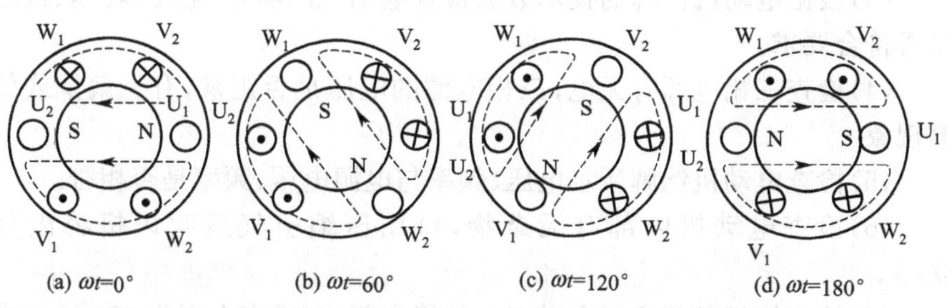

图 2—40　三相交流电动机定子绕组旋转磁场示意图

定子旋转磁场旋转切割转子绕组，转子绕组产生感应电动势，其方向由“右手螺旋定则”确定。由于转子绕组自身闭合，便有电流流过，并假定电流方向与电动势方向相同，如图 2—41 所示。转子绕组感应电流在定子旋转磁场作用下，产生电磁力，其方向由“左手螺旋定则”判断。该力对转轴形成转矩（称电磁转矩），它的方向与定子旋转磁场（即电流相序）一致。于是，电动机在电磁转矩的驱动下，顺着旋转磁场的方向旋转，且一定有转子转速差。转速差是异步电动机旋转的必要条件，异步的名称也由此而来。

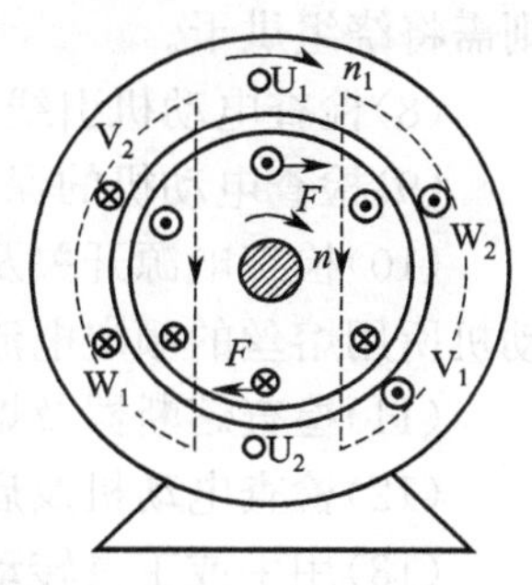

图 2—41　三相交流电动机定子绕组磁场力示意图

电动机长期稳定运行时，电磁转矩 T 和机械负载转矩 T_2 相等，即 $T=T_2$。

转差率是旋转磁场的同步转速和电动机转子转速之差与旋转磁场的

同步转速之比，描述转子转速与旋转磁场转速相差的程度，即

$$s=\left(\frac{n_0-n}{n_0}\right)\times100\%$$

（四）三相异步电机的使用与保养

1. 三相异步电机的日常保养

(1)检查电动机各部件的紧固螺栓是否拧紧，电动机是否适应安装条件、周围环境和保护形式。

(2)检查电动机有无妨碍运行的杂物或易燃品等。

(3)根据电动机铭牌的技术数据检查电动机的功率、电压、转速、接线是否符合要求。

(4)检查三相电源有无电，三相电源的电压是否正常，有无偏低或偏高现象。

(5)检查电动机铭牌所示电压、频率与电源电压、频率是否相符。

(6)检查电动机内部有无杂物，可用压缩空气或吹风机将内部吹净。

(7)检查绕组各相之间及其对地绝缘电阻，对额定电压为 380 V 的电动机采用 500 V 绝缘电阻表测量。绝缘电阻应大于 0.5 MΩ，如果过低则需将绕组烘干。

(8)检查电动机引线截面是否符合要求。

(9)检查电动机的保护装置的选择是否适当。

(10)检查电源开关及熔断器的容量、规格与继电器是否配套，检查电动机所用熔丝的额定电流是否符合要求。

(11)检查熔断器及熔体是否损坏或缺件。

(12)检查电动机及启动设备的金属外壳是否可靠接地或接零。

(13)用手或工具转动电动机的转轴，检查是否转动灵活，添加的润滑油量和材质是否正确，滑动轴承应检查是否达到规定油位。配用滑动轴承的电机，保证其轴向蹿动应不大于 2～3 mm。

(14)检查联轴器的螺栓和销子是否紧固，联轴器中心是否对正，皮带连接是否良好、有无偏心，松紧程度是否合适，机组转动是否灵活，有无摩擦、卡住、蹿动和不正常声响。

(15)检查集电环上是否曾发生过火花等异常现象，集电环上碳刷是

否需要更换。

(16)检查集电环表面和电刷表面是否脏污,检查电刷压力、电刷在刷握内活动情况以及电刷短路装置的动作是否正常。

(17)检查机械负载是否已妥善做好启动准备。

(18)进行空载运转检查,检查旋转方向是否正确。

2. 三相异步电机使用的检查与维护

(1)三相异步电机启动时注意事项

①应检查是否上好皮带罩、操作人员衣服有无被卷入的危险。

②若合闸后电动机不能旋转或转得很慢或声音不正常时,应迅速拉闸进行检查,防止启动电流将绕组烧坏。

③分合断路器时,操作人员应站在侧面,防止被电弧烧伤,且分合动作要迅速、果断。

④启动时应注意观察电动机、传动装置、负载机械的工作情况以及电流表和电压表的指示,若有异常现象,应立即断电检查,故障排除后再行启动。

⑤利用手动补偿器或手动型三角启动器启动电动机时,要注意操作顺序。一定要先将手柄推到启动位置,待电动机转速稳定后再扳到运转位置,防止误操作造成设备和人身事故。

⑥同一线路上的电动机不应同时启动,一般应由大到小逐台启动,以免多台电动机同时启动时线路电流太大,电压降低过多,造成电动机启动困难,引起线路故障或使断路器跳闸。

⑦启动时,若电动机的旋转方向反了,应立即切断电源,将三相电源线中的任意两相互换一下位置,即可改变电动机转向。

⑧一台电动机多次连续启动时,应按制造厂商的规定保持适当的时间间隔,以防电动机过热。连续启动一般不宜超过5次。

⑨电动机启动后,应空转一段时间,对新电动机一般为30 min。注意观察电动机、传动装置、控制设备、生产机械及各种仪表有无异常现象,电动机是否有不正常噪声、振动、局部过热现象。如发现不正常现象应采取措施,待消除后才能投入运行。

(2)电动机运行中的检查与维护

①检查在启动加速过程中,电动机有无振动和异常声响。

②检查启动电流是否正常,电压降大小是否影响周围电器设备正常工作。

③检查负载电流是否正常，三相电压电流是否平衡。

④检查冷却系统和控制系统动作是否正常。

⑤检查有无振动和噪声。

⑥检查有无臭味和冒烟现象。

⑦检查温度是否正常，有无局部过热现象。

⑧检查电动机运转是否稳定。

⑨检查三相电流和输入功率是否正常。

⑩检查三相电压、电流是否平衡，有无波动现象。

⑪检查有无其他方面的不良因素。

⑫检查传动带是否振动、打滑。

3. 三相异步电机常见故障检查与排除

(1)视觉检查

检查电动机外部紧固件有无松动，零部件有无损坏，设备表面有无油污、腐蚀现象。检查电动机的各接触点和连接处有无变色、烧痕和烟迹等现象，发生这些现象的原因是由于电动机局部过热、导体接触不良或绕组烧毁等。检查仪表指示是否正常，电压表无指示或不正常，则可能发生电源电压不平衡、单相运转、导体接触不良等。电流表指示过大，则可能发生电动机过载、轴承故障、绕组匝间短路等。检查电动机有无停转，造成的原因有电源停电、单相运转、电压过低、电动机转矩太小、负载过大、单相电动机的离心开关有故障、电压降过大、轴承烧毁、机械卡住等情况。发现绝缘电阻低，可测绝缘电阻。

(2)听诊棒检查

靠听觉可以听到电动机的各种杂音，包括电磁噪声、通风噪声、机械摩擦声、轴承杂音等，从而可以判断电动机的故障原因。引起噪声大的原因，机械方面有轴承故障、机械不平衡、紧固螺栓松动、联轴器连接不符合要求、定转子铁芯相摩擦等。

(3)嗅觉检查

靠嗅觉可以发现焦味、臭味。造成这种现象的原因是电动机过热、绕组烧毁、单相运转、润滑不好、轴承烧毁、定转子铁芯相摩擦等。

(4)触觉检查

用手背触摸电动机外壳可以发现电动机的温度过高和振动现象。造成振动的原因是机械负载不平衡、各紧固零部件有松动现象、电动机基础强度不够、联轴器连接不当、气息不均或混入杂物、电压不平衡、单相运转、绕组故障、轴承故障等。

造成电动机温度过高的原因是过载、冷却风道堵塞、单相运转、匝间短路、电压过高或过低、三相电压不平衡、加速特性不好使启动时间过长、定子和转子相摩擦、启动器接触不良、频繁启动和制动或反接制动、进口风温过高、机械卡住等。

所以，在现场发现电动机有异常现象时，在未用专用仪表检查和测量之前，可以靠检察人员的视觉、听觉、嗅觉和触觉等，凭维护经验来判断电动机故障原因。

(5)故障排除

三相异步电机常见故障及排除方法见表2—8。

表2—8 三相异步电机常见故障及排除方法

故障	可能产生的原因	排除方法
励磁绕组过热	①励磁绕组匝间短路	①测量每一磁极的绕组电阻，判断有无匝间短路
	②发电机气隙太大，导致励磁电流过大	②拆开发电机，调整气隙
	③电动机长期过电压运行	③恢复正常额定电压运行
电枢绕组过热	①电枢绕组严重受潮	①进行烘干，恢复绝缘
	②电枢绕组或换向片间短路	②检测短路点，予以修复或重绕
	③电枢绕组中，部分绕组元件的引线接反	③查出绕组元件引线接反处，调整接线
	④定子、转子铁芯相摩擦	④检查定子螺栓是否脱落，轴承是否松动或摩擦，气隙是否均匀，予以修复或更换
	⑤气隙相差过大，造成绕组电流不均衡	⑤应调整气隙，使气隙均匀
	⑥电枢绕组中均压线接错	⑥查出接错处，重新连接
	⑦发电机负载短路	⑦应迅速排除短路故障
	⑧电动机端电压过低	⑧应提高电源电压。直至额定值
	⑨电动机长期过载	⑨回复额定负载运行
	⑩电动机频繁启动或改变转向	⑩应避免启动、换向过于频繁
电刷与换向器之间火花过大	①电刷磨得过短，弹簧压力不足	①更换电刷，调整弹簧压力
	②电刷与换向器接触不良	②研磨电刷与换向器表面，研磨后轻载运行一段时间进行磨合
	③换向器云母突出	③重新更换云母片
	④电刷牌号不符合要求	④更换与原牌号相同的电刷
	⑤刷握松动	⑤紧固刷握螺栓，并使刷握与换向器表面平行

续上表

故障	可能产生的原因	排除方法
电刷与换向器之间火花过大	⑥刷杆装置不等分，刷杆偏斜	⑥可根据换向片的数目，重新调整刷杆间的距离，调整刷杆与换向器的平行度
	⑦刷握与换向器表面之间的距离过大	⑦一般调到 2～3 mm
	⑧电刷与刷握配合不当	⑧不能过松或过紧，要保证在热态时电刷在刷握中能自由滑动
	⑨换向器表面粗糙、不圆	⑨研磨或车削换向器外圆
	⑩换向器表面有电刷粉、油污等	⑩清洁换向器表面
	⑪换向片间绝缘损坏或片间嵌入金属颗粒造成短路	⑪查处短路点，消除短路故障
	⑫电刷偏离中性线过多	⑫调整电刷位置，减小火花
	⑬换向极绕组接反	⑬检查换向极极性。在发电机中，换向极的极性应为沿电枢旋转方向，与下一个主磁极的极性相同；而在电动机中，则与之相反
	⑭换向极绕组短路	⑭查处短路点，恢复绝缘
	⑮电枢绕组断路	⑮查处断路元件，予以修复
	⑯电枢绕组和换向片脱焊	⑯查处脱焊处，并重新焊接
	⑰电枢绕组或换向器短路	⑰查处短路点，并予以消除
	⑱电枢绕组中，有部分绕组元件接反	⑱查处接错的绕组元件，并重新连接
	⑲电动机过载	⑲恢复正常负载
	⑳电压过高	⑳调整电源电压为额定值

第三章　常用起、拨道机具

铁道线路道床在通过列车荷载的不断冲击碾压下会发生不断变形。若变形值超过规定标准，就会影响列车运行的平稳度，增加运行阻力，影响运行速度，甚至威胁列车运行安全。所以必须经常对线路的横、纵断面进行校正，对线路纵断面位置误差进行起道校正，对线路横断面位置误差进行拨道校正。因此在铁道线路维修保养的起、拨道作业中常采用便捷、省力的液压起拨道机具。在线路日常保养起、拨道量小的精确调整中一般采用液压起、拨道器，在线路维修起、拨道量较大的调整中一般采用液压起、拨道机。

第一节　液压起、拨道器

一、液压起道器的基本结构和工作原理

液压起道器主要用于线路日常保养纵断面位置误差调整时进行起道作业。它具有结构紧凑，使用简便、省力、安全的特点，适用于铁路养护维修作业。

常用的液压起道器 YQD 型中，YQD-147 适用于 50 kg/m、60 kg/m 钢轨起道；YQD-196、YQD-245 适用于 50 kg/m、60 kg/m、75 kg/m 钢轨起道。使用时放在钢轨内外侧均不侵入列车运行限界。YQD-196 和 YQD-245 型因起道力大，特别适用于Ⅲ型轨枕线路和混凝土枕道岔地段使用，其主要技术参数见表 3—1。现以 YQD-245 型液压起道器为例来讲述其工作原理和基本构造。

表 3—1　液压起道器的主要技术参数

参数名称＼型号	YQD-147	YQD-196	YQD-196A（双速）	YQD-245（双速）
额定起道力(kN)	147	196	196	245
起道轮最大升程(mm)	120	120	120	120

续上表

名称＼参数＼型号	YQD-147	YQD-196	YQD-196A（双速）	YQD-245（双速）
手柄往复一次平均升程(mm)	6	4.5	7.5	6
液压系统最大工作压力(MPa)	73	72	72	78.3
外形尺寸(mm)	590×190×235		635×210×235	
整机质量(kg)	26	27	23.5	27

1. YQD-245 型液压起道器的工作原理

YQD-245 型液压起道器如图 3—1 所示，是一种单作用液压缸。其工作原理是：顺时针拧紧回油阀，通过手摇柄的外力作用推压柱塞泵的油液介质产生压力，等压传递到介质内部的所有各点，油液介质推动起道油缸上升，随之将钢轨抬起而实现线路起道作业。作业完毕后，逆时针旋松回油阀，在钢轨重量作用下，起道轮复位。

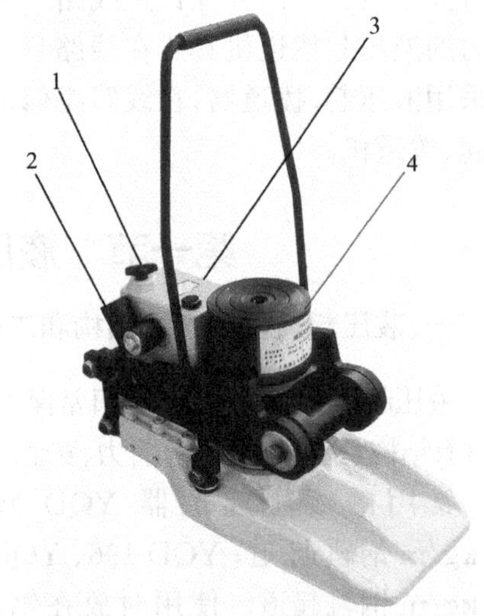

图 3—1　YQD-245 型液压起道机

1—回油阀；2—手摇柄；3—柱塞泵；4—起道油缸

2. YQD-245 型液压起道器的主要结构

YQD-245 型液压起道器的主要结构如图 3－2 所示，主要由底架、油泵总成和起道装置组成。

(1)底　　架

底架为铸钢件，主要承载起道力，为提高拨道效果，在底架横梁上设有三条防退挡。

(2)油泵总成

油泵总成主要由柱塞泵、油箱、手摇柄、回油阀等组成。为调节压力和过载保护，还设置了溢流阀。

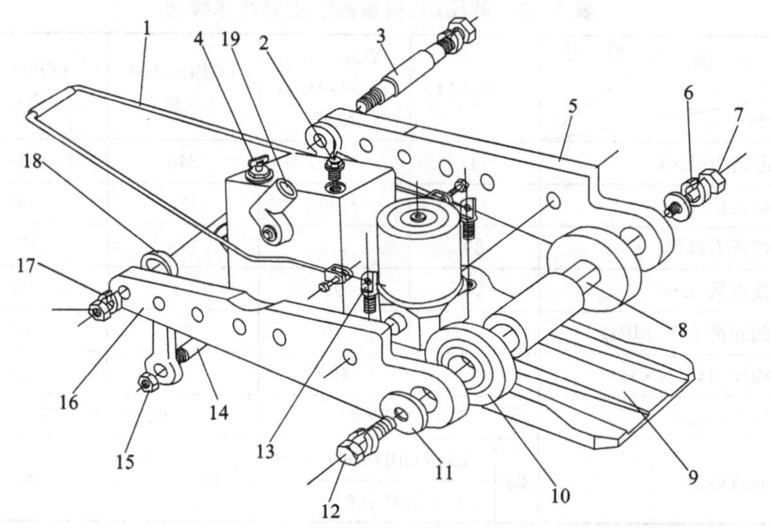

图 3—2　YQD-245(25 t)液压起道器

1—提把总成;2—放气加油螺塞;3—双头螺栓;4—回油阀 ;5—起道臂;6—弹簧垫圈;7—螺栓;8—起道轮轴;9—底板;10—起道轮;11—垫圈;12—螺栓;13—提把座;14—螺栓;15—螺母;16—起道臂;17—弹簧垫圈;18—拉杆;19—摇把

(3)起道装置

起道装置主要由起道油缸、起道臂、起道轮轴等组成。

二、液压起、拨道器的基本结构和工作原理

液压起、拨道器主要用于线路日常保养横、断面位置误差调整时进行起、拨道作业。它具有结构紧凑,使用简便、省力、安全的特点,适用于铁路线路养护维修作业。

目前常用的液压起拨器 YQBD 型中,YQBD-196A 适用于 50 kg/m、60 kg/m 钢轨起、拨道,YQBD-245A、YQBD-294 适用于 50 kg/m、60 kg/m、75 kg/m 钢轨起、拨道,使用时放在钢轨内外侧均不得侵入列车运行限界。YQBD-245A 和 YQBD-294 型因起道力大,特别适用于Ⅲ型轨枕线路和混凝土枕道岔地段使用,其主要技术参数见表 3—2。现以 YQBD-245A 型液压起、拨器为例来讲述其工作原理和基本构造。

表 3—2　液压起、拨道器的主要技术参数

<table>
<tr><th>参数　型号
名称</th><th>YQBD-147</th><th colspan="2">YQBD-196
YQBD-196A
（双速）</th><th>YQBD-245A
（双速）</th><th>YQBD-294
（双速）</th></tr>
<tr><td>额定起道力(kN)</td><td>147</td><td colspan="2">196</td><td>245</td><td>294</td></tr>
<tr><td>最大起道量(mm)</td><td>130</td><td colspan="2">130</td><td>135</td><td>135</td></tr>
<tr><td>额定拨道力(kN)</td><td>89</td><td colspan="2">115</td><td>145</td><td>174</td></tr>
<tr><td>最大拨道量(mm)</td><td>90</td><td colspan="2">90</td><td>95</td><td>95</td></tr>
<tr><td>安全阀卸荷油压(MPa)</td><td>60</td><td colspan="2">70</td><td>64</td><td>76</td></tr>
<tr><td>手柄操作力矩(N·m)</td><td>440</td><td colspan="2">460</td><td>480</td><td>560</td></tr>
<tr><td>外形尺寸(mm)</td><td colspan="3">510×150×230</td><td colspan="2">612×160×235</td></tr>
<tr><td rowspan="2">整机质量(kg)</td><td rowspan="2">23</td><td colspan="2">25(YQBD-196)</td><td rowspan="2">27</td><td rowspan="2">28</td></tr>
<tr><td colspan="2">24(YQBD-196A)</td></tr>
</table>

1. YQBD-245A 型液压起、拨道器的工作原理

YQBD-245A 型液压起、拨道器如图 3—3 所示，是一种单作用液压缸。其工作原理是：顺时针拧紧回油阀，通过手摇柄的外力作用推压柱塞泵的油液介质产生压力，等压传递到介质内部的所有各点，油液介质推动油缸外伸，拨道时拨道杆置于钢轨底板侧面，油缸推动拨道杆顶住钢轨完成线路拨道作业。起道时起道轮置于钢轨底部，油缸外伸与拨道杆一起支撑起道轮将钢轨抬起而实现线路起道作业。作业完毕后，逆时针旋松回油阀，在钢轨重力作用下，起道轮和拨道杆复位。该机器最大特点是一机两用、起拨分开、具有增力功能，既能满足线路起道作业的需要，又能符合拨道作业的要求。并且具有双速功能，空载时起道轮能快速接近钢轨，减少空程损失，提高起、拨道作业

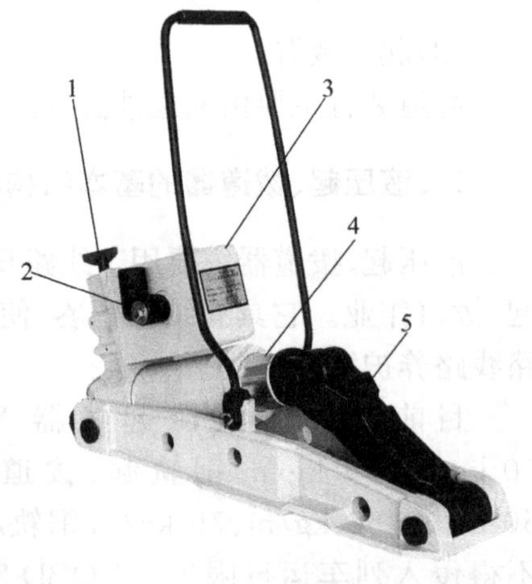

图 3—3　YQBD-245A 型液压起、拨道器
1—回油阀；2—手摇柄；3—柱塞泵；
4—起道油缸；5—起拨杆

的效率。

2. YQBD-245A 型液压起、拨道器的主要结构

YQBD-245A 型液压起、拨道器的主要结构如图 3—4 所示，主要由底架、油泵总成和起、拨道装置组成。

(1)底　架

底架为铸钢件，主要承载起道力，为提高拨道效果，在底架横梁上设有三条防退挡。

(2)油泵总成

油泵总成主要由柱塞泵、油箱、手摇柄、回油阀等组成，为调节压力和过载保护，还设置了溢流阀。

(3)起、拨道装置

起、拨道装置主要由油缸、拨道杆、起道轮等组成。

另外还有 YBD 型液压拨道器，与 YQBD 型液压起、拨道器的结构原理基本相同，只是没有起道轮装置，只能作为单拨道用。

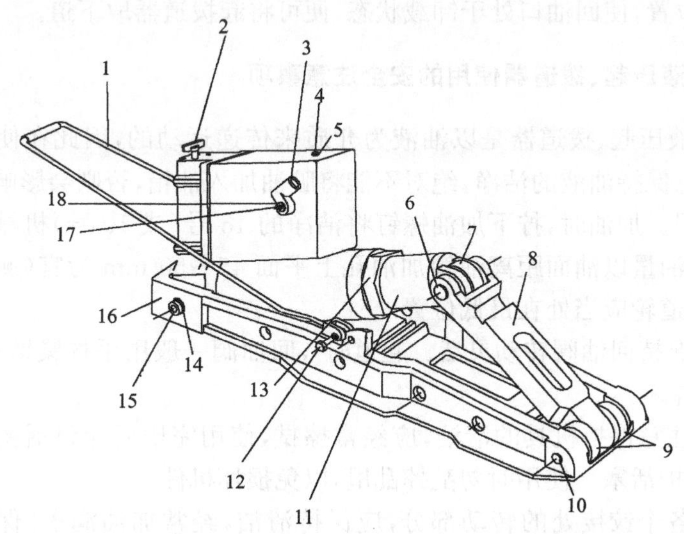

图 3—4　YQBD-245A 双速液压起、拨道器

1—提把总成；2—回油阀总成；3—摇把；4—加油螺栓；5—垫圈；6—中轴；7—起道轮；8—拨道杆；9—走行轮；10—前长轴；11—活塞杆；12—销轴；13—顶帽；14—挡圈；15—后轴；16—底板；17—螺栓；18—垫圈

三、液压起、拨道器操作方法

起、拨道作业时，先扒掉少量石砟，把起道器底板平放在道床上，起道轮伸到钢轨底部(拨道时拨道杆置于钢轨底板侧面)，顺时针拧紧回油阀，然后扳动插在摇把孔内的手柄，柱塞泵产生的高压油进入主油缸，迫使主油缸的活塞杆向外伸出，推动起道轮轴将钢轨抬起，或推动拨杆机构，使拨道杆和起道轮推动钢轨实现线路起道和拨道作业，作业完毕后，逆时针旋松回油阀，在钢轨重量作用下，起道轮、拨道杆复位，将起、拨道器取下。

在起、拨道作业时，以两台液压起拨道器为一组同时使用为好(亦可三台一组)。作业时只要将两台液压起拨道器同时插入两股钢轨同一侧的底部道床上，使轨底的侧面与拨道杆的端部接触，放下提手把，用手顺时针拧紧回油阀杆或将回油手柄转至中位，使回油口处于关闭状态。两名操作者同时摇动手柄，在油压的作用下使拨道杆作有规律的运动，便可使钢轨移位，起、拨道完毕后逆时针旋松回油阀杆或将回油手柄转至两端的极限位置，使回油口处于卸载状态，便可将起拨道器取下道。

四、液压起、拨道器使用的安全注意事项

1. 液压起、拨道器是以油液为介质来传递运动的，因此在使用时特别要注意保持油液的洁净，绝对不能将脏油加入油箱，否则会影响机具的正常使用。加油时，拧下加油螺钉将洁净的 15 号(或 10 号)机械油注入油箱，加油量以油面距离油箱加油孔上平面 45～50 mm 为宜(测量油面时，起拨道轮应当处在最低位置)。

2. 保持回油阀转动灵活。起道时 ，回油阀一般用手拧紧即可，不可用力敲击。

3. 注意保持机具的清洁，应经常擦拭，使用完毕后应将活塞杆压到底，以保护活塞。使用时勿乱摔乱甩，以免损坏机件。

4. 各个铰接处的转动部分，应保持清洁，经常加油润滑，保持转动灵活。

5. 开始起、拨道时，由于起、拨重量较小，故操作者扳动手柄的幅度可大些，以便提高工作效率；当起拨重量较大，手中感觉较重时，扳动手柄的角度则不宜太大，否则既费力，又易损坏柱塞、泵壳。

6. 起拨道时务必注意当摇把下部的限位平面碰到起道臂时，起道轮已升到最高极限位置，不能再硬扳手柄，否则将损坏机件。

7. 为了防止手柄碰到另一股钢轨而发生连电事故，手柄后端应加橡胶套管方能使用。

8. 机具通过钢轨绝缘接头时，不许在钢轨上滑行，以免破坏通讯信号。

五、维修保养拆装注意事项

1. 起拨道器在正常使用情况下，切勿随意拆卸以免造成人为故障。

2. 需要维修和更换零配件、液压元件和密封件，拆卸和装配时必须参照配件图进行。起道器结构如图 3—5 所示，起、拨道器结构如 3—6 所示。

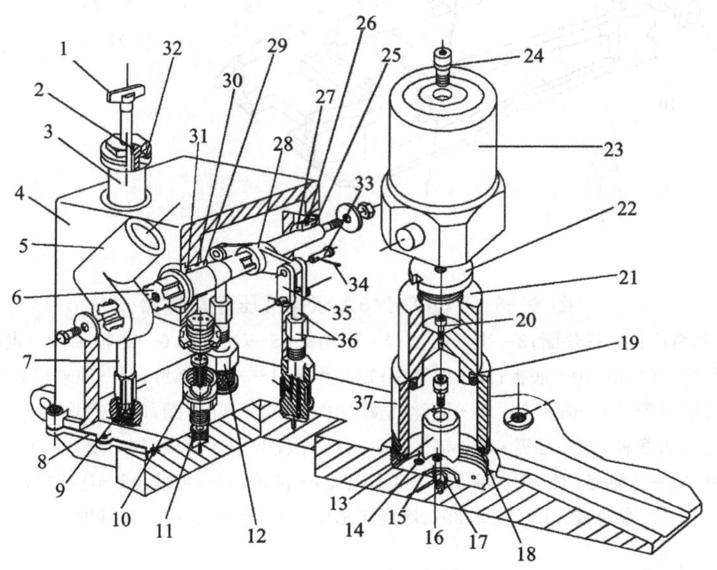

图 3—5　YQD-245(25 t)液压起道器

1—回油阀组件；2—O 形圈；3—回油阀罩帽；4—油箱；5—摇把；6—花键轴；7—回油阀套；8—油箱垫；9—钢垫；10—限压阀总成；11—铜垫圈；12—泵座总成；13—小柱塞；14—回油单向阀；15—O 形圈；16—吸油单向阀；17—定位套；18—O 形密封圈；19—碗形垫；20—螺钉；21—活塞杆；22—顶头；23—支架套；24—O 形圈；25—O 形圈；26—O 形圈；27—小轴套；28—摇臂；29—大轴套；30—O 形圈；31—O 形圈；32—尼龙垫片；33—销轴；34—开口销；35—连接板；36—柱塞泵总成；37—油缸

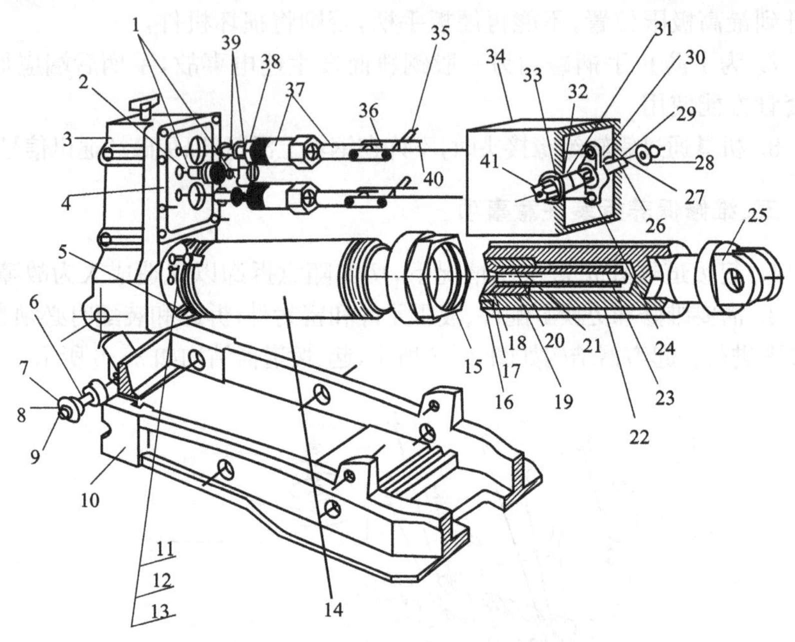

图 3—6　YQBD-245A 双速液压起拨道器

1—限压阀总成；2—钢垫圈；3—快速缸垫；4—油箱垫；5—O 形圈；6—走轮轴；7—走行回轮；8—垫圈；9—开口销；10—底板；11—弹簧座；12—弹簧；13—空心螺钉；14—油缸；15—O 形圈；16—Y 形密封圈；17—碗形垫；18—钢丝挡圈；19—套；20—O 形圈；21—挡圈；22—活塞杆；23—快速小活塞杆；24—摇臂；25—接头；26—O 形圈；27—O 形圈；28—垫圈；29—小轴套；30—摇臂；31—大轴套；32—O 形圈；33—O 形圈；34—油箱；35—销轴；36—连接板；37—柱塞泵总成；38—垫圈；39—球阀体总成；40—开口销；41—花键轴

3. 更换泵壳和活塞杆上的 O 形圈和尼龙垫时，要注意安装位置。壳槽内的尼龙垫应装在 O 形圈的上面，活塞杆上的尼龙垫应装在 Y 形圈的下面，否则将减弱密封的功能，降低密封圈的使用寿命。

4. 回油阀杆拆下时，应防止回油阀杆下面的钢珠垫（$d=6$ mm）脱落，否则将造成起道器不能使用。

5. 机内溢流阀的卸荷压力，在出厂前已校验好，切勿任意拆装或调整，如发生变动，应在压力机下重新校验。

六、常见故障排除方法

1. 空　泵

如遇空泵（即扳动摇把，活塞杆不上升）现象，应检查油箱内的储油量。箱内缺油或储油过多都会产生空泵现象。如果在油箱内储油量符合要求的情况下，扳动摇把起道轮仍不能起道时，多数是回油阀的钢球与孔口间有异物，影响钢球密封。此时可将回油阀反复松紧，同时摇动手柄，不断向回油阀注油，使孔口异物随之排出，即可正常使用，只有在使用这种方法无效时，才将油箱拆下检修。拆装泵壳时，应将柱塞插入泵壳孔内以免泵壳变形。

2. 无 高 压

如果柱塞上下移动时不能产生高压，经检查无其他故障时，则可能是泵壳内槽中的 O 形圈和尼龙垫经长期使用而磨损，需进行更换。

3. 活塞杆与油缸间渗油

如果活塞杆与油缸之间渗油严重，可能是活塞杆下端的 Y 形密封圈和尼龙垫损坏，需要更换。更换方法为拆下起道臂和支架套，摇动摇把，将活塞杆顶出，即可更换 Y 形密封圈和尼龙垫；然后将活塞杆从油缸上端装入，此时可使用刃口磨钝的螺丝刀将 Y 形密封圈的唇边一点一点按入油缸，注意不能损坏唇边；当整个唇边都进入油缸后，打开回油阀，将活塞按下去，然后再装好支架套和起道臂，即可使用。

4. 油缸与底部处渗油

如果油缸与底部连接处发生渗油，可将油缸用专用扳手拧紧，拧紧油缸时应将活塞杆压到底，以免油缸变形。

5. 销轴两端渗油

如果油箱内的油从销轴两端渗出时，可更换油箱轴套上的 O 形圈，如果轴套磨损严重则应连轴套一并更换。

第二节　液压起、拨道机

液压起、拨道机主要用于线路维修和大、中修的平、纵断面位置调整时的起、拨道作业。其特点是安全性好，由液压系统缓慢提升和放下轨排,能保证施工安全;作业效率高,与使用齿条式起道机的传统作业方式相比,可节约封锁时间一半以上;劳动成本低,与过去作业方式相比,节约劳动力近一半,并能大大降低作业工人的劳动强度,并具有质量轻、机动性强、能实现快速便捷的转移;振动小、噪声低、操作简便;既能单边起道又能双边起道,上下道迅速可靠,下道后不侵限,适应性强等特点,可适用于目前标准轨距铁路线路上的养护维修及大、中修作业。

一、液压起道机的基本结构和工作原理

液压起道机主要用于线路大、中修纵断面位置调整时的起道作业。它具有平稳、快捷、省力、安全、起道量大、作业效率高的特点,适用于线路大、中修施工的起道作业。

常用的液压起道机有 YQ-4B、YQ-4C 型,适用于 50 kg/m、60 kg/m 线路大、中修施工的起道; YQ-4G 型适用于混凝土枕道岔更换、大修施工的起道,其主要技术参数见表 3—3。现以 YQ-4B 型液压起道机为例来讲述其工作原理和基本构造。

表 3—3　液压起道机主要技术参数

名称 \ 参数 \ 型号	YQ-4B	YQ-4C	YQ-4G
发动机额定功率(kW)	8.6	8.6	8.6
最高系统压力(MPa)	16	16	16
最大起道力(kN)	125×2	125×2	125×2
起道油缸行程(mm)	525±5	710±5	1090±5
最大起道高度(mm)	≥300	≥800	>850
外形尺寸(mm)	2 175×1 095×1 210	1 737×1 015×1 220	
整机质量(kg)	≤385	≤385	≤450

(一)YQ-4B 液压起道机工作原理

YQ-4B 液压起道机总体结构采用门式结构,如图 3—7 所示。起道油缸支座在线路钢轨外侧,轨钩勾钢轨内侧轨颚(YQ-4C 和 YQ-4G 型起道机油缸支座在线路钢轨内侧,轨钩勾钢轨外侧轨颚)。其工作原理是,当起道作业时,启动汽油机,由皮带传输驱动液压泵供油,通过控制多

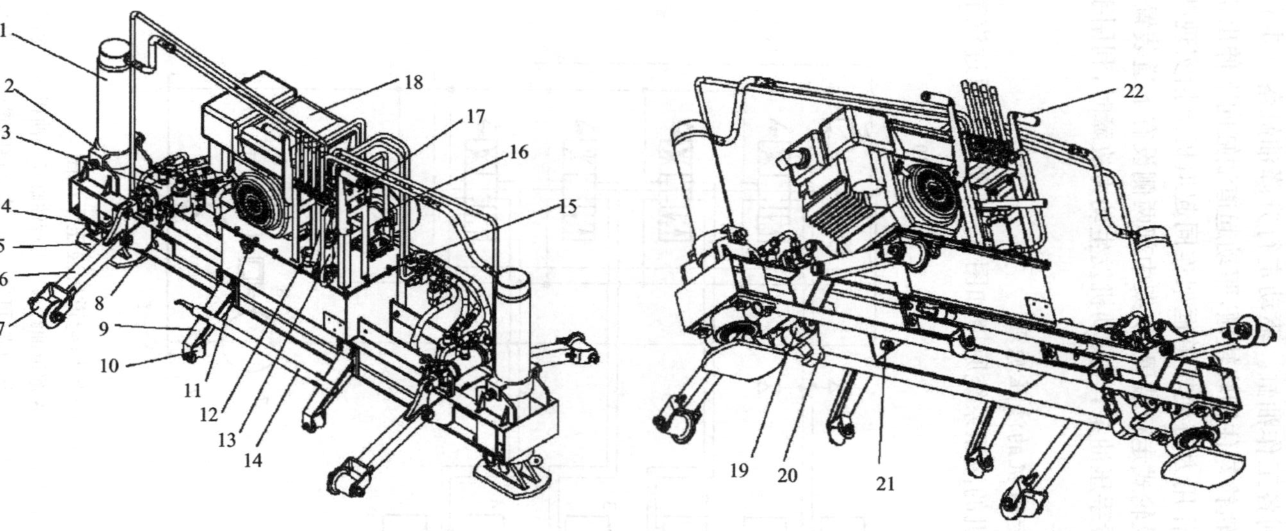

图 2　◇⊴ ⊻液压起道机

2起道油缸[9]2定位箍[9]2走行油缸[9]2环销座[9]2支座[9]2走行轮支架[9]2走行轮[9]2勾轨油缸[9]
2下道轮支架[9]　2下道轮[9]　2油标镜[9]　2加油口[9]　2手压泵[9]　2手压泵手柄[9]　2卸荷阀[9]
2油泵[9]　2多路换向阀[9]　2汽油机　2轨钩销座[9]　2轨钩[9]　2放油堵[9]　2 扶手

路换向阀将油液输送到各工作油缸。驱动走行升降油缸落下走行轮支架,驱动勾轨油缸推动轨钩勾住钢轨轨颚,驱动起道油缸向下伸出推动支座顶在道砟上,利用反作用力将使轨道框架连同起道机上抬实现线路起道作业。机架两侧分设轮式走行装置,机架中部两侧设有下道装置,完成走行和下道功能。还设手压油泵,当发动机发生动力故障时,利用手压油泵可实现收机下道工作。

(二)YQ-4B 液压起道机的液压原理

YQ-4B 液压起道机的液压系统原理如图 3—8 所示。通过汽油机带

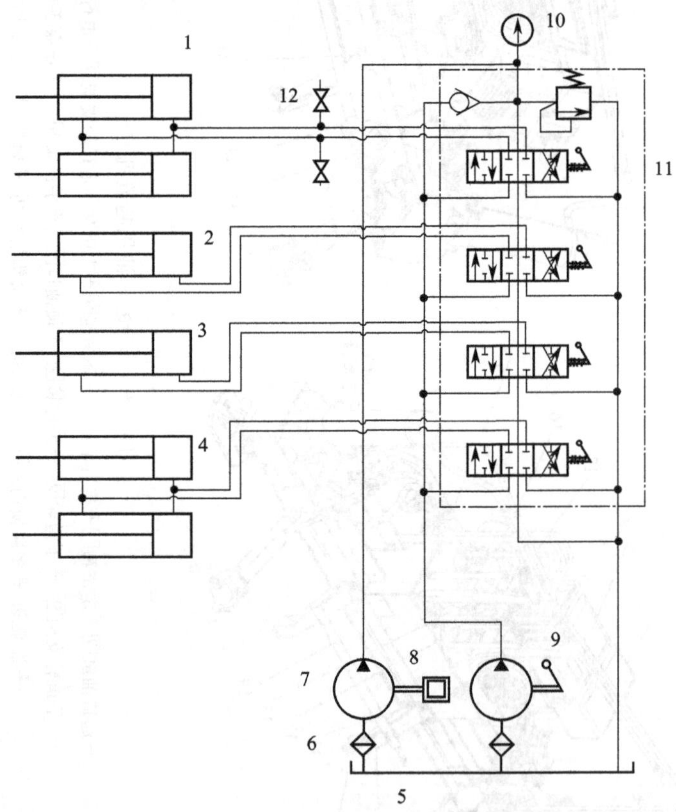

图 3—8　YQ-4B 液压起道机液压原理图

1—勾轨油缸;2—右起道油缸;3—左起道油缸;4—走行油缸;5—油箱;6—滤网;7—油泵;8—汽油机;9—手压泵;10—压力表(可选);11—多路换向阀;12—卸荷阀

动油泵将油箱的液压油压入系统形成动力传输介质，操作多路换向阀，分别驱动勾轨油缸、走行油缸、左右起道油缸，完成起道作业的各道工序。如果动力源汽油机发生故障，可采用手压泵供油收机下道功能。介质油通过滤网过滤，保证介质油的清洁。压力表监测系统压力，如果压力过高通过卸荷阀卸荷调整系统压力。

（三）YQ-4B 液压起道机的主要结构

YQ-4B 型液压起道机主要由机架、起道机构、勾轨机构、走行机构、动力机构、液压控制系统等组成，另配备旋转下道架。

1. 机　架

机架主要由主梁、油箱、走行架座、下道轮支座板、油缸座板、上座板、端板、安全销座等组成，是一个整体焊接结构。主梁为两根型钢，油箱焊接在两主梁之间的中部，使机架整体强度得到加强。

2. 起道机构

该机的起道功能，由起道油缸完成。两起道油缸采用两点式铰接固定于机架横梁上，上端由油缸上的定位箍，通过定位螺栓固定在横梁上的上座板上，下端由油缸的环销铰接在横梁下端的环销座上。

3. 勾轨机构

勾轨机构主要由勾轨油缸、主动钩、从动钩、轨钩销、轨钩销座、勾轨油缸销等组成。勾轨油缸由焊接在油缸上的环销铰接在固定于横梁上座板的勾轨油缸销座上，主、从动钩用轨钩销连接于固定在横梁上的轨钩销座上。主、从动钩通过齿啮合，由主动钩带动从动钩转动而抱紧夹实钢轨轨头。勾轨油缸与主动钩用勾轨油缸销连接在一起。

4. 走行机构

走行机构主要由走行油缸、走行轮支架、走行轮等组成。该机构的主要作用是：起道时，操作换向阀手柄，走行油缸活塞杆收回，使整机下沉；下道时，操作换向阀手柄，走行油缸活塞杆伸出，整机上升；把下道架导轨置于起道机下道轮下，然后再操作换向阀手柄，使整机下沉，下道轮落在导轨上，机器便可下道。

5. 动力机构

源动力是额定功率为 8.6 kW 的本田 390 型小型汽油发动机，用螺栓固定在油箱盖板的安装座上，齿轮油泵固定在油箱盖板机座上，由发动机通过三角皮带轮带动。

6. 液压及控制系统

液压及控制系统由油泵、卸荷阀、多路换向阀、油箱、进出油阀、油管和手压泵等组成。四联换向阀固定在油箱盖板的托架上，进出油阀分别与油泵出油口及油箱相连接，四联工作阀分别与各工作油缸的进出油口连接，手压泵安装在换向阀侧面。

7. 下 道 架

下道架主要由主梁、横梁、导轨、支撑板、后支撑柱、斜撑管、定位销、轨底拉杆、活销、挡铁等组成。当作业完毕时，使起道机能快速、安全下道，下道后不侵入限界。

二、液压起、拨道机基本结构与工作原理

液压起、拨道机主要用于线路大、中修施工横、纵断面位置调整时的拨道和起道作业。它具有平稳、快捷、省力、安全、起道和拨道量大、作业效率高的特点，适用于线路大、中修施工的起道作业。

目前常用的液压起、拨道机有 YQB-6 型、YQBJ-250 型，适用于 50 kg/m、60 kg/m 线路大、中修施工，其主要技术参数见表 3—4。

表 3—4　液压起、拨道机的主要技术参数

名称　参数　型号	YQB-6	YQBJ-250
发动机额定功率(kW)	8.6	6.6
最高系统压力(MPa)	16	16
最大起道力(kN)	125×2	125×2
最大拨道力(kN)	110	110
起道油缸行程(mm)	820±5	—
最大起道高度(mm)	≥400	≥500
最大拨道量(mm)	150	≥150
外形尺寸(mm)	1 960×1 095×1 268	1 737×1 015×1 220
整机质量(kg)	≤470	≤475

YQB-6 型液压起、拨道机的作原理和基本构造与 YQ-4B 液压起道机基本相同，只是起拨道油缸可沿绕铰点纵向偏转，增加了倾斜油缸，

如图 3—9 所示，可使起拨道油缸偏转一定角度从而实现拨道功能。

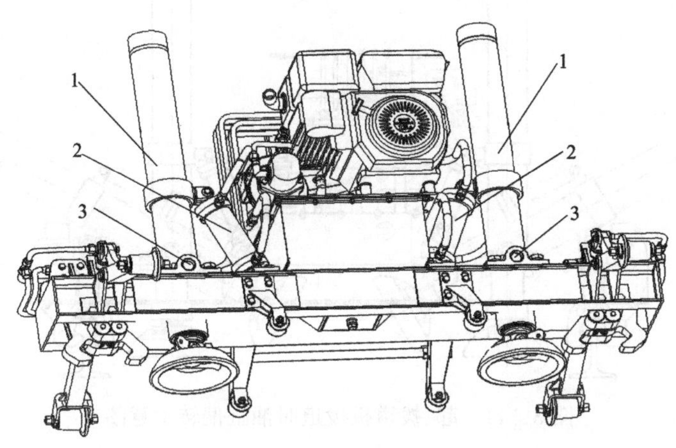

图 3—9　YQB-6 型液压起、拨道机

1—起拨油缸；2—倾斜油缸；3—铰点

起道时将起拨道油缸支座上的 U 形卡取下，使支座可绕销轴转动，避免起道时道砟不平别弯活塞杆，如图 3—10 所示。拨道时应将 U 形卡安装到支座上，限制支座转动，使其与活塞杆保持垂直，便于承力，避免打滑。确认拨道方向后，向前推动拨道倾斜油缸操纵手柄，使倾斜油缸活塞杆伸出，推动起、拨道油缸绕铰点旋转倾斜适当角度，向后扳换向阀起、拨道油缸操纵手柄，使起拨道油缸活塞杆伸出，推动支座顶在道砟上，利用反作用力的水平分力将轨排朝相应方向拨动，实现拨道作业，如图 3—11 所示。

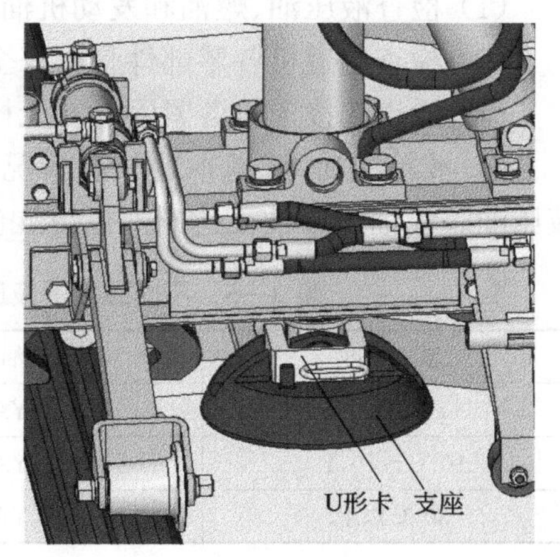

图 3—10　起、拨道机 U 形卡拆装示意图

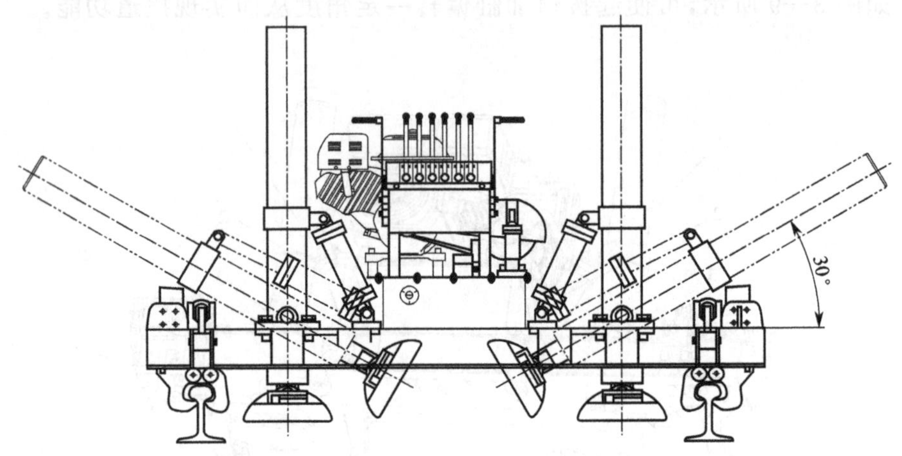

图 3—11　起、拨道机拨道时油缸偏转示意图

三、液压起道机和液压起、拨道机的操作方法

1. 工作前的准备

(1) 检查液压油、燃油和发动机油是否足够。

(2) 检查起道机各零部件是否齐全完好。

(3) 检查起拨道机各紧固件有无松动或失效，各油管接头是否松动。

(4)油箱注油，根据本地气温情况，参照表 3—5，从油箱注油口加入液压油。注油量以油面达到油标镜红色刻度线以上 5 mm 为宜。

表 3—5　不同温度下液压油牌号选用参照表

温　度	液压油牌号	运动黏度(50 ℃)
10 ℃以下	10 号(YA-N15)	7～13 cst
10 ℃～30 ℃	20 号(YA-N32)	17～23 cst
30 ℃以上	30 号(YA-N46)	27～33 cst

(5)启动发动机，使其在额定转速下运转 5 min，检查其是否正常。

(6)检查多路换向阀和油缸性能是否良好，扳动换向阀各操纵手柄到任一工作位置，使各油缸动作 2～3 次。手柄应灵活、换向迅速、定位可靠，油缸动作应灵活，运动无阻滞。

(7)检查并试验手压泵作用是否良好,将手压泵压杆套在手压泵压把上,往复全程压动,各油缸均应有动作。

(8) 在干燥状态下,用500 V兆欧表分别检查机架与钢轨间、轨钩与机架间、下道架导轨两端的绝缘电阻,其值不得小于1 MΩ。

(9)在确认起道机各部均能正常工作后,方可允许上道作业,严禁起道机带故障上道作业。

(10)按规定封锁现场,设置防护。

(11)双轮车等附件按使用要求如数运到现场,并放在不影响行车,且有利于作业的地方。

2. 上　　道

(1)启动发动机,保证各油缸活塞杆处于全部收回状态。

(2)在下道架前端导向销上插入两根导轨,调整间距使其和下道轮对齐。

(3)拔去下道轮挡销,用人力平稳地将起道机沿导轨推上道,调整使四个走行轮大致对准钢轨。

(4)操作换向阀走行油缸操纵手柄,使走行油缸活塞杆伸出,驱动走行轮架收拢,走行轮踏压在钢轨面上,起道机处于走行状态。

(5)撤去导轨,将其穿过下道架上的导轨定位环后,插入到导轨定位销上。

(6)撤去轨底拉杆,将下道架前吊耳轴放入起道机一侧支撑钩内,以前吊耳轴为轴心,将下道架向上方旋转抬起。用保险扣将下道架拉杆与起道油缸上卡箍相连,使下道架斜挂在起道机一侧。

(7)关停发动机或使发动机怠速运转,用人力推动起道机前往施工地点。

3. 起、拨道

(1)在需起、拨道地点,前后调节起道机位置,使起道油缸支座处于两根轨枕之间,避开钢轨接头。

(2)向前推换向阀走行油缸操纵手柄,使走行油缸活塞杆收回,驱动走行轮架张开,起、拨道机下降到勾轨位置。

(3) 向后扳换向阀勾轨油缸操纵手柄,使轨钩勾住钢轨内侧轨颚。在确认左右两侧的轨钩完全勾住钢轨后,方可松开操纵手柄让其回至中位。

(4)向后扳换向阀起道油缸操纵手柄,使起道油缸活塞杆向下伸出,推动支座顶在道砟上,利用反作用力抬起起道机及轨排,完成起道动作。根据现场情况,可单边起道,也可以双边同时起道。操作者通过换向阀起道油缸操纵手柄控制。

(5)拨道采用 YQB-6 型液压起、拨道机,确认拨道方向后,向前推动拨道倾斜油缸操纵手柄,使倾斜油缸活塞杆伸出。推动起拨道油缸绕铰点旋转,倾斜适当角度,向后扳换向阀起拨道油缸操纵手柄,使起拨道油缸活塞杆伸出,推动支座顶在道砟上,利用反作用力的水平分力将轨排朝相应方向拨动完成拨道作业。

4. 下　　道

(1)起、拨道完成后,向前推换向阀起道油缸操纵手柄,全部收回起道油缸活塞杆。如果是拨道应全部收回倾斜油缸活塞杆,使起拨道油缸调整至垂直位置。

(2)向前推换向阀勾轨油缸操纵手柄,收回勾轨油缸活塞杆,使轨钩脱离钢轨并完全张开。

(3)向后扳换向阀走行油缸操纵手柄,使走行油缸活塞杆伸出,驱动走行轮架收拢,起道机处于走行状态。

(4)推行起道机走行至适合地点,放下下道架,前支撑放在相邻两轨枕头上,调整后支撑柱伸出高度,使下道架主梁水平且主梁底部与钢轨面平齐。

(5)在轨底拉杆上套入压轨套,钩头端勾住钢轨内侧轨底,另一端穿入下道架前支撑的连接管孔内,插好活销。将压轨套紧靠轨底外侧,用弯铁压住钢轨外侧轨底后,拧紧螺栓,如图 3—12 所示。

(6)在下道架主梁头部导向销处插入导轨,有绝缘套一端置于钢轨面上,调整间距使其和下道轮对齐。

(7)操作换向阀走行油缸操纵手柄,使走行油缸活塞杆全部收回,驱动走行轮架张开,下道轮踏压在导轨上,起道机处于下道状态。

(8)将起道机沿导轨推至下道架末端,插上下道轮挡销。

(9)撤去导轨,将其穿过下道架上的导轨定位环后,插入到导轨定位销上。

(10)故障下道:发动机或油泵因故障不能供油时,利用手压泵供油,

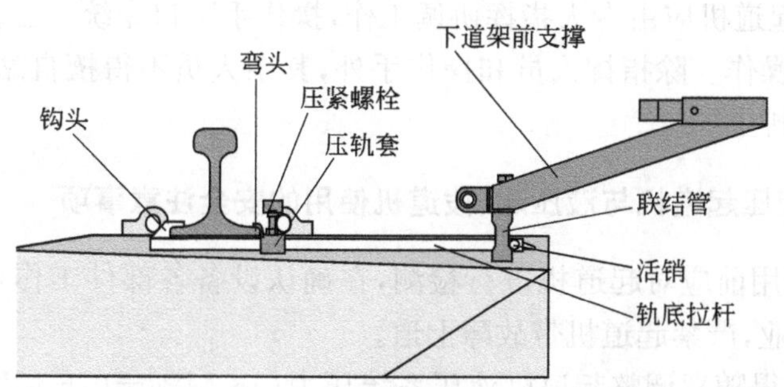

图 3—12 起、拨道机下道架主梁安装示意图

完全收回起道油缸活塞杆和松开轨钩后，用人力将起道机抬下道，置于限界之外。在换向阀发生故障时，分两种情况。

① 轨钩未勾住钢轨时，用人力将起道机抬下道，置于限界之外。

② 轨钩勾住钢轨时，应立即打开勾轨机构油路上的两个卸荷阀，使勾轨油缸卸荷，然后用撬棍使轨钩脱离钢轨，再用人力将起道机抬下道，置于限界之外。

5. YQ-4G 型道岔起道机的布置

道岔更换、大修施工的整体道岔轨排升降和起道，采用 YQ-4G 型道岔起道机群（台数和位置根据道岔实际情况确定和布置）同时操作来完成整体道岔轨排升降和起道。例如 P60 12 号混凝土枕单开道岔需 7 台高行程液压起道机，位置的布置如图 3—13 所示。图中“22”、“31”等数字为道岔轨排的轨序号。

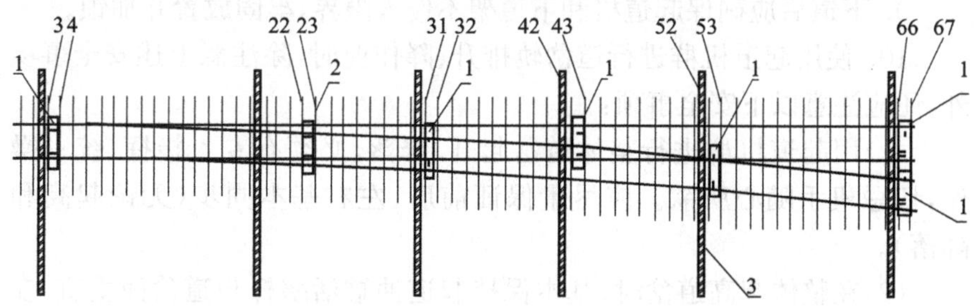

图 3—13 高行程液压起道机组布置图（适用于 12 号单开道岔）

1—YQ-4G 型高行程液压起道机；2—道岔专用机；3—导轨；（34～67 为轨枕编号）

7 台起道机应由专人指挥协调工作，操作手听口令统一工作，切忌操作手擅自操作。除指挥人员和操作手外，其余人员不得擅自站在要起降的道岔轨排上。

四、液压起道机与液压起、拨道机使用的安全注意事项

1. 使用前应对起道机进行检测，在确认设备各部件工作正常后，方可上道作业，严禁起道机带故障上道。

2. 不得随意调整起道机液压系统压力(16 MPa±0.5 MPa)否则可能损坏设备。

3. 作业时务必严格按照起道机使用的安全防护条件进行作业。

4. 安装和撤除导轨时须小心，避免联电影响线路信号。

5. 起道机移动、走行前确保起道机走行轮架收拢处于走行状态，起道油缸和倾斜油缸活塞杆全部收回，轨钩完全张开。

6. 起道作业前，左右两侧的轨钩必须牢固勾住轨颚，如果没有完全勾住，起道时可能发生滑钩事故。

7. 起道时，严禁操作换向阀勾轨油缸控制操纵手柄，避免脱钩。确认起道油缸活塞杆全部收回，轨钩完全张开后方可操作换向阀走行油缸操纵手柄，避免损坏同步杆或走行轮架。

8. 根据现场情况，可单边起道，也可以双边同时起道。操作者通过换向阀起道油缸操纵手柄控制起道高度。如是单边起道，可能需移去随机下道架，避免影响作业。

9. 下道后应确保起道机和下道架不侵入限界，牢固放置并加锁。

10. 使用起道机群进行道岔轨排升、降作业时，除注意上述安全事项外，还应注意以下安全事项：

(1)用起道机群进行整体道岔起升、降落，必须有专人指挥，统一操作，切忌机手随心所欲。应尽量保证前后、左右基本同步(无论起高和降落)。

(2)在整体起高道岔时，基本保持起道油缸活塞杆与道岔面垂直，在道岔的起道处不断垫高枕木头，以保证安全。

(3)在起高道岔时，禁止任何人钻入道岔底，工作人员工作时必须在道岔两边，不得进入道岔。

(4)起道机整体抬高道岔时,因道岔前后的的载荷不同。如果起道油缸的支座下面没有垫平,就很容易引起机器前后倾斜。在机器前后倾斜的情况下,轨钩一边缘与支座中心受力点就会形成前后倾覆机器的旋转力矩,而平衡此力矩的力矩在走行轮支架及其相关构件上。若机器倾斜过大,就会使某些构件受力超过其强度极限而破坏,使机器倾覆,整体道岔轨排垮塌。

(5)用起道机群整体抬高道岔时不得在轨排上加其他动载。起道机前后线路成悬空的圆弧线,加上起道高度高,故道岔和起道机的组合处于不稳定状态。在起升道岔的过程中,如果在起道机前后加上其他动载,就很容易引起振动导致机器失稳。

五、液压起道机与液压起、拨道机的维护和保养

1. 日常保养

每日作业完毕后要进行日常保养,具体内容如下:

(1)擦净灰尘油污,保持整机干净、整洁。

(2)检查并拧紧各紧固件。

(3)检查油箱中液压油油面高度,如不足应及时补充加油。

(4)检查发动机的燃油、润滑油油量,如不足应及时加油。

(5)检查三角皮带的技术状态和松紧程度,必要时调整或更换。

(6)消除漏油处。

(7)将活塞杆全部收回油缸,防止锈蚀及碰伤,并罩上防雨蓬布,捆扎牢固。

(8)换季时,应按说明书更换适当牌号的液压油、机油和润滑油。

2. 定期保养

起道机运行 200 h 左右,需进行一次定期保养,具体内容如下:

(1)更换汽油机润滑油。

(2)检查发动机空气滤清器,如果滤芯很脏,按汽油机说明书进行清洗。

(3)发动机按说明书进行保养。

(4)放净油箱内的液压油,用煤油清洗油箱和滤油器。旧油经沉淀过滤后再重新加入油箱,如已变质需全部更换新油。

(5)消除漏油处,更换失效的密封件。

(6)更换失效的紧固件。

(7)检查各销轴和尼龙绝缘套有无磨损超限,对磨损严重的应予以更换。

(8)检查机架与钢轨间、下道架导轨两端的绝缘性能。

(9)检查发动机和油泵皮带轮槽中心是否在同一平面内,并调整皮带挠度。

(10)检查液压系统压力,如有变化应重新调整到 16 MPa。

(11)定期保养后要进行性能校验并做记录。

3. 检　　修

起道机使用一年后,需进行全面检查修理工作,使起道机各部件和性能恢复到出厂检验水平,具体内容如下:

(1)分解液压系统,全部清洗,更换不良部件和密封件;活塞杆、缸体拉伤严重的应更换。

(2)油泵、多路换向阀用液压测试台进行测试,性能不良的予以修理或更换。

(3)发动机按说明书进行检修。

(4)检查、更换轴承。

(5)更换全部尼龙绝缘套。

(6)检查轨钩几何尺寸,如磨损过大应进行修复或更换。

(7)对各部件孔径进行检测,磨损严重的予以更换。

(8)油漆脱落处应补漆。

检修后的起道机要进行 30 min 空载和 1 h 带负荷运转试验,测试并记录各项技术指标,经确认达到要求后方可使用。

六、常见故障及排除方法

1. 发动机的故障及排除方法

发动机为本田 390 四冲程汽油机,其故障与排除方法参见第二章第一节。

2. 齿轮泵的故障及排除方法

齿轮泵的故障及排除方法见表 3—6。

表 3—6 齿轮泵的故障及排除方法

故障现象	原因分析	排除方法
泵排油量不足	①转向不对 ②泵没有转动或转速低 ③缺油、滤油器堵塞,进油管道漏气,油液黏度大	①调整转向 ②检查连接轴,调整转速 ③对油箱加油、清洗滤油器,更换油液、油路排气,检查进油口密封
压力不足	①调压阀失效 ②组件磨损,泵内密封件失效 ③液压系统泄漏	①修复或更换调压阀 ②更换磨损组件、密封件,或更换新泵 ③修复或更换
温度过高	①泵超速运转 ②泵吸空	①降低转速 ②检查油箱,加注油液,排除吸油管道漏气
噪声过大	①油液黏度过大,吸油高度过高或转速太高 ②吸油系统、泵轴油封漏气 ③安装不当或振动	①更换油液、调整吸油高度,降低转速 ②检查吸油系统,更换泵轴油封 ③重新安装调试
外泄漏	①连接轴同轴度不好 ②泵轴油封或其他密封件损坏	①重新安装调试 ②更换密封件

3. 多路换向阀的故障及排除方法

多路换向阀的故障及排除方法见表 3—7。

表 3—7 多路换向阀的故障及排除方法

故障现象	原因分析	排除方法
滑阀不能复位	①复位弹簧变形 ②阀体与滑阀之间不清洁 ③阀外操纵机构不灵 ④连接螺栓拧得太紧,使阀产生变形	①更换复位弹簧 ②清洗阀体,滑阀 ③调整阀外操纵机构 ④重新拧紧连接螺栓
外泄漏	①换向阀体两端 O 形密封圈损坏 ②各阀体接触面间 O 形密封圈损坏 ③后盖未上紧	①更换 O 形密封圈 ②更换 O 形密封圈 ③拧紧螺栓
溢流阀压力不稳定或压力调不高	①调压弹簧变形 ②先导阀磨损 ③锁紧螺母松动 ④溢流阀芯堵死 ⑤油泵故障	①更换调压弹簧 ②更换先导阀 ③拧紧锁紧螺母 ④清洗溢流阀芯 ⑤检修油泵
滑阀在中立位置时,工作机构明显下沉	①阀体与滑阀间因磨损间隙增大 ②滑阀位置没有对中 ③锥形阀处磨损或被污物垫住	①修复或更换滑阀 ②使滑阀位置保持对中 ③更换锥形阀或清除污物

4. 油缸的故障及排除方法

油缸的故障及排除方法见表 3—8。

表 3—8 油缸的故障及排除方法

故障现象	原因分析	排除方法
油缸压力显著下降，动作无力	①油路内进入空气，导致油压不稳 ②油泵吸空或滤油器堵塞 ③油温过高 ④溢流阀失灵、失调 ⑤油缸内泄严重 ⑥油泵内泄严重	①消除油路漏气处 ②查明原因后消除 ③停机冷却 ④用压力表调整或换新 ⑤更换密封件及损坏件 ⑥检修或更换油泵
油缸内部漏油	①活塞上密封圈扭拧、磨损或破裂 ②油缸内壁拉缸严重 ③油缸内壁磨损过大，呈椭圆形	①更换密封圈 ②更换新缸体 ③更换新缸体
油缸、活塞杆、液压件磨成硬伤	①滤油不良，有金属屑末或细砂进入油路 ②密封、防尘件磨损后未及时更换 ③活塞杆、油缸变形或活塞紧固件松动	①放油，清洗全部油路，改善滤油器后，重新换油 ②更换新密封、防尘件 ③查明原因，整修或更换
起道油缸运动到某一位置即停止或减速	①活塞杆局部弯曲 ②缸体变形	①调整或更换活塞杆 ②更换新缸体
两侧油缸动作严重不同步	①一侧油缸内泄严重 ②一侧油路堵塞或阻力大	①检修或更换密封件 ②查明原因，清洗或修调
油缸活塞杆伸出缓慢(供油不足)	①传动皮带过松 ②传动皮带变形拉长 ③油泵吸油不足 ④油泵内泄严重	①调整皮带轮 ②调整皮带轮间距或更换皮带 ③查明原因进行消除 ④修配油泵或更换新泵
油缸"爬行"	油路混入空气	检查油路，消除漏气处；操纵换向阀使油缸动作 2～3 次全行程，排出空气
油缸升起后自行下降	①油缸内泄严重 ②换向阀中位内泄超过规定值 ③油路有外泄漏	①更换密封件或其他损坏零件 ②修配或更换换向阀 ③检查并消除漏油处
手压泵不出油或排量小	①吸油管或滤油网堵塞 ②吸、排油口单向阀密封不严 ③活塞与缸壁密封不严 ④油液黏度大	①清洗吸油管或滤油网 ②修整或更换 ③更换密封件或损坏件 ④按规定更换液压油

5. 传动部分的故障及排除方法

传动部分的故障及排除方法见表 3—9。

表 3—9　传动部分的故障及排除方法

故障现象	原因分析	排除方法
皮带轮发烫	①三角皮带过松而打滑 ②皮带槽溅有油或水	①调整皮带轮间距或更换三角皮带 ②清洗、擦拭皮带槽
三角皮带磨损过快	①皮带过松或过紧 ②两皮带槽不在同一平面	①调整两皮带轮间距 ②重新调整

第四章　常用钢轨整修机具

钢轨的轨头(含尖轨、辙叉)断面在通过列车荷载的不断冲击碾压下及施工过程中,会产生磨耗、变形。若变形量超过了轨头断面平顺度的规定标准,就会影响列车运行的平稳度,甚至威胁列车运行安全,所以必须经常对线路钢轨的轨头断面进行修理、校正,改善轮轨关系,提高列车通过的平稳度,同时也减少列车荷载对钢轨的冲击碾压,延缓钢轨的磨耗,延长钢轨使用寿命。

目前钢轨变形、磨耗的修理、校正一般采用校直和打磨的方法来完成。钢轨变形一般采用钢轨矫正机具来进行矫正,微变形和磨耗一般是采用钢轨打磨机对钢轨上顶面、圆弧面、侧面进行打磨维护,恢复钢轨轨头轮廓的原几何形状。

第一节　钢轨打磨机具

铁路工务系统常用的钢轨修理打磨机,按动力源分为电动打磨机和内燃打磨机;按用途分为钢轨平面打磨机、钢轨仿形打磨机、道岔打磨机和手持式局部打磨机。以下按用途分类介绍钢轨打磨机。

一、钢轨平面打磨机

钢轨平面打磨机一般有内燃、电动两种,只是动力部分不同,其结构和工作原理、使用方法、安全注意事项及维修保养(除动力部分)基本相同。以下以电动打磨机为例介绍。

(一)钢轨平面打磨机的基本结构和工作原理

铁道线路钢轨的不平顺采用钢轨平面打磨机进行修正,恢复其原始几何断面,达到轨道平顺度的标准。常用的电动钢轨平面打磨机有DMG-2.2磨轨机、BMG-150型磨轨机等机型。钢轨平面打磨机具有结构简单、体积小、质量轻、使用方便、上下道快、安全可靠等性能,适用钢轨平面及侧面的打磨，但作业现场没有电源，作业时必须配备发电机组。其主要性能技术参数见表 4—1。

表 4—1　电动钢轨平面打磨机主要性能技术参数

名称＼参数＼型号	DMG-2.2 磨轨机	BMG-150 型磨轨机
电动机功率(kW)	2.2	1.5
电压(V)	380	380
砂轮进给行程(mm)	65	65
频率(Hz)	50	50
转速(r/min)	2 800	2 800
砂轮规格(mm)	150×55×75	150×55×75
外形尺寸(mm)	1 200×300×800	1 100×400×860
整机质量(kg)	76	58

以 BFMG-150 型磨轨机介绍其构造及工作原理，如图 4—1 所示，通过电动机驱动磨削砂轮对钢轨不平顺凸出部分进行磨削修正；通过进刀手柄将电机及砂轮总成沿升降导杆进行升降，实现进刀和退刀；磨削轨顶

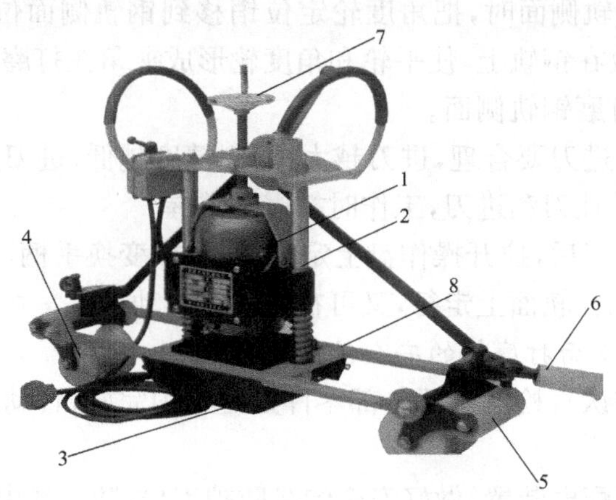

图 4—1　BFMG-150 型磨轨机

1—电动机；2—升降导杆；3—磨削砂轮；4—走行槽轮；5—基准平轮；6—角度轮；7—进刀手柄；8—机架

面时以槽轮为基准轮，操作变换手柄，槽轮处于打磨走行位置进行打磨，打磨钢轨 45°角时将角度轮定位在 45°角位置，使平轮处于走行位置实现打磨 45°平面位置；当打磨侧面时将角轮定位在轨面位置，使平轮和角度轮实现钢轨侧面打磨。

该机型只适用于轨顶面和作用边的平面打磨，对轨距角（圆弧角）的仿形打磨效果不佳。

（二）操作方法

1. 将钢轨平面打磨机放置于需要打磨的钢轨上。

2. 开机前一手把持扶手在轨面上来回移动，一手打开倒顺开关，砂轮开始转动后，再手持进刀手柄进刀打磨，放下砂轮罩。开始打磨时禁止机器停留在一个部位上，应自如均匀来回移动，防止擦伤损坏轨面。

3. 打磨轨面时用走行槽轮，操作变换手柄使槽轮处于走行位置上，进行钢轨平面打磨。

4. 打磨钢轨 45°角时，应把角度轮的定位销放在 45°角位置上，拉开操作盘上的定位销，操作变换手柄使平轮处于走行部位，把机身倾斜 45°角，来回移动打磨钢轨实现 45°面打磨。

5. 打磨钢轨侧面时，把角度轮定位销移到钢轨侧面位置上，安上辅助轮，机器平放在钢轨上，使平轮和角度轮形成夹角在打磨部位处来回滚动，即可进刀打磨钢轨侧面。

6. 磨削时进刀要合理，进刀越大，磨削精度越低，进刀丝杆上有锁紧手柄，可以防止让刀和进刀，工作时按需要掌握。

7. 工作完毕后，拉开操作盘上定位销，操作变换手柄，使槽轮换到走行位置上，可以在轨面上走行，又可在地面上移动。

（三）钢轨平面打磨机的安全注意事项

1. 开机前认真检查机器各部零件是否牢固完好，转动部件是否灵活自如。

2. 准备好配电装置，做好安全绝缘防护工作，防止触电。

3. 检查电机绝缘电阻应不低于 0.5 MΩ。

4. 检查砂轮是否有碰坏和松动现象，安全罩是否牢固，周边不得与砂轮有摩擦。

5. 砂轮运转应为顺时针方向，不得逆时针转动，若逆时针旋转，则调整电源相位。

6. 开机后检查各部位是否有异常现象，排除故障后方可使用。

7. 工作、搬运、装卸时禁止碰撞电线、开关、插头、电机、砂轮等主要部件。

8. 禁止使用偏心、掉块、磨损严重等有缺陷的砂轮。磨削时砂轮旋转的切线方向严禁站人，以免砂轮火花伤人。

9. 工作完毕后，机器要远离线路，以免影响行车安全。

(四)钢轨平面打磨机的保养与维修

1. 电动机维护与保养参见第二章第二节。

2. 升降装置的检查保养：

(1)取下砂轮调节手柄和砂轮罩。每周定期清洗附件上的打磨渣和灰尘。

(2)每 200 个工作小时后，彻底清洗检查蜗轮、蜗杆附件。更换润滑油脂。润滑油脂采用通用锂基润滑油脂。

(3)除去旧油，但不要洗，同时检查蜗轮、蜗杆啮合状况，一旦有明显磨损就要更换。轴承是自润滑免维护的，一旦有缺陷就必须更换掉。

(4)调节好后，上好轮罩，装好手轮，拧好螺栓。

3. 机架单元设备维护保养：

(1)机架、基准平轮、角度轮每月必需要定时进行保养。

(2)基准平轮、角度轮必需要定时进行润滑和调整，如果动作不灵活，可适当调节手轮轴端上的螺母。

二、钢轨仿形打磨机

钢轨仿形打磨机一般有内燃、电动两种，只是动力部分不同，其结构、工作原理、使用方法、安全注意事项及维修保养(除动力部分)基本相同。以下以内燃打磨机为例阐述。

(一)钢轨仿形打磨机的工作原理和基本结构

铁道线路钢轨的微量不平顺采用钢轨仿形打磨机进行修正，恢复其原始几何断面，达到轨道平顺度的标准。常用的钢轨内燃仿形打磨机有 NGM-4.8 型、MR150 型、NMG-4 型、NMG-4.4 型等机型，钢轨内燃仿形打磨机具有结构简单、体积小、质量轻、使用方便、上下道快、打磨精度高、安全可靠等性能，可以对钢轨轨头断面（轨顶面、侧面、轨距角）进行任意调节打磨，恢复钢轨轨头断面棱角的原始几何状态。该种打磨机适用钢轨铝热焊焊接后打磨及钢轨不平顺的精确轨面修理。其主要技术参数见表 4—2。

表 4—2 内燃仿形打磨机具主要技术参数

参数名称 \ 型号	NGM-4.8	MR150	NMG-4	NMG-4.4
汽油机（kW）	4.9	4.4	4.8	4.4
仿形轮距（mm）	1 000	925	915	1 000
砂轮进给行程（mm）	45	50	45	50
转速（r/min）	4 500	4 500	3 600	4 500
砂轮规格（mm）	125×65×20	150	150×75×32	125×65×20
外形尺寸（mm）	1 500×450×750	1 350×500×950	1 200×300×800	1 382×590×690
整机质量（kg）	91	66.5	66	58

以 NGM-4.8 型内燃仿形打磨机为例介绍钢轨仿形打磨机工作原理及构造。

1. 钢轨仿形打磨机的工作原理

如图 4—2 所示，发动机通过软轴、连接器、万向节及连接皮带将动力传输至砂轮主轴驱动砂轮对钢轨不平顺凸出部分进行磨削修正，通过砂轮升降按钮调节升降电机进行升降实现进刀和退刀；通过偏转调节机构完成轨面不同角度的磨削。磨削钢轨顶面时以两个基准轮为基准点调节砂轮高度进行轨面磨削，仿形轮起导向作用；磨削圆弧角（轨距角）时，转动调节手柄通过偏转调节机构驱动转向齿轮带动大梁偏转，实现任意角度的轨面磨削；当大梁旋转至与机架垂直时磨削钢轨侧面。

2. 钢轨仿形打磨机的基本构造

NGM-4.8 型钢轨内燃仿形打磨机主要由动力机构、偏转调节机构、大梁、连接机构、进给机构等组成，如图 4—3 所示。

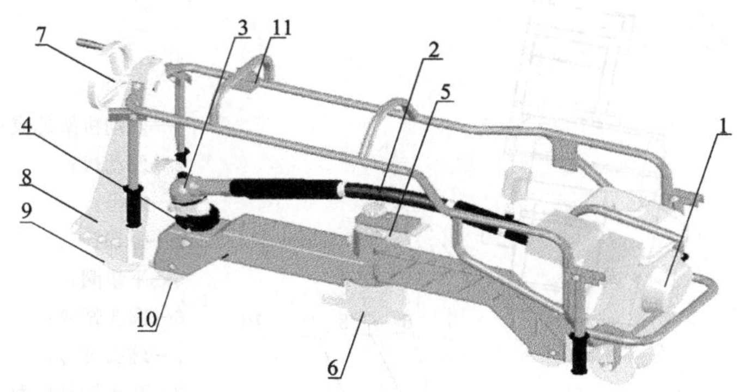

图 4—2　NGM-4.8 型钢轨内燃仿形打磨机工作原理图

1—发动机；2—软轴；3—连轴器；4—万向节；5—升降电机；6—砂轮；7—偏转调节手柄；8—偏转调节机构；9—仿形轮；10—基准轮；11—砂轮升降按钮

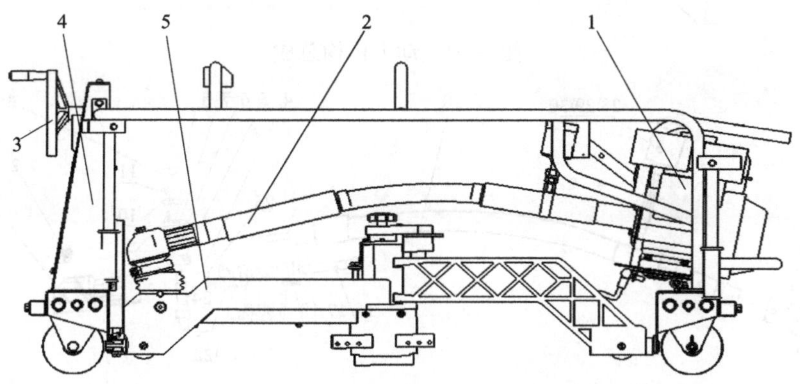

图 4—3　NGM-4.8 型钢轨内燃仿形打磨机构造图

1—动力机构；2—连接机构；3—进给机构；4—偏转调节机构；5—大梁及仿形轮装置

(1)动力机构

动力机构由发动机架总成、发动机、发动机旋转支架(圆头螺栓、球头螺帽、曲柄)等组成，如图 4—4 所示。整个大梁偏转、砂轮变换角度时，发动机始终保持垂直状态不随砂轮的偏转而倾斜。

(2)连接机构

连接机构由齿轮箱、软轴输出轴、齿轮、轴心、软轴、软轴油杯、连接法轮盘等组成，连接机构将动力从发动机传输到砂轮机主轴，如图 4—5 所示。

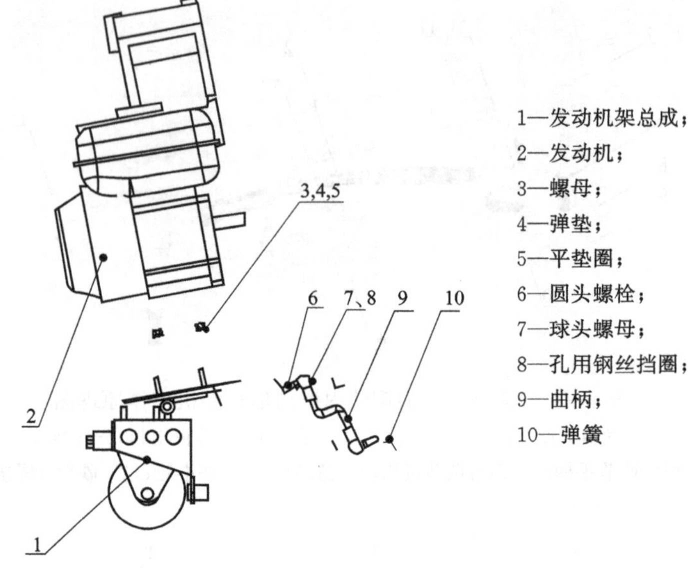

图 4—4　动力机构总成

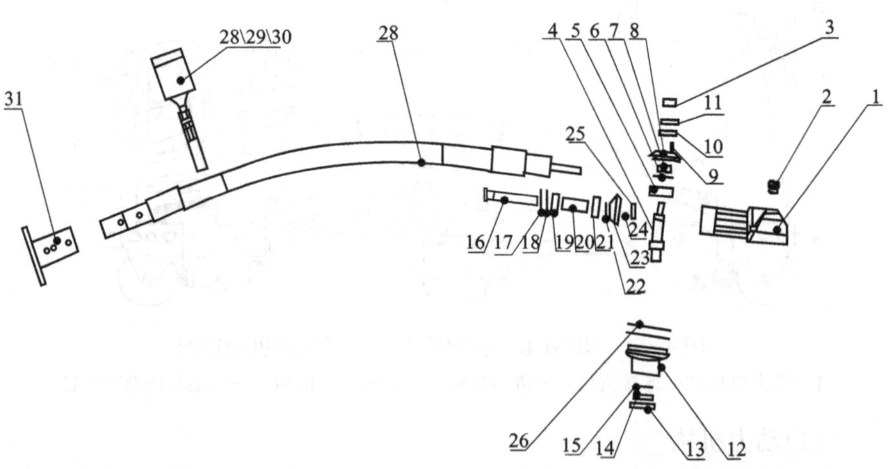

图 4—5　连接机构总成

1—齿轮箱体；2—连接螺栓；3—滚针轴承；4—软轴输出轴；5—轴承；6—挡圈；7—隔套；8—被动齿轮；9—花键；10—垫片；11—圆螺母；12—齿轮箱盖；13—锁紧螺母；14—油封；15—油封挡圈；16—芯轴；17—双面挡圈；18—轴承；19—圆柱销；20—套管；21—轴承；22—调整垫；23—主齿轮；24—月牙键；25—圆螺母；26—垫片；27—软轴组件；28—加油管箍；29—油杯接头；30—油杯；31—连接法兰盘

(3)进给机构

由进给电机、进给轴、手轮、支架、链条、链轮、升降按钮等组成,如图4—6所示,可实现磨削砂轮的进刀和退刀。

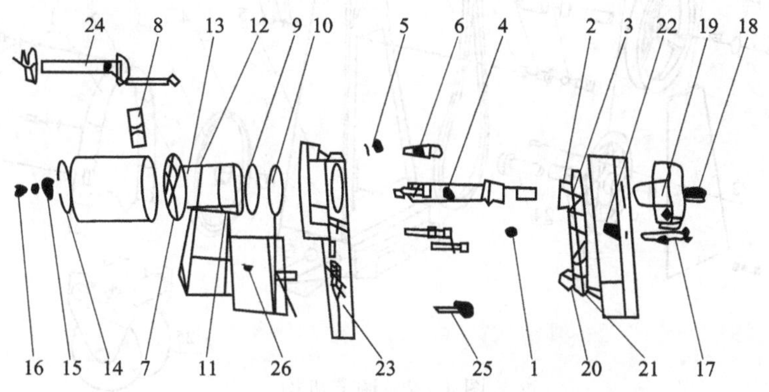

图4—6　进给机构

1—键3×11.5;2—从动进给链轮;3—链条;4—进给轴;5—垫圈;6—内六角螺钉M5×15;7—进给螺母;8—砂轮定位用螺钉;9—进给支撑架轴承垫圈;10—孔用弹性档圈;11—轴承6302;12—内六角螺钉M4×10;13—垫圈;14—孔用弹性档圈;15—轴承;16—螺母;17—沉头螺钉M6×40;18—定位螺钉;19—手轮;20—小链轮;21—定位螺钉;22—电机链轮护罩;23—进给支撑架;24—砂轮定位螺栓;25—六角头螺栓;26—进给电机

(4)调节机构

由调节机架、齿轮、齿轮轴、链条、链轮、转动手柄、张紧链轮、仿形轮等组成,如图4—7所示,实现砂轮的偏转,适应不同角度的打磨。

(5)大梁及仿形轮装置

由大梁、主齿轮、皮带轮、仿形轮及基准轮等组成,如图4—8所示。该装置是机器骨架,起打磨定位和导向作用。

(二)钢轨仿形打磨机的操作方法

1. 启动发动机前,应先检查机器的各部状态是否良好,将机器置于钢轨上,保证砂轮离钢轨面3 mm以上再启动发动机。

2. 砂轮可以上下调节高度,可以手动调节,也可以用电控开关调节。手动调节时,手轮每转一圈,砂轮进给量为1 mm。

3. 随着发动机的启动,用电控开关将砂轮设置到所需打磨的深度

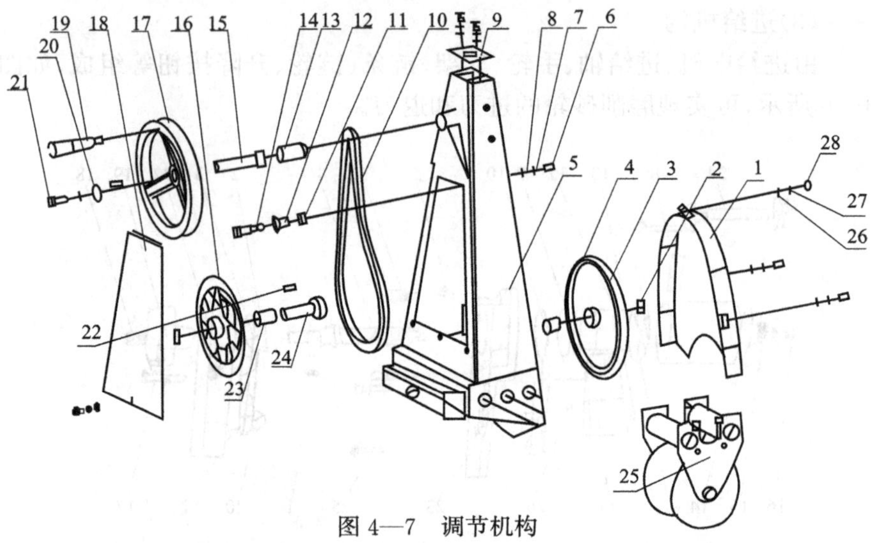

图 4—7　调节机构

1—防护罩；2—轴用弹性挡圈；3—齿轮；4—齿轮套；5—调节机架；6—螺母；7—弹垫；8—平垫圈；9—上面板；10—链条；11—张紧链轮轴垫圈；12—张紧链轮；13—小链轮铜套；14—张紧链轮轴；15—小链轮；16—大链轮焊接；17—手轮；18—调节机架护罩；19—小链轮铜套；20—大垫圈；21—六角螺栓；22—平键；23—齿轮轴套；24—齿轮轴；25—仿形轮组件；26—平垫圈；27—弹垫；28—盘头螺钉

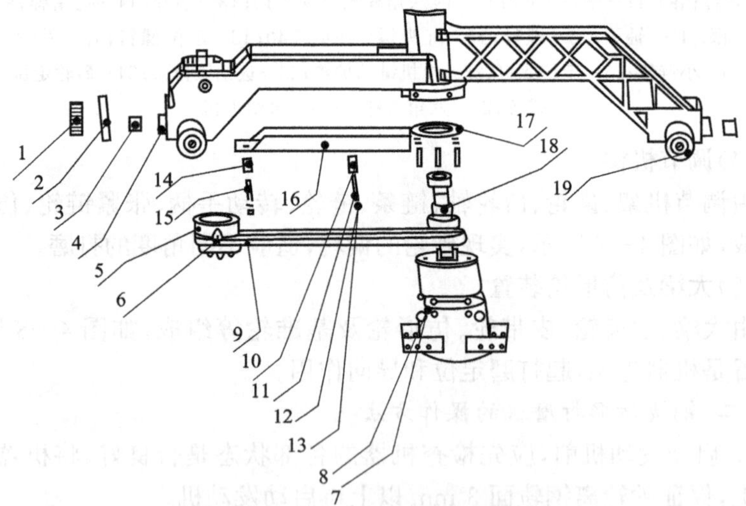

图 4—8　大梁及仿形轮装置

1—沉头螺钉；2—半齿轮；3—大梁两端轴承；4—大梁；5—带轮轴装配；6—沉头螺钉；7—砂轮罩；8—内六角螺钉；9—V 形带；10—皮带护罩垫套；11—双头螺柱；12—螺母；13—平垫圈；14—皮带护罩垫套；15—双头螺柱；16—同步带护罩；17—皮带轮上的固定盘；18—砂轮装配；19—轨道支撑轮组件

(根据钢轨附近的情况进行调整)。深度调节好后锁紧深度锁紧螺母,以防打磨时松动,造成打磨过深。

4. 升高打磨砂轮,直到达到钢轨的最高凸出点位置。

5. 当机器在打磨点附近往复打磨时,用手动调节开关控制砂轮的进给量。往复打磨必须进行收刀和进刀,行至终点收刀完毕,反向运行开始进刀。

6. 当打磨钢轨两侧面和圆弧角时,用机架偏移手轮进行调节,使机器偏转,以满足所需要的打磨角度。

7. 对凸出点打磨时,可不移动机器对凸点进行打磨。精打磨时,必须保持小进刀量,并保持机器的匀速往复运动。打磨应遵循从轨顶面到圆弧角再到钢轨侧面的顺序进行。

8. 关闭机器时,应先将砂轮置于高出轨面 3 mm 高度以上。

(三)钢轨仿形打磨机的安全注意事项

1. 必须由经过培训的人员进行操作。

2. 操作人员须带保护镜及耳罩,不要穿太宽松的工作服作业。

3. 操作前必须检查砂轮是否损坏及受潮;核对砂轮是否符合机器允许线速度的要求;检查砂轮和砂轮保护罩是否已在正确位置。

4. 只能在关机时添加燃油,不能把燃油溅在发动机和消音器上。

5. 机器运转时,不可将身体或其他物品进入防护罩内。

6. 每次砂轮进给量不应过大,否则将影响机器寿命和打磨质量。

(四)钢轨仿形打磨机的维护与保养

1. 发动机维护与保养

发动机维护与保养参见第二章第一节。

2. 调节 V 形皮带

(1)新机器在大约五六次打磨操作后,或是认为需要进行调节时,调节皮带。

(2)皮带胀紧度的调节是通过增减皮带轮上 0.5 mm 厚调整垫片的片数来进行调整,垫片装于皮带轮处。

(3)为了使调节方便进行,可将两个跟踪轮先暂时取下。

(4)依据所需的皮带涨紧度,先取出两个 V 形皮带轮之间的调整垫片,然后根据皮带的松紧来决定是将垫片放在内皮带轮下,还是放在外皮带轮下。如果两个都被取出，则在内、外皮带轮处各放一个。

3. 调节砂轮进给链条的涨紧度

(1)取下调节砂轮轴的星形手柄和链轮罩。

(2)松开齿轮—马达的螺栓。

(3)通过调节安装螺栓位置或链扣来涨紧链条。

(4)调节好后，上好链轮罩，装好星形手轮，拧好螺栓。

4. 机架旋转单元设备维护保养

(1)机架偏转手轮和主机架之间的垫片每月或按需要定时进行润滑。

(2)如果手轮动作不灵活，可适当调节手轮轴端上的螺母。

(3)链条驱动的涨紧，由内置的涨紧链条来调节。

5. 软轴维护保养

(1)软轴的润滑每3个工作小时后就要进行一次，旋转(2～3圈)软轴上的润滑油杯。

(2)润滑油脂采用KluberIubBE41-150或通用锂基润滑油脂(如ESSOBEACON3、MZL3号等)。

(3)润滑油杯油脂容量约为20 g。

(4)当润滑软轴时，应保证油嘴要在注油孔的上方，以保证油脂能到达轴的深处，否则，要先将润滑杯卡松开，调节到注油孔与润滑油孔的相对接位置。

6. 角齿轮附件维护与保养

(1)每周定期清洗附件上的打磨渣和灰尘。

(2)经常的清洗和润滑接头处以保持拆卸方便。

(3)每200个工作小时后，彻底清洗检查角齿轮附件。

(4)更换角齿轮箱的润滑油脂。润滑油脂通常采用Kiuberiub、GB 46—1200或通用锂基润滑油脂。

(5)除去旧油，但不要洗，同时检查啮合齿轮状况，角齿轮一旦有明显磨损就要更换。球轴承是自润滑免维护的，一旦有缺陷必须更换。

7. 万向联轴节维护与保养

万向联轴节位于胶套的保护之下，每3个月应检查1次；联轴节与框架周边的间隙，也要注入润滑油脂，每年要检查，如需要就及时添加。润滑油采用通用锂基润滑油脂即可。

三、道岔打磨机

道岔打磨机一般分为内燃和电动两种，只是动力部分不同，其结构和工作原理、使用方法、安全注意事项及维修保养(除动力部分)基本相同。以下以内燃道岔打磨机为例介绍。

(一)道岔打磨机的基本结构和工作原理

钢轨、道岔基本轨、尖轨、辙叉作用边产生的肥边和不平顺采用道岔打磨机进行修正，恢复其原始几何断面，达到轨道平顺度的标准。常用的内燃道岔打磨机有 NCM-4.0 型、NCM-4.9 型、NCMG-4 型、NCM-5 型等机型，内燃道岔打磨机具有结构简单、体积小、质量轻、使用方便、上下道快、打磨精度高、安全可靠等性能，可以对钢轨、道岔基本轨、尖轨、辙叉作用边、肥边进行打磨，恢复其断面棱角的原始几何状态。其主要技术参数见表 4—3。以 NCM-4.0 型内燃道岔打磨机介绍道岔打磨机的工作原理及构造。

表 4—3 内燃道岔打磨机主要技术参数

参数名称 \ 型号	NCM—4.0	NCM—4.9	NCMG—4	NCM—5
汽油机(kW)	4.8	4.9	4.8	4.8
砂轮线速/(m/s)	<68	<65	<60	<60
磨头垂直方向可倾斜角	±35°	±30°	±30°	±30°
垂直行程(mm)	170	175	170	170
磨头转速(r/min)	3 800	3 800	3 600	3 600
砂轮规格(mm)	254×35×30	260×120×25	254×35×30	254×35×30
外形尺寸(mm)	2 920×850×750	2 080×805×1 810	3 000×750×1 150	2 940×725×1 240
整机质量(kg)	90	106	95	96

1. 道岔打磨机的工作原理

内燃道岔打磨机是由两个相互垂直移动的走行车和台车彼此运动组合而成的。发动机通过皮带将动力传输至砂轮主轴驱动砂轮磨头，对钢轨、道岔基本轨、尖轨、辙叉作用边、肥边及不平顺凸出部分进行磨削修正。台车在走行车的导管上横向行走,任意调整砂轮磨头在两根钢轨之间的位置,实现道岔的基本轨、尖轨、辙叉各侧面打磨的需要。转动偏转手柄,通过蜗轮、蜗杆带动磨头架偏转,使砂轮磨头完成钢轨、道岔基本轨、尖轨、辙叉各个圆弧面和斜面的打磨。转动升降手柄,通过蜗轮、蜗杆带动磨头架升降,实现砂轮磨头升降进给。磨削装置可绕垂直方向侧面转动±35°,可实现道岔的基本轨、尖轨、辙叉、钢轨顶面及侧面等任意角度作用面的磨削,如图 4—9 所示。

图 4—9　NCM-4.0 型内燃道岔打磨机各组成部分

1—走行架总成部分;2—发动机总成部分;3—磨头架总成部分;4—台车涡轮蜗杆总成部分;5—磨头总成部分

2. 道岔打磨机的基本构造

NGM-4.0 型钢轨内燃道岔打磨机主要由发动机总成、走行架总成、磨头架总成、磨头总成、台车总成等组成,如图 4—9 所示。

(1)磨头架总成由磨头架组建、三角皮带、导轨、导轨架、进给手轮、进给丝杆、锁紧螺母、砂轮防护罩等组成,主要实现砂轮磨头的升降进给作用,详细零配件结构如图 4—10 所示。

(2)磨头总成由砂轮主轴、小皮带轮、砂轮等组成,主要实现磨削作用,详细零配件结构如图 4—11 所示。

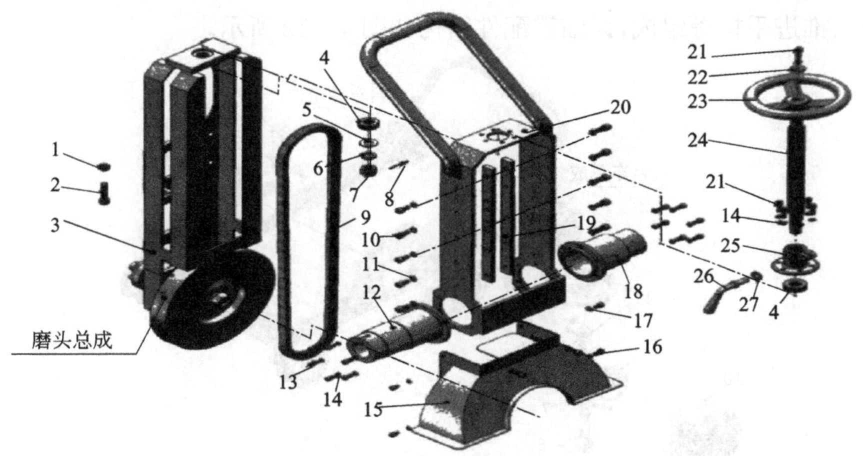

图 4—10　磨头架总成结构图

1—六角螺母；2—内六角螺母；3—磨头架组件；4—平面推力轴承；5—挡垫；6—弹簧垫圈；7—带孔螺母；8—开口销；9—三角带；10—内六角螺钉；11—弹簧垫圈；12—支套；13—内六角螺钉；14—弹簧垫圈；15—砂轮防护罩；16—内六角螺钉；17—弹簧垫圈；18—支套；19—导轨；20—外导架；21—内六角螺钉；22—手轮压垫；23—进给手轮；24—进给丝杠；25—进给丝母；26—锁紧手把；27—平垫圈

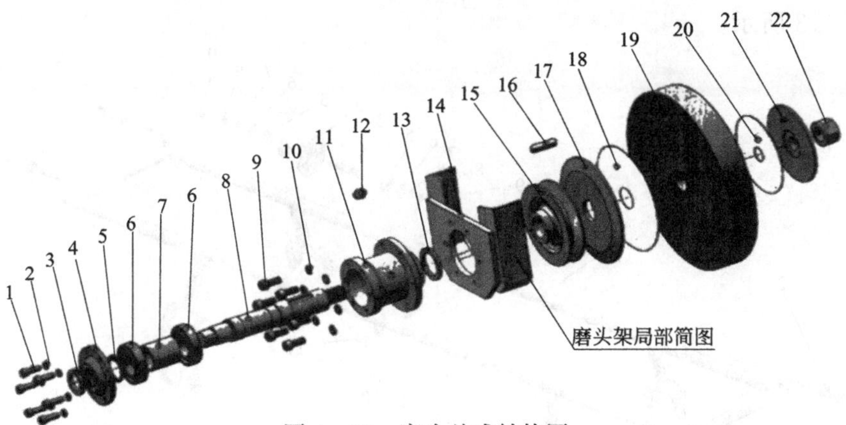

图 4—11　磨头总成结构图

1—内六角螺钉；2—弹簧垫圈；3—油封；4—压盖；5—轴用弹性挡圈；6—角接触轴承；7—轴承隔套；8—砂轮主轴；9—内六角螺钉；10—弹簧垫圈；11—轴承座；12—黄油嘴；13—油封；14—磨头架简图；15—小皮带轮；16—砂轮轴键；17—内压板；18—大纸垫；19—砂轮；20—小纸垫；21—压板；22—盖形螺母

(3)台车总成主要由台车架、蜗轮、蜗杆、蜗轮罩、台车定位锁、走行轮、推进手柄等组成，详细零配件结构如图 4—12 所示。

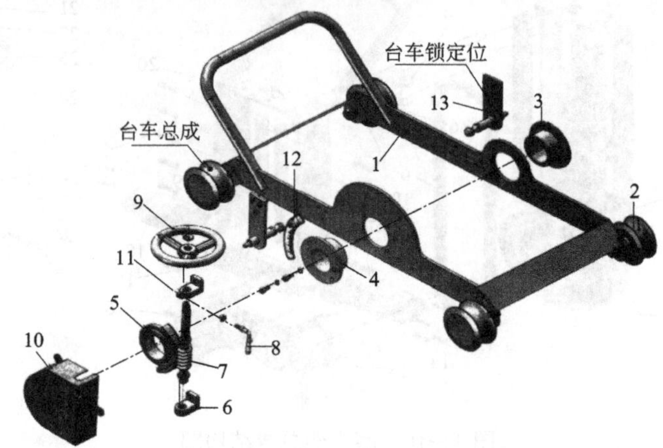

图 4—12 台车总成结构图

1—台车架；2—台车轮总成；3—台车支承套Ⅰ；4—台车支承套Ⅱ；5—蜗轮；6—蜗轮杆支架；7—蜗杆；8—锁紧手把；9—手轮；10—蜗轮罩；11—蜗杆锁定板；12—角度标牌；13—台车定位锁总成

(4)走行架总成主要由走行架、走行轮等组成，详细零配件结构如图 4—13 所示。

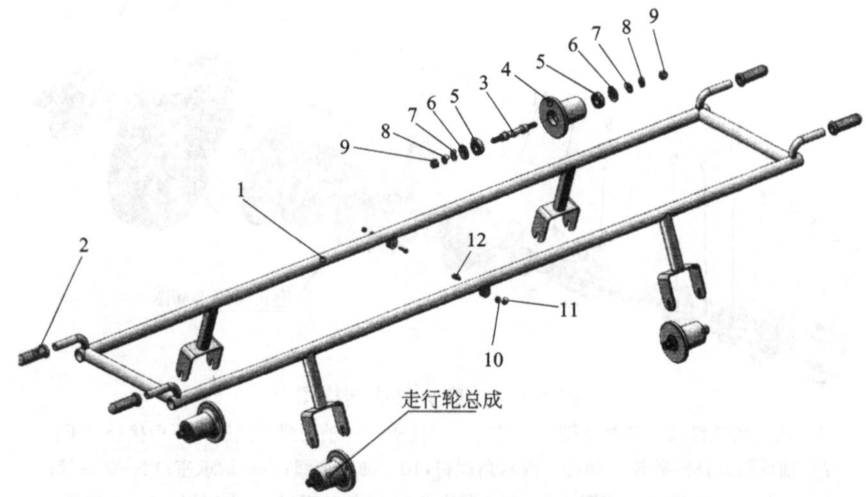

图 4—13 走行架总成结构图

1—走行架；2—抬把套；3—走行轮轴；4—走行轮；5—深沟球轴承；6—轴承挡圈；7—平垫圈；8—弹簧垫圈；9—螺母；10—弹簧垫圈；11—螺母；12—六角头螺栓

(二)道岔打磨机的操作方法

1. 启动发动机前,应先检查机器的各部状态是否良好,将机具抬到要打磨的道岔部位上,放置平稳,保证砂轮离开打磨面再启动发动机。

2. 横向移动台车,将砂轮磨头调整至需要打磨的面。

3. 转动偏转手柄,偏转磨头架,使砂轮磨头偏转至需要打磨的圆弧面和斜面的倾斜角度。

4. 转动升降手柄,上下调节磨头高度。

5. 随着发动机的启动,压推台车将砂轮紧贴所需打磨的面,移动走行车进行打磨,动作要协调,用力要均匀、平顺。

6. 根据打磨侧面和圆弧面的倾斜角度,用偏移手轮调节机器磨头的斜角度,以满足所需要的打磨角度。

7. 关闭机器时,应先横向移动台车,将砂轮磨头离开打磨面

(三)道岔打磨机的安全注意事项

1. 采用本机打磨道岔时,应根据道岔需要打磨的工作量,确定封锁线路或利用列车间隔时间(非主要行车干线)作业,作业方式均应按安全规定进行防护,不得盲目上道作业。

2. 必须由经过培训的人员进行操作。操作前必须先了解本机主要技术性能、构造、使用方法,严格遵守安全操作规程。

3. 操作者应穿好工作服,戴防护镜、护腿、手套等,防止火花伤人。

4. 启动汽油机前加足符合本机牌号的汽油、机油。工作时严禁加油,以防火灾。加油时,不要溅出油箱,一旦溢出要擦净,严禁烟火接近。

5. 转换打磨道岔时,要关闭汽油机。

6. 砂轮直径磨损至150 mm时,应更换新片。更换砂轮和修理机械时,要关闭发动机。更换砂轮后要空转30 s,无关人员不得靠近。

7. 每次砂轮进给量不应过大,否则将影响机器寿命和打磨质量。

8. 经常检查砂轮及砂轮防护装置是否牢固可靠,不得使用不符合本机要求的砂轮。作业后,关闭汽油机,将本机撤出线路限界以外,妥善保管。

(四)内燃道岔打磨机保养与维修

1. 发动机维护与保养

发动机的维护与保养参见第二章第一节。

2. 调节三角皮带

新机器在大约五六次打磨操作后或是认为需要进行调节时调节皮带。

3. 走行架和台车设备维护保养

(1)机架、升降手轮和偏转手轮与主机架之间的垫片每月或按需要定时进行润滑。

(2)如果手轮动作不灵活,可适当调节手轮轴端上的螺母。

(3)走行架和台车的走行轮需要定时检查和进行润滑。

4. 蜗轮、蜗杆附件维护与保养

(1)每周定期清洗附件上的打磨渣和灰尘。

(2)经常的清洗和润滑接头处以保持拆卸方便。

(3)每 200 个工作小时后,彻底清洗检查蜗轮、蜗杆附件。更换角齿轮箱的润滑油脂。

(4)除去旧油,但不要洗。同时检查蜗轮、蜗杆啮合状况,一旦有明显磨损就要更换。轴承是自润滑免维护的,一旦有缺陷就必须更换掉。

四、手持式局部打磨机

铁路钢轨变形、磨耗及焊接、焊补施工中有很多的局部需要修正打磨,如道岔的尖轨、基本轨的侧面、辙叉的心轨部位及焊接、焊补的部分位置。架式打磨机不能完成或效果不佳,一般采用手持式打磨机来完成。手持式局部打磨机具有小巧、结构简单、使用快捷、携带方便、不受打磨部位限制等特点。但打磨速度较慢,不适应大面积打磨,没有导向装置,大面积打磨难达到平直度的要求,只适应局部点的打磨。常用的手持式局部打磨机有手持直向砂轮机、手持角向砂轮机和手持棒式打磨机。

(一)手持式局部打磨机的基本机构和工作原理

1. 手持直向砂轮机的基本机构和工作原理

直向砂轮机主要由机壳、电源开关、转子、定子、碳刷、风扇、主轴、防护罩、手柄等组成,如图 4—14 所示。工作原理是:打开电源开关,定子线圈通电,通过碳刷给转子通电,通电转子在通电定子形成的磁场中切割磁力线;磁场力驱使转子旋转运动,驱使砂轮主轴及砂轮片做高速旋转运动;砂轮片由硬度很大的金刚砂组成,高速运动时可以利用自身的动能,将硬度小于金刚砂的铁等物质磨削下来。

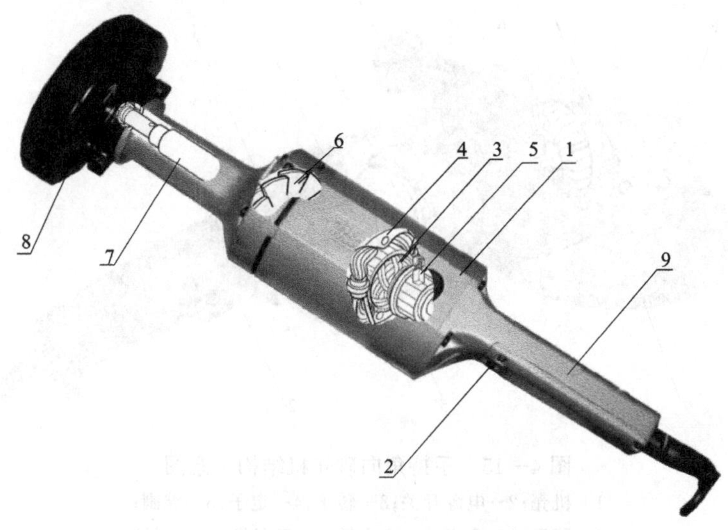

图 4—14　手持直向砂轮机结构示意图

1—机壳；2—电源开关；3—转子；4—定子；5—碳刷；6—风扇；7—主轴；8—防护罩；9—手柄

2. 手持角向砂轮机的基本机构和工作原理

角向砂轮机主要由机壳、电源开关、转子、定子、碳刷、风扇、伞齿轮、主轴、防护罩、手柄等组成，如图 4—15 所示。工作原理是：打开电源开关，定子线圈通电，通过碳刷给转子通电，通电转子在通电定子形成的磁场中切割磁力线；磁场力驱使转子旋转运动，通过伞齿轮传动，驱使砂轮主轴及砂轮片做高速旋转运动；砂轮片由硬度很大的金刚砂组成，高速运动时可以利用自身的动能，将硬度小于金刚砂的铁等物质磨削下来。

3. 手持棒式打磨机的基本机构和工作原理

手持棒式打磨机的基本结构和工作原理与直向砂轮机基本相同，只是将打磨头砂轮片更换成棒式铣头，主要用于钢轨组件之间的肥边打磨，如钢轨轨端的倒棱，钢轨绝缘接头的轨端压溃肥边、拼装辙叉组合件缝隙处的轨件压溃肥边，可采用手持棒式打磨机及时铣削修正，防止掉块，绝缘接头处所还可防止轨头联电。

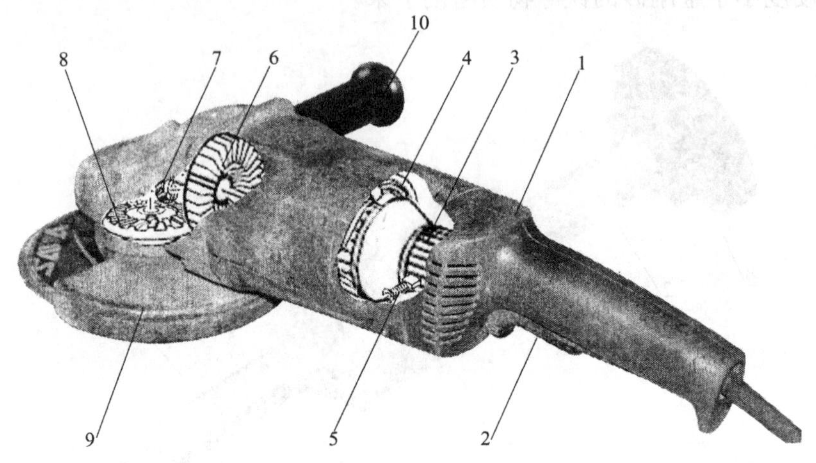

图 4—15　手持角向砂轮机结构示意图

1—机壳；2—电源开关；3—转子；4—定子；5—碳刷；
6—风扇；7—伞齿轮；8—主轴；9—防护罩；10—手柄

(二)手持式钢轨局部打磨机的操作方法

1. 检查打磨机电线的绝缘是否良好；打磨砂轮片是否有缺陷，安装是否正确；防护罩位置是否正确。防护罩与砂轮之间应保持 3 mm 的距离，过小会擦碰砂轮片；过大会导致工件、异物扎入造成事故。

2. 磨削操作人员必须戴好防护眼镜。

3. 用一只手抓住后手柄，另一只手抓住侧手柄，牢固握持工具，打开工具开关，然后使用砂轮片磨削工件。

4. 砂轮机启动后，检查砂轮机的旋转方向是否正确，只能使磨屑向下飞离砂轮。

5. 在砂轮机旋转平稳后再进行磨削。通常情况下，直向砂轮机的砂轮片与磨削面保持垂直方向，角向砂轮机的砂轮片边缘应与磨削面保持约 15°，如图 4—16 所示。在新砂轮的磨合期不要沿 B 方向操作砂轮，否则砂轮会切入工件内；当砂轮边缘经过使用被磨圆后即可按 A 方向或 B 方向任意操作砂轮。

6. 打磨过程中应经常目测或用工具测量打磨程度，且用力不宜过大以免过度磨削。

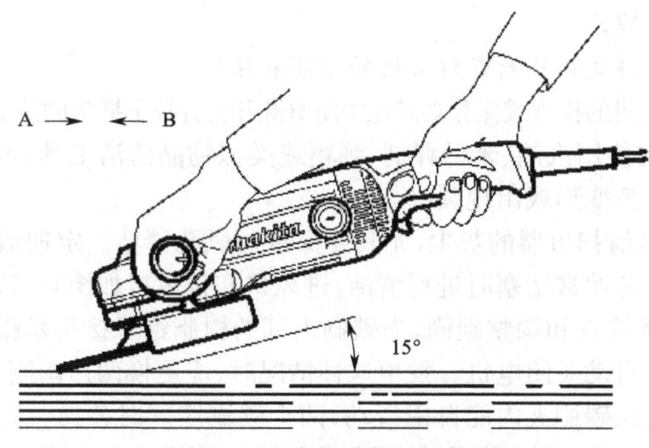

图 4—16　角向砂轮机的使用

7. 打磨完后关闭电源开关，待砂轮片停止转动后方可离开工作面，收回砂轮机，将砂轮机和其他机具撤离线路限界。

（三）手持式钢轨局部打磨机的安全注意事项

1. 采用本机打磨时，确定封锁线路或利用列车间隔作业，作业方式均应按规定进行防护，不得盲目上道作业。

2. 必须由经过培训的人员进行操作。操作前必须先了解本机主要技术性能、构造、使用方法，严格遵守安全操作规程。

3. 操作者应穿好工作服，戴防护镜、护腿、手套等，防止火花伤人。

4. 应选择与砂轮机主轴转数相符合的砂轮。安装前如发现砂轮的质量、硬度、粒度和外观有裂缝等缺陷时不能使用。

5. 安装砂轮时，砂轮的内孔与主轴配合的间隙不宜太紧，应按松动配合的技术要求，一般控制在 0.05～0.10 mm。

6. 砂轮两面要装有法兰盘，其直径不得少于砂轮直径的 1/3，砂轮与法兰盘之间应垫好衬垫。

7. 拧紧螺帽时，要用专用的板手，不能拧得太紧。严禁用硬的东西锤敲，防止砂轮受击碎裂。

8. 砂轮装好后，要装防护罩，挡板和托架。挡板和托架与砂轮之间的间隙，应保持在 1～3 mm，并要略低于砂轮的中心。

9. 新装砂轮启动时不要过急，先点动检查，经过试转后才能使用。

10. 磨削时应站在砂轮机的侧面，且用力不宜过大，以免砂轮受力不均而发生事故。

（四）手持式钢轨局部打磨机的维修和保养

1．打磨机的检查或保养必需在关闭电源开关并拔下插头的情况下进行。

2．切勿使用汽油、苯稀释剂、酒精或类似物品清洁工具，否则可能会导致工具变色变形或出现裂缝。

3．经常清扫机器的灰尘，尤其要保持通风孔清洁。定期清洁通风口或在通风口开始被堵塞时进行清洁，进风口和排风口如图4—17 所示。

4．经常检查和调整碳刷，当碳刷内部的树脂绝缘接头暴露并与换向器接触时会自动关闭电机。发生这种情况时，应更换两边碳刷，保持碳刷清洁并使其在碳刷夹内能自由滑动，两个碳刷应同时替换。碳刷的结构如图 4—18 所示。使用螺丝起子拆下碳刷，夹盖取出已磨损的碳刷，插入新的碳刷，然后紧固碳刷夹盖，如图 4—19 所示。

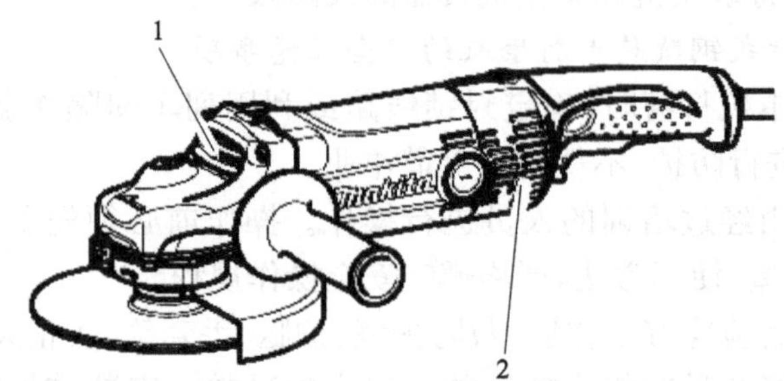

图 4—17　通风口示意图

1—排风孔；2—进风孔

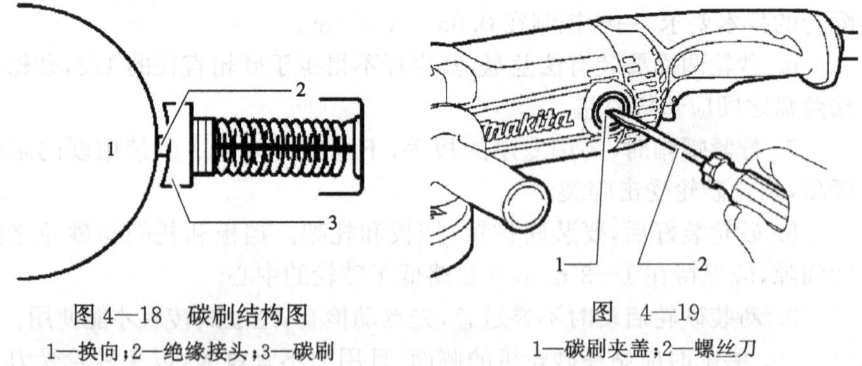

图 4—18　碳刷结构图

1—换向；2—绝缘接头；3—碳刷

图　4—19

1—碳刷夹盖；2—螺丝刀

5. 打磨机出现机械和电器故障需要修理时，其拆卸装配参照图 4—20（角向砂轮机）、图 4—21（直向砂轮机）所示。

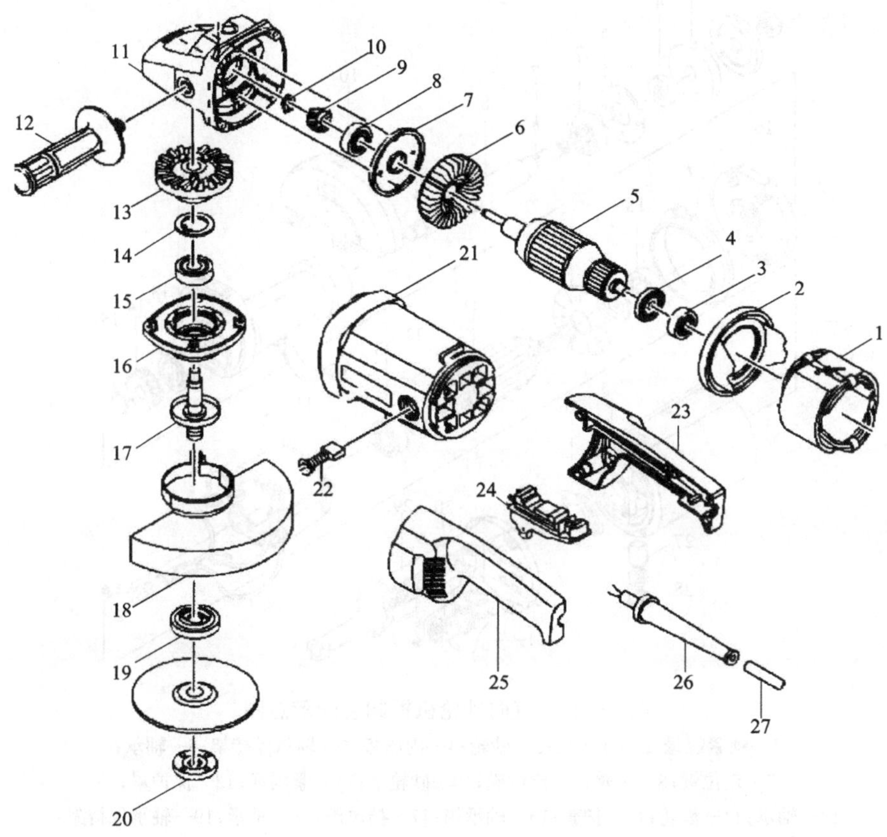

图 4—20 角向砂轮机拆卸装配示意图

1—定子组件；2—挡风圈；3—轴承；4—绝缘垫圈；
5—转子组件；6—风叶；7—轴承保持架；8—轴承；
9—螺旋伞齿轮；10—挡圈；11—齿轮箱座；12—辅助手柄；
13—螺旋伞齿轮；14—电源线护套；15—轴承；
16—轴承箱；17—主轴组件；18—砂轮罩；19—内压板；
20—锁紧螺母；21—电机机壳；22—碳刷；23—手柄盖组；
24—开关；25—手柄盖组；26—电源线护套；27—电源线

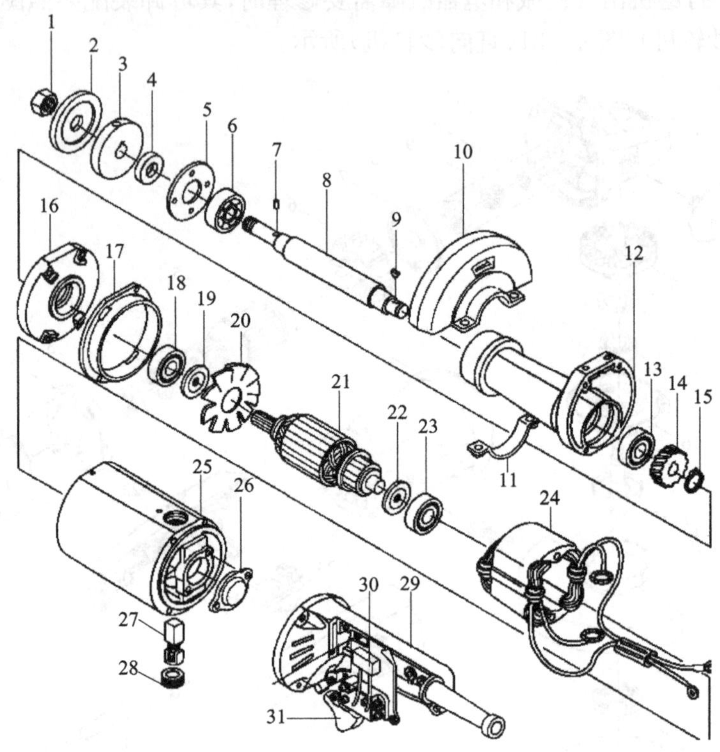

图 4—21　直向砂轮机拆卸装配示意图

1—锁紧螺母；2—外压板；3—砂轮；4—内压板；5—轴承保持架；6—轴承；7—定位键；8—主轴；9—定位键；10—砂轮罩；11—紧固环；12—保护罩；13—轴承；14—齿轮；15—护套；16—轴承箱；17—挡风圈；18—轴承；19—轴承保持架；20—风叶；21—转子组件；22—绝缘垫圈；23—轴承；24—定子组件；25—机壳；26— 绝缘护套；27—碳刷；28—调整簧；29—手柄盖组； 30—电容；31—开关

第二节　常用钢轨矫正机具

钢轨的轨头(含尖轨、辙叉)断面在通过列车荷载的不断冲击和横向力的作用下，以及在施工作业和运输过程中，会使钢轨产生弯曲、变形，钢轨轨头断面磨耗、压溃产生肥边。若变形量超过了轨头断面平顺度的规定标准，就会影响列车运行的平稳度，甚至威胁列车运行安全，所以必须经常对线路钢轨的轨头断面进行校正，改善轮轨关系。钢轨弯曲、变形一般采用钢轨矫正机具来进行矫正，水平弯曲变形一般采用液压直轨器(水平方向直轨器)进行矫正；垂直方向弯曲变形一般采用液压平轨器(垂直方向直轨器)进行矫正。液压直轨器不仅可以对线路上的钢轨水平方向进行调直矫正，还可以根据需要对钢轨进行弯折或弯曲。该机具具有操作简单、性能稳定、调直(或弯曲)钢轨效果好等特点，可使钢轨横断面全面弯曲，不产生扭曲变形。钢轨轨头断面磨耗、压溃产生了肥边，微小肥边一般采用打磨方法进行修正，若肥边量较大一般采用肥边切割方式进行修正，恢复钢轨的原始几何形状。

一、钢轨液压直轨器的基本结构

液压直轨器有水平方向液压直轨器和垂直方向液压直轨器(也叫液压平轨器)。机体采用特种钢锻造而成，有整体式和分体式；液压加载系统一般采用手动液压柱塞泵。液压直轨器种类型号比较多，如YZG-750 型、YZG-800 型、YZ-750Ⅲ、YPG 1000 型等，其主要技术参数见表 4—4。以 YZG-750 型液压直轨器(水平方向)、YPG 1000 型液压直轨器(垂直方向即平轨器)为例介绍钢轨液压直轨器的结构和工作原理。

表 4—4　液压直轨器主要技术参数

参数名称＼型号	YZG-750	YZG-800	YZ-750Ⅲ	YPG 1000
最大直轨力(kN)	750	800	750	1 000
最大工作行程(mm)	70	70	75	120
直轨量(mm/次)	3	3	3	4
液压系统工作压力(MPa)	52	52	52	52
空载效率(mm/次)	1.8	1.8	1.8	0.56
手柄作用力(N)	300～400	300～400	300～400	300～400
机体结构	分体式	整体式	整体式	整体式
外廓尺寸(mm)	807×560×330	807×560×330	850×520×240	1 200×300×660
整机质量(kg)	105	70	80	190

(一)钢轨液压直轨器(水平方向)的基本结构

1. 整体式液压直轨器

整体式液压直轨器主要由机体(采用特种钢锻造而成)、柱塞泵、油缸活塞组件、回油阀、活塞顶头、弯轨钩、偏心加紧轮、偏心手轮、推行轮、推行手柄、提手等组成,如图 4—22 所示。

图 4—22　YZG-800 型整体式液压直轨器

1—机体;2—柱塞泵;3—油缸活塞组件;4—回油阀;5—活塞顶头;6—弯轨钩;7—偏心加紧轮;8—偏心手轮;9—推行轮;10—推行手柄;11—提手

2. 分体式液压直轨器

分体式液压直轨器主要由机体(采用特种钢锻造而成,由锁勾总成和机身架总成两部分组成)、柱塞泵、油缸活塞组件、回油阀、活塞顶头、偏心加紧轮、偏心手轮、提手、柱塞泵摇把等组成,如图 4—23 所示。

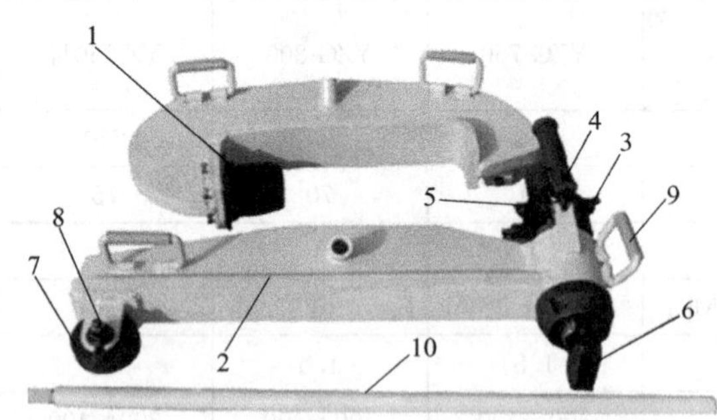

图 4—23　YZG-750Ⅲ型分体式液压直轨器

1—锁勾总成;2—机身架总成;3—柱塞泵;4—油缸活塞组件;5—回油阀;6—活塞顶头;7—偏心加紧轮;8—偏心手轮;9—提手;10—柱塞泵摇把

（二）钢轨液压平轨器（垂直方向直轨器）的基本结构

钢轨液压平轨器主要由机体（采用特种钢锻造而成）、柱塞泵、油缸活塞组件、回油阀、压力表、连接油管、活塞顶头、弯轨钩、固定顶座、柱塞泵摇把等组成，如图 4—24 所示。

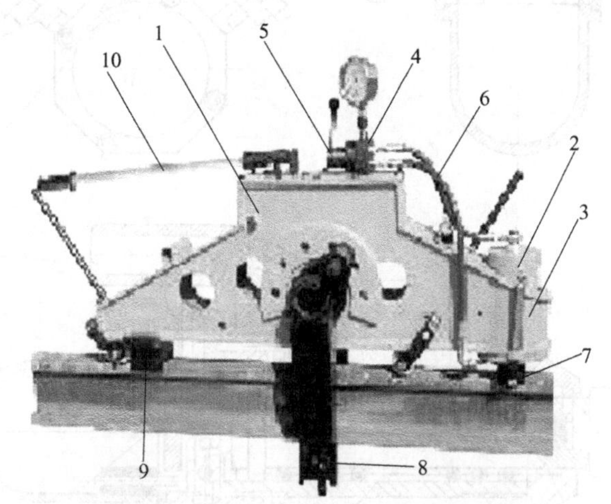

图 4—24　YPG 1000 型液压平轨器

1—机体；2—柱塞泵；3—油缸活塞组件；4—回油阀；5—压力表；6—连接油管；7—活塞顶头；8—弯轨钩；9—固定顶座；10—柱塞泵摇把

（三）钢轨液压直轨器和液压平轨器液压加载装置的基本结构

钢轨液压直轨器和液压平轨器的液压加载装置的结构基本相同，其结构主要由手摇柄、油箱、柱塞泵芯、柱塞泵体、后盖、油缸、活塞杆、活动顶头、滤油网、吸油阀、回位弹簧、回油阀等组成，如图 4—25 所示。

二、工作原理

钢轨液压直轨器和液压平轨器的工作原理基本相同，都是利用三支点的杠杆原理，采用手动柱塞泵推动油缸活塞作用于钢轨上来实现钢轨弯（扭）曲变形的矫正，其原理如图 4—26 所示。直轨器平放钢轨上，弯钩底面要贴紧钢轨上顶面，在弯钩对钢轨作用力 F_{B} 和两端的偏心轮和活塞顶头对钢轨的作用力 F_{C}、F_{A} 的作用下，使弯曲部分（支点 B）向内产生塑性弯曲，达到校直的目的。

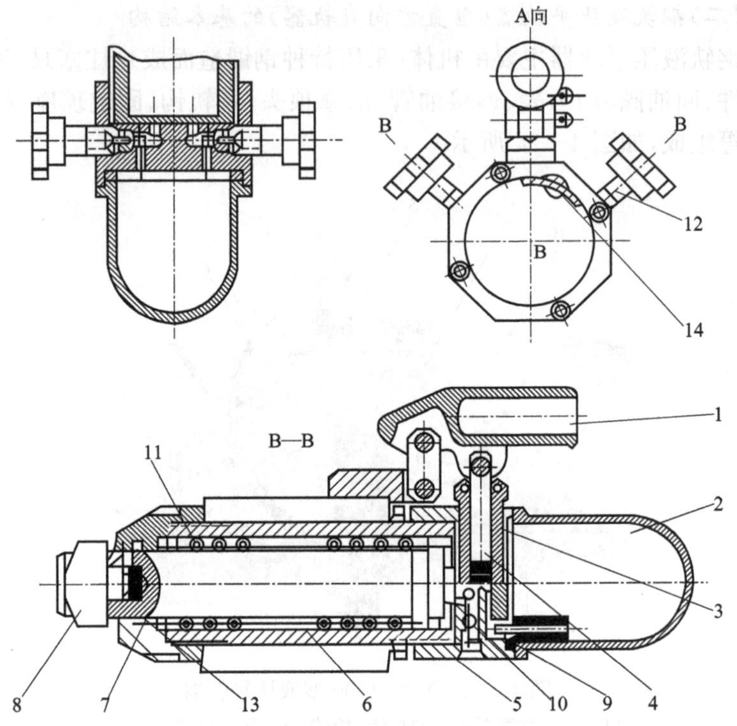

图 4—25　液压加载装置的结构示意图

1—手摇柄；2—油箱；3—柱塞泵芯；4—柱塞泵体；5—后盖；6—油缸；7—活塞杆；8—活动顶头；9—滤油网；10—吸油阀；11—回位弹簧；12—回油阀；13—前盖；14—加油孔

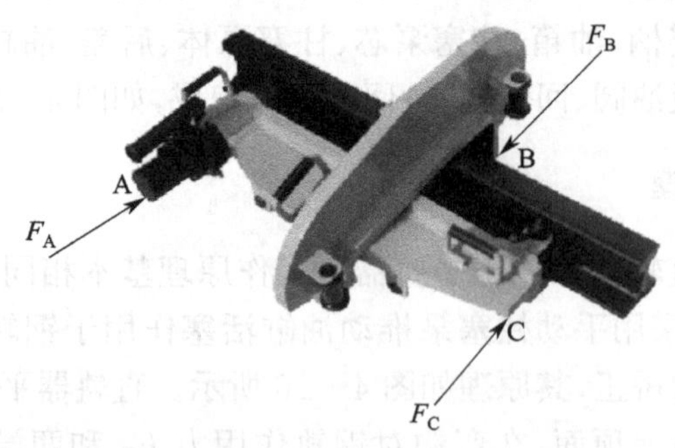

图 4—26　钢轨矫正杠杆原理示意图

A—动力作用点；B—弯曲部分支点；C—支点

三、钢轨液压直轨器的操作方法

1. 用前检查：油箱内油面高度是否达到油箱容积的2/3；压油连接套间隙调整装置是否转动灵活可靠；回油阀及备用回油阀作用是否可靠；各连接紧固部位是否松动和漏油。

2. 松开欲弯部位两侧钢轨扣件。

3. 将机身架放置在钢轨需要调直（或弯曲）方向的对侧。

4. 将调整装置手柄摆到与钢轨平行的位置（左右摆动均可）。

5. 将直轨器平放于钢轨上，弯钩底面要贴近钢轨上顶面，直轨器弯钩钩住轨头侧面，活塞顶头顶住轨头另一侧，再转动偏心手轮，将直轨器锁紧在钢轨上。弯钩及两端的偏心轮和活塞顶头须与钢轨头两侧面接触良好（整体式直轨器）。

将机身架两端的顶块上下部位分别与钢轨的轨头和轨底侧面接触。将锁勾放在钢轨和机身架上，使锁勾顶块上下部分与钢轨弯曲部位的轨头及轨底侧面接触，锁勾的另一端内面与机身架后侧面接触（分体式直轨器）。

6. 旋紧回油阀，将扳杆插入压油连接套，摆动扳杆，活塞即可伸出，从而达到调直（或弯曲）钢轨的目的。

7. 作业完毕后，松开回油阀，再反向转动偏心手轮，活塞即可自动复位复位后移动机器，然后调整好间隙，进行下一个循环作业。

四、钢轨液压直轨器的安全注意事项

1. 液压直轨器是以油液为介质来传递运动的，因此在使用时特别要注意保持油液的洁净，绝对不能将脏油加入油箱，否则会影响机具的正常使用。

2. 保持回油阀转动灵活。作业时，回油阀一般用手拧紧即可，不可用力敲击。

3. 注意保持机具的清洁，应经常擦拭，使用时勿乱摔乱甩，以免损坏机件。

4. 泵油加载时，动作不宜过快；卸载时，须待活塞顶头离开钢轨头侧面后才可转动偏心手轮，在作业过程中，切勿转动偏心手轮。

5. 当活塞行程达到最大值 70 mm 时，油缸内复原弹簧呈压缩状态。为避免发生故障，使用中，活塞行程不宜大于 65 mm。

6. 双放油阀为安全保护装置，必须保持作用良好。作业中万一一只放油阀失灵，活塞不能复位，可打开另一只放油阀卸载。作业中，以固定使用一只放油阀为宜。

7. 在钢轨侧面垂直磨耗严重部位操作时，须在磨耗部位加斜塞铁。

8. 作业时，为了保证安全，其他人员须站在操作者的左侧。

9. 温度在 20 ℃以上弯轨为宜，最低不低于 15 ℃。

10. 直轨器不可置于道心，以确保安全。

11. 在作业时，如果轨枕妨碍作业，需用方枕器移动枕的位置。

五、钢轨液压直轨器的保养与维修

1. 加入的机油应经过过滤，机油应保持洁净，不得有污物、水分混入，一般应三个月更换一次，如发现油箱油量过少时应随时补充。

2. 必须保持油质清洁，当发现油质脏或不畅时，须拆下储油箱，用清洗剂或纯工业酒精清洗油路后，加注清洁机械油。可根据使用地区的气候条件确定机油型号，油的黏度可取 4°～6°（或 30～70mm^2/s）。根据我国气候，在南方夏季选 40 号机油，春秋季选 30 号机油，在北方应选用黏度略低的机油。

3. 拆检吸油阀时，先拧下泵体，取出密封垫及钢球，进行清洗。

4. 拆检出油阀时，可拧下后盖底部的螺钉，顺序取出钢球、弹簧进行清洗。

5. 直轨器进行全面分解拆检时顺序如下：

(1)拆下揿手与柱塞泵芯间的连接圆销，用两只专用扳手即可拧下后盖。

(2)用专用扳手将夹紧油缸的螺母松出 10～20mm，再利用揿手压缩活塞，即可拧出顶头和活塞间的螺钉，取下顶头；继而松开揿手，取出活塞组及弹簧；再拧下螺母，便可抽出油缸。

(3)柱塞泵芯只允许从泵体下端装入或取出；活塞组只允许从油缸与后盖连接端装入或取出。

(4)检查各密封件、钢珠，如有损坏应更换新品（钢珠应是Ⅱ级精度）

6. 常见故障及排除方法见表 4—5。

表 4—5　常见故障及排除方法

故　　障	产生故障原因	排除方法
工作油缸漏油	前、后盖及圆螺母松动，胶圈老化	如紧固无效可更换胶圈
工作油缸爬行	油缸胶圈、泵杆皮碗老化或油箱内油太少	油箱内若不少油则更换胶圈和皮碗
压油连接套摆动不灵活	由于前、后盖螺母及圆满螺母松动，造成泵别劲，即泵杆，泵套不同心	紧固前、后盖螺母及圆螺母，达到泵杆、泵套同心，注意紧固前后顺序，应先将后盖紧固并对正后紧前盖圆螺母
活塞复位不灵	弹簧压力降低	更换弹簧

第三节　钢轨肥边切割机

钢轨轨头(含尖轨、辙叉)断面在列车荷载的不断冲击和碾压的作用下，钢轨轨头断面磨耗、压溃产生肥边。肥边形成后，钢轨两作用边距离减小，列车轮对通过时，对钢轨产生了更大的向外的扩张力，加速了对线路的破坏。微小肥边一般采用打磨方法进行修正，若肥边量较大，如站场股道线路、小半径曲线地段，由于切削量大，采用打磨的方式难以完成，一般采用肥边切割机进行切割的方式进行修正，恢复钢轨的原始几何形状。

钢轨肥边如果采用氧气、乙炔焰切割，因为割具能量不集中，切割变形量大、割道过宽、起始切割点须用预热、割缝过大并且割面不平顺，不可能达到钢轨肥边切割的要求，而等离子弧切割具有能量集中、热影响区小、切割变形小、起始切割时不用预热、割缝窄并且切割表面平整、光滑等特点，是钢轨肥边切割的首选机具。等离子弧切割机的种类、型号很多，切割钢轨肥边一般采用空气等离子弧钢轨切割机。本书以 NLGK-80 内燃空气等离子弧钢轨肥边切割机为例介绍钢轨肥边切割机的基本结构和工作原理。

一、钢轨肥边切割机的基本结构

NLGK-80 内燃空气等离子弧钢轨肥边切割机主要由气路(空压机)、直流电流源、割具(自动切割小车、割枪)三部分组成,如图 4—27 所示。

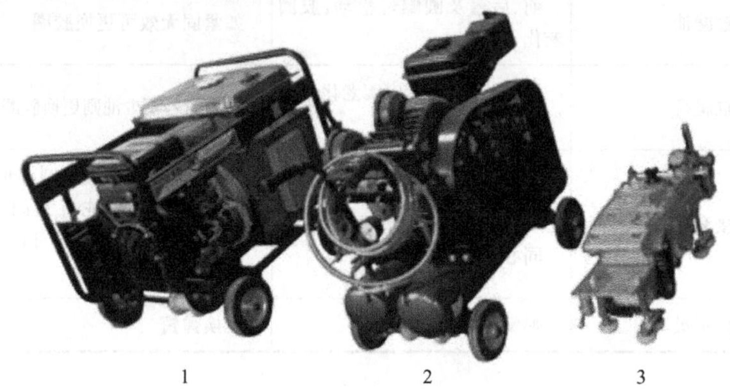

图 4—27　内燃空气等离子弧钢轨肥边切割机的主要组件

1—直流电流源;2—空压机;3—自动切割小车

直流电流源即切割电源主要由发动机、机架、定子、转子、油箱、走行轮和电控箱等组成,如图 4—28 所示。

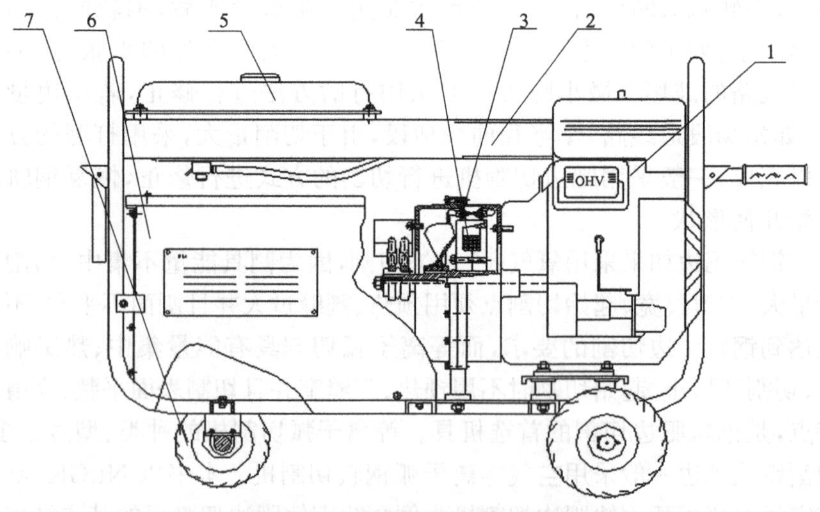

图 4—28　切割电源结构示意图

1—发动机;2—机架;3—定子;4—转子;5—油箱;6—电控箱;7—走行轮

直流电源是提供切割电流和控制压缩空气的主要部分，它主要由主电路、高频引弧电路、非转移弧电路、控制电路等组成。主电路是提供切割机的切割直流电流，由主变压器、保护电容、整流二级管、电阻、滤波容电、接触器等组成，主电路的工作原理如图 4—29 所示。

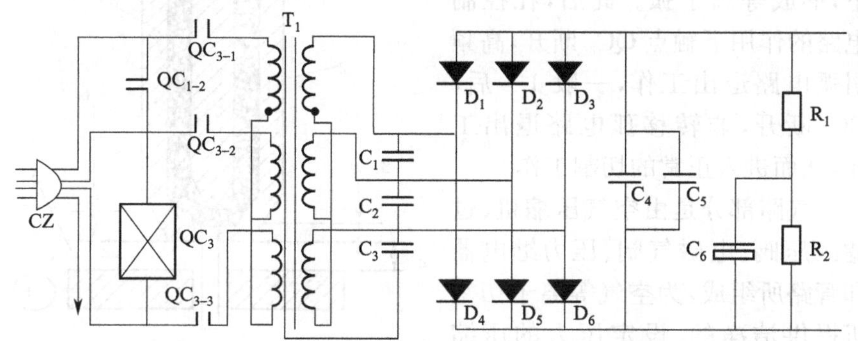

图 4—29 空气等离子切割机主电路原理图

CZ—三相四芯插头；QC_3—主接触器；T_1—主变压器；C_1～C_5—保护电容；D_1～D_6—整流二级管；R_1、R_3—电阻；C_6—滤波容电

高频引弧电路的主要作用是将空气电离成等离子形成等离子体，为形成等离子弧创造条件，主要由高频变压器、高频电容、扼流圈、火花发生器、高频尖端峰吸收电路、中间继电器等组成，电路原理如图 4—30(a)所示。

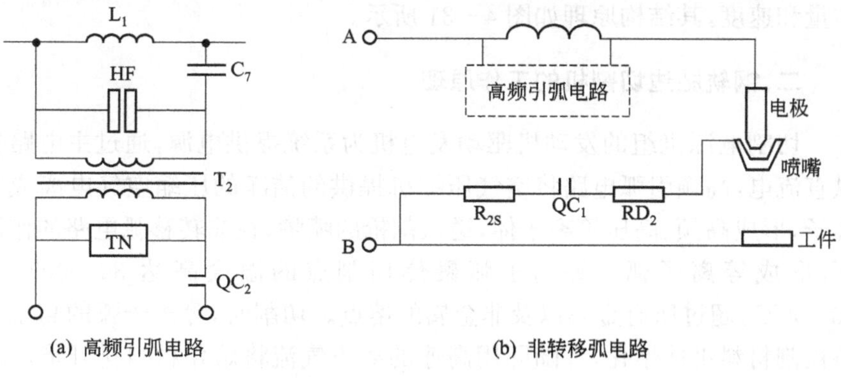

(a) 高频引弧电路　　(b) 非转移弧电路

图 4—30 高频引弧电路与非转移弧电路

T_2—高频变压器；C_7—高频电容；L_1—扼流圈；HF—火花发生器；TN—高频尖端峰吸收电路；QC_1、QC_2—中间继电器触点

非转移弧电路的作用是形成转移弧提高切割厚度，电路原理图 4—30(b)所示。其主要作用是当有高频火花使电极附近的空气被电离而成为导体，在主回路电压的作用下，形成等离子弧。此后，在控制电路的作用下触点 QC_2 断开，高频引弧电路退出工作，一般 1 s 后，QC_1 断开，非转移弧电路退出工作，从而进入正常的切割工作。

气路部分是由空气压缩机、过滤减压阀、电磁气阀、压力继电器和管路所组成，为空气等离子切割机提供洁净的、设定压力的压缩空气。

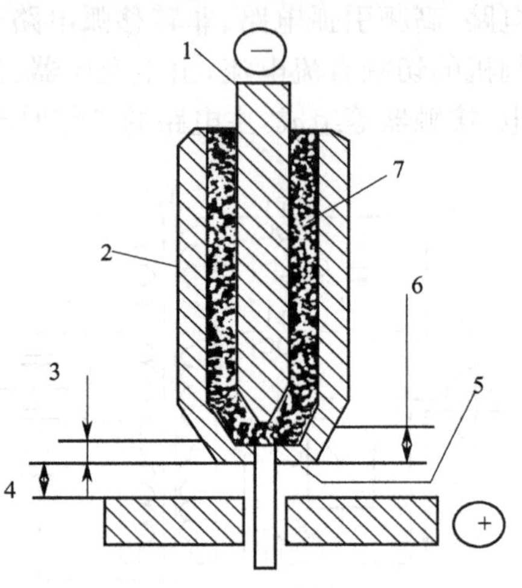

图 4—31　等离子弧割嘴结构示意图

1—电极；2—压缩喷嘴；3—压缩喷嘴子孔道长；4—等离子弧割嘴与工件距离；5—压缩喷嘴孔径；6—电极内缩距离；7—等离子气

割具是切割机的关键部件，它直接影响切割质量和速度，其主要由枪体、电极分配器、喷嘴、保护套和切割小车等部件所组成。切割小车对提高切割质量和延长割嘴寿命起了重要的作用。切割喷嘴是保证切割质量的关键部件，它直接影响切割质量和速度，其结构原理如图 4—31 所示。

二、钢轨肥边切割机的工作原理

切割电源机组的发动机驱动发电机为系统提供电源，通过主电路提供直流电，高频引弧电路将空气压缩机提供的洁净的压缩空气电离成等离子，形成高频、高压等离子体，送入割枪的喷嘴，在非转移弧电路的作用下，形成等离子弧。等离子弧聚焦切割点的温度高达 30 000℃～50 000℃，超过所有金属以及非金属的熔点。切割时，等离子弧的高温能将被割材料迅速熔化，并随即用高速的离子气流将熔化材料排开形成割口。被切割的肥边瞬间蒸发升华，热量未传开就已被切掉，留下一道割缝，用粗砂片打磨后投入使用。

在切割过程中，割枪固定在切割小车上，小车在控制电路提供的电源的作用下，带动割枪匀速运行，完成钢轨肥边切割的过程。

三、钢轨肥边切割机的操作方法

1. 检查发电机、空压机的机油、润滑油、燃油，将空压机和切割电源的油机启动，试运载运行 2 min，无异常后才能带载。

2. 调节空压机上油水分离器的压力调节旋钮，直到压力表上显示值在 0.4～0.5 MPa 之间。

3. 将控制电缆的一端连接至切割电源的远控接口，另一端连接至小车的控制线接口。

4. 将接地线的插头连接至焊接电源的工件接头，将接地线另一头的接地钳连接到轨行架走行方向后面的钢轨上，且两个接地钳应相隔一定距离，同时连接到钢轨上。在轨行架前进时，应交替将两个接地钳中离轨行架远的一个向前移动到离轨行架较近的接地钳前面。

5. 将割枪的一端连接至电源的割枪气管接头处；将割枪的引弧线连接至电源的引导弧柱；将割炬连接至切割小车的夹头。

6. 将空压机的输出气管连接至气管输入接口。

7. 将切割小车正确放置在有肥边的钢轨上，固定杆端的导向轮紧贴轨头内侧，活动杆端的导向轮紧贴轨头外侧，安装好稳机杆。

8. 将切割电源转换开关拨至切割电源方向。

9. 将割枪夹头标记对准 0°～ 5°后锁紧，再横向和纵向调整旋钮，保证割枪喷嘴中心孔对准肥边边缘且喷嘴中心下端面距需切肥边高度约为 2～5 mm。选择自动切割小车行走方向，选择“前进”方向时，割枪夹具置于后端；选择“后退”方向时，割枪夹具则置于前端。选好切割位置后扳动离合至“START”位置，初选切割速度为 1.5 m/min，调整小车的切割速度。在能够切除肥边的前提下，尽量选择快一点的切割速度。

10. 待空气压力达到 0.4 MPa 时，按下引弧按钮 2 s，引弧成功后松开按钮，再横向微量旋转旋钮进刀。进刀时须戴专用眼镜观察切割后的断面情况，根据肥边厚度具体情况再微调小车速度旋钮，最低速度为 0.5 m/min。切割过程中因轨面不平整，应时常观察等离子弧长在 2～5 mm 左右，切割时应经常观察切割后的断面情况及小车前方的道路情况，以作相应的调整及处理。

四、钢轨肥边切割机的安全注意事项

1. 操作人员须经专业培训并考试合格后方可上岗操作。

2. 操作人员必须戴好防护眼镜或防护面罩、手套等劳动防护用品。

3. 引弧切割前必须将转换开关拨至切割电源方向,空气压力达到 0.3 MPa 后开始引弧切割,低于 0.15 MPa 不能引弧。

4. 离子弧出现异常偏吹时,应降低切割速度,必要时熄弧检查割枪喷嘴中心孔是否变形。若变形,应停机切断电源更换喷嘴和电极。

5. 若使用辅助电源时,应先拆除割枪气管,引弧线及地线,再将转换开关拨至辅助电源方向,即有 DC220 V/3 kW 电源输出。此时割枪气管接口、引导弧柱及工件接口均带电,必须做好绝缘防护措施,以免触电。

6. 转换开关拨至中间位置时,不能引弧切割;转换开关通常拨至"切割电源"位置。

7. 自动切割小车及割枪应妥善保管,避免摔磕,以免损坏导向机构和割枪及夹具。

8. 切割肥边前后不得在超出肥边位置试引电弧或发生电弧痕迹。

9. 双地线钳是否与被切钢轨接触可靠,接地钳未夹在钢轨上时严禁引弧。

10. 机组长期不使用应放尽燃油,放置平稳,并作好防潮、防锈处理。

五、钢轨肥边切割机的维修和保养

1. 切割电源和空压机的汽油机的保养维修参见第二章第一节,发电机的保养维修参见第二章第二节。

2. 保持机组的干燥、清洁,经常清洁机身各处的尘土。

3. 每次使用前应检查各处的螺栓、螺帽是否松动。

4. 定期检查油路、气路是否通畅。

5. 定期检查滑环,如果发现有积碳或烧蚀现象,应用粒度较小的砂纸,在发动机怠速时除去,定期检查清理割枪和切割喷嘴。

6. 定期检查电刷,如果发现接触不良,应及时处理;如果电刷已无法接触,应及时更换。

7. 引弧困难,甚至不能引弧时,需清除空压机储气罐水分和过滤器滤杯中水分或打磨集电环。

8. 常见故障及处理方法见表4—6。

表4—6　常见故障及处理方法

故障现象	原　　因	处　理　方　法
等离子切割电源无输出	①电瓶电压不足 ②切割电源的保险管损坏	①更换电瓶或给电瓶充电 ②更换保险管
引弧困难,不能引弧	①压机过滤器滤杯中水分过多 ②集电环积碳过多 ③转换开关没有拨至“切割电源”位置 ④压力不够	①清除过滤器滤杯中的水 ②打磨集电环 ③将转换开关拨至“切割电源”位置 ④检查空压机的工作情况
离子弧出现异常偏吹、散吹	①速度过快 ②割枪喷嘴中心孔可能变形	①调节切割小车速度 ②更换喷嘴和电极

砂轮的构成、特性与选用见附录一。

第五章　常用钢轨切割机具

钢轨在通过列车荷载的不断冲击碾压下，会因磨耗、变形而产生伤损，若磨耗、变形量超过规定标准，就会影响列车运行。因此必须经常对变形、磨耗及伤损钢轨进行更换。线上更换钢轨时，要将定尺钢轨切割成插入钢轨的所需尺寸，一般采用钢轨切割机。

第一节　钢轨切割机结构和工作原理

目前，铁路工务系统常用的钢轨切割机按动力源分为电动切割机和内燃切割机；按结构分为架式钢轨切割机和手持式钢轨切割机。

一、架式钢轨切割机的结构和工作原理

架式钢轨切割机的机型很多，如 NQG-5 型内燃切轨机、FNQG-5 Ⅰ型内燃切轨机、DQG-4 电动切轨机、DQG-3 电动切轨机，其主要技术参数见表 5—1。

表 5—1　架式钢轨切割机主要技术参数

参数　型号 名称	NQG-5	FNQG-5 Ⅰ	DQG-4	DQG-3
动力(kW)	汽油机 5.1	汽油机 4.8	电动机 3(三项)	电动机 2.2(三项)
砂轮片转速(r/min)	3 375	3 200	2 800	2 800
垂直度(mm)	≤0.5	≤0.5	≤0.5	≤0.5
P60 钢轨切轨时间(s)	≤120	≤120	90～110	85～100
最大线速度(m/s)	70	70	70	70
砂轮规格(mm)	400×32×4	400×32×3.5	400×32×(3.2～4)	400×32×(3～4)
整机质量(kg)	58	45	70	65

架式钢轨切割机一般分为内燃和电动两种，只是动力部分不同，其结

构和工作原理、使用方法、安全注意事项及维修保养(除动力部分)基本相同,具有切割速度快、切割质量高、操作简单、移动方便等特点。本书以NQG-5 型内燃切割机为例介绍架式钢轨切割机的结构和工作原理。

NQG-5 型钢轨内燃切割机的结构主要由汽油机、机架体、摆动机构、微调机构、切割总成及移动机构等组成,如图 5—1 所示。

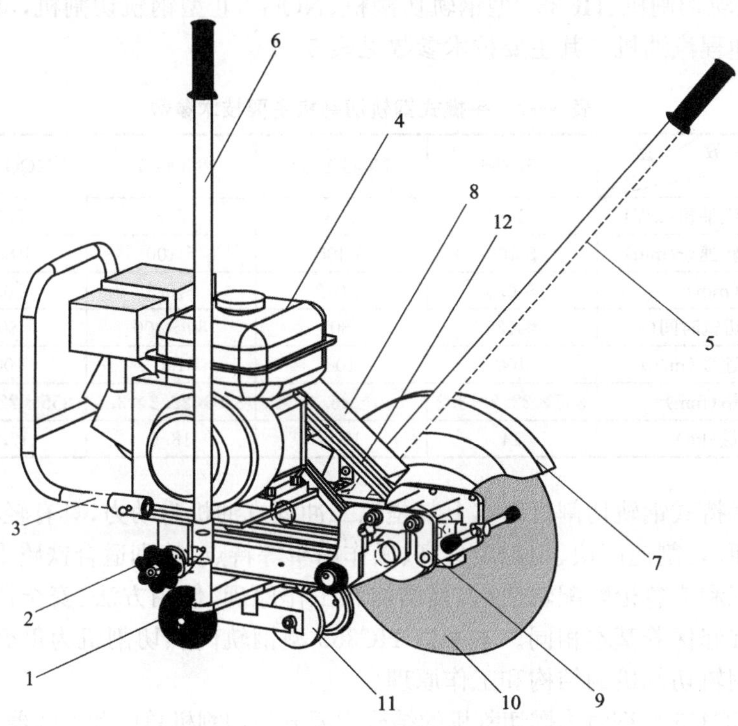

图 5—1　NQG-5 型钢轨内燃切割机

1—胶轮;2—微调手柄;3—保护架;4—发动机;5—左操纵杆;6—右操纵杆;7—砂轮护罩;8—皮带罩;9—卡轨器;10—砂轮片;11—钢轨走行轮;12—皮带

NQG-5 型钢轨内燃切割机的工作原理是:发动机通过皮带将动力传输砂轮主轴,带动砂轮切割片旋转,高速的砂轮片可以利用自身金刚砂将砂轮外圆处的钢轨金属磨削下来,将钢轨切割开。切割时左手必须不停顿地摇动左操纵杆,利用左操纵杆和右操纵杆摆动机器,使砂轮片在进给垂直方向上往复移动。砂轮片与被切割钢轨轨头的接触长度始终很短,可以较小动力消耗实现快速高效切割。从结构上又可以从轨侧左右两个方向切割,大大提高了砂轮片的利用率。

二、手提式钢轨切割机的结构和工作原理

手提式钢轨切割机的机型很多,如 NQG-1250 型钢轨切轨机、NQG-5 型钢轨切割机、HC355 型钢轨切割机、NQG-5Ⅱ型钢轨切割机,动力都为二冲程汽油机。其主要技术参数见表 5—2。

表 5—2　手提式钢轨切割机主要技术参数

参数名称 \ 型号	HC355	NQG-1250	NQG-5	NQG-5Ⅱ
二冲程汽油机(kW)	5.8	5.8	5.8	5.5
砂轮片转速(r/min)	5 100	5 400	5 100	4 850
垂直度(mm)	≤0.3	≤0.3	≤0.3	≤0.3
P60 轨切轨时间(s)	≤120	80	80～100	80
最大线速度(m/s)	100	100	100	100
砂轮规格(mm)	355×22.2×3.2	350×25.4×4	355×22.2×3.5	355×22.2×4
整机质量(kg)	14	19.8	18.6	17.9

手持式钢轨切割机基本上都是以二冲程汽油机为动力,具有轻巧、携带方便、切割速度快、切割质量高、操作简单等特点,特别适合铁路沿线维修施工和应急枪险配轨使用,其结构和工作原理、使用方法、安全注意事项及维修保养基本相同。本书以 HC355 型钢轨内燃切割机为例介绍手持式钢轨切割机的结构和工作原理。

HC355 型钢轨内燃切割机的结构主要分为切割机总成和卡轨器总成。

切割机总成主要由二冲程汽油发动机、皮带、皮带罩、切割臂、锯片、锯片保护罩、切割手柄、提手柄、下加速开关、上加速开关等组成,如图5—2(a)所示。

卡轨器总成主要由连轴机构、摇臂机构和夹轨机构构成。连轴机构由连接销、斜销接头、摇杆等组成;摇臂机构主要由上支撑臂、下支撑臂、上枢轴、上枢轴撑杆、下枢轴撑杆和下枢轴等组成;夹轨机构主要由定位板、工字钢轨轨卡、卡紧螺杆与手柄、锁定轴和锯轨标尺等组成,如图5—2(b)所示。

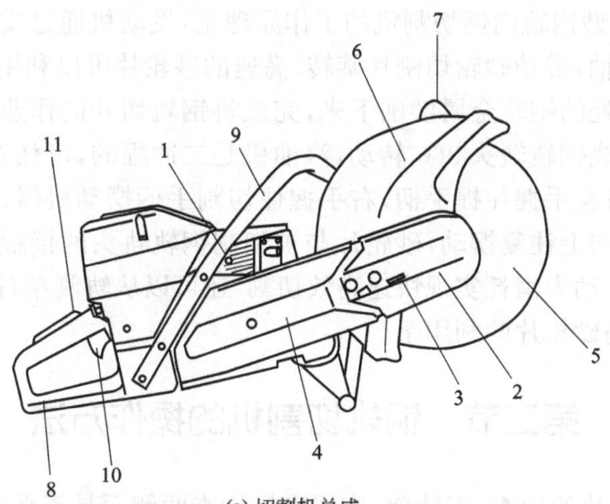

(a) 切割机总成

1—二冲程气油发动机；2—皮带罩；3—涨紧螺丝；4—切割臂；5—锯片；6—锯片保护罩；7—锯片保护罩调节手柄；8—切割手柄；9—提手柄；10—下加速开关；11—上加速开关

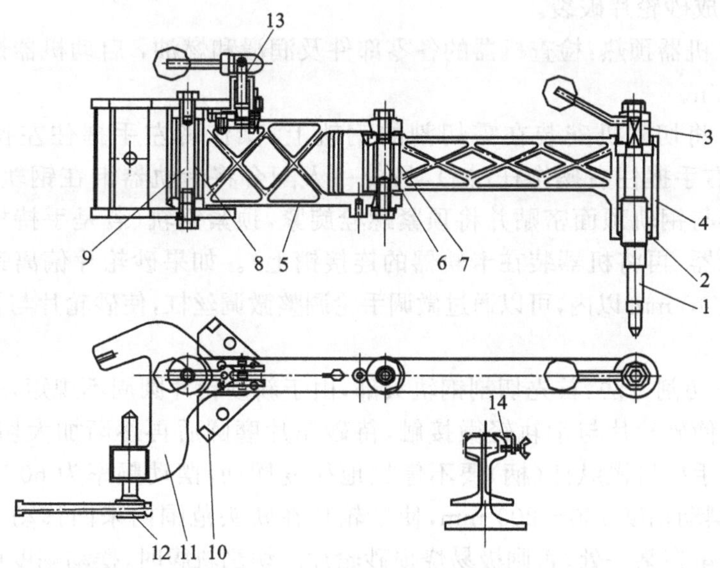

(b) 卡轨器总成

1—连接销；2—斜销接头；3—摇杆；4—上支撑臂；5—下支撑臂；6—上枢轴；7—上枢轴撑杆；8—下枢轴撑杆；9—下枢轴；10—定位板；11—工字钢轨轨卡(带卡紧螺杆)；12—卡紧螺杆与手柄；13—锁定轴；14—锯轨标尺

图 5—2 HC355 型钢轨内燃切割机的结构图

HC355 型钢轨内燃切割机的工作原理是：发动机通过皮带将动力传输到砂轮主轴，带动砂轮切割片旋转，高速的砂轮片可以利用自身金刚砂将砂轮外圆处的钢轨金属磨削下来，完成将钢轨切开的作业。钢轨锁定卡总成可以绕钢轨轨头 360°转动，汽油机是二冲程的，可任意角度倾斜。因此，切割时左手握住提手柄，右手握住切割手柄摆动机器，使砂轮片在进给垂直方向上往复摆动，砂轮片与被切割钢轨轨头的接触长度始终很短，可以较小动力消耗实现快速高效切割，还可以从轨侧左右两个方向切割，大大提高砂轮片的利用率。

第二节　钢轨切割机的操作方法

1. 砂轮片的检查：安装前，应用直尺检查两侧面是否平整，砂轮片是否有裂纹和受潮。装片时螺栓旋紧要适当，只需稍稍拧紧螺栓，旋紧力过大易造成砂轮片破裂。

2. 机器预热：检查机器的各零部件及润滑和燃油，启动机器试运行 3～5 min。

3. 将切割机安装在需切割的钢轨上，操作者左手握住左操纵杆（柄），右手握住右操作杆（柄），另外一人配合将卡轨器卡在钢轨上，使卡轨器与钢轨顶面密贴并将顶紧螺栓旋紧，顶紧钢轨（若是手持机则先装卡轨器，再将机器装在卡轨器的连接销上）。如果砂轮片偏离钢轨切口位置 10 mm 以内，可以通过微调手轮调整微调丝杠，使砂轮片与切口位置对齐。

4. 切割方法：首先切割钢轨头部，由于新砂轮片圆周不规矩，所以初切时应使砂轮片与钢轨轻微接触，待砂轮片磨圆后再逐渐加大切割力。切割时手握持操纵杆（柄）要不停顿地往复摆动，摆动频率为 60 次/min 左右，摆动幅度 150～200 mm，使砂轮片在轨头范围内来回移动。绝对不可停留在某一处，否则极易烧损砂轮片。切割轨腹时，摆动幅度可小一些，频率快一些。切割轨底时，将切割机扳至操作者一侧进行。

5. 当在无缝线路上切割时，为防止切割时夹碎砂轮片，可采用三向切割法，但从钢轨外侧切割轨底时，不将钢轨完全切断，留 5～8 mm，然后用锤震击使其断裂，并用砂轮机将断口打磨平整。

6. 工作完毕后，松开卡轨器固定杆，拆下机器(若是手持机则先将机器从卡轨器的连接销上拆下，再松开卡轨器固定杆，拆下卡轨器)，存放于安全限界外，防止机器侵限。

第三节 钢轨切割机安全注意事项

1. 必须由经过培训的人员进行操作。

2. 操作人员须带保护镜及耳罩，不要穿太宽松的工作服作业。

3. 操作前必须检查砂轮是否损坏及受潮，并用直尺检查两侧面是否平整，核对砂轮是否符合机器允许线速度的要求，检查砂轮和砂轮保护罩是否已在正确位置。检查汽油机和砂轮片传动皮带的松紧是否合适。装砂轮片时螺栓旋紧要适当，只需稍稍拧紧螺栓，旋紧力过大易造成砂轮片破裂。

4. 只能在关机时添加燃油，不能把燃油溅在发动机和消音器上。

5. 检查汽油机燃油，润滑油系统不得有渗漏和堵塞现象。

6. 汽油机使用不得低于 90 号的汽油和四冲程汽油机机油。手持机使用不得低于 93 号的汽油与二冲程专用机油(40∶1)的混合油(新机或夏季可将比例加大一些)。

7. 启动汽油机确定砂轮片转向是否正确，空转一分钟观察运转是否正常。

8. 切割机只能在加满油门处于全速工作状态下时开始进行切轨，切轨要缓慢进行，以防止机具过载。

9. 机器运转时，身体或其他物品不可进入防护罩内。

10. 在无缝线路地段切割钢轨时，应根据作业时的轨温和锁定轨温而确定切割方法，并锁定切割口两端各 50 m 线路防止胀轨夹砂轮片。

11. 操作者保持与旋转的砂轮片的安全距离，其他人员应避开切轨方向。

12. 遇到机械故障时，应立即停机，快速下道，撤离到安全界限以外，禁止在线路上检修。

13. 切轨作业完成后，关闭点火装置，待发动机熄火后松开夹具，将机器拆下，停放在《铁路工务安全规则》规定的安全界限以外。

14. 切割机长时间停用应卸下砂轮片，放净汽油，擦拭干净，遮盖好放在干燥处。

15. 不允许在热机时更换火花塞。

第四节　钢轨切割机保养与维修

一、架式钢轨切割机的保养与维修

1. 维修保养

(1)汽油机的保养维修参见第二章第一节。

(2)窄 V 带使用初期，磨损比较快，应经常检查并及时张紧。

(3)切轨机累计运转 1 000 h 或未超过 1 000 h 但 2 年内未曾检查时，应全面解体进行保养，清洗砂轮片主轴轴承，更换润滑脂。必要时更换易损件。

(4)较长时间停用应卸掉砂轮片，擦拭干净，遮盖好放在干燥处。

2. 常见故障及排除方法

架式钢轨切割机常见故障及排除方法见表 5—3。

表 5—3　架式钢轨切割机常见故障及排除方法

故　障	原　因	处 理 方 法
夹卡砂轮片	①三角皮带松弛 ②砂轮片局部烧结失去切割能力 ③砂轮片表面翘曲不平	①张紧皮带 ②更换砂轮片 ③更换砂轮片
砂轮片局部烧焦	①砂轮片质量有问题 ②扳杆摆动太慢或摆动幅度过小	①更换砂轮片 ②按操作要求作业
端面垂直度超限	①砂轮片表面翘曲 ②操作杆下压力过大 ③切割方法不对	①更换砂轮片 ②减小下压力 ③采用三向切割法

二、手提式钢轨切割机的保养与维修

1. 汽油机的保养维修

汽油机的保养维修参见第二章第一节。

2. 切割部分的安装

卸下螺丝，将罩取下，在离合皮带鼓上再装上护罩并拧紧螺丝；将皮带套在切割锯片处的皮带轮上，将皮带护罩放置到位，并将其与伸长臂固定在一起；将其上的两个螺丝拧紧，拧上张紧螺母，并使其正好落在伸长臂上的孔洞处；摇动机身整体，以确保弹簧能将皮带张紧，皮带张紧力适中；用套筒扳手将两个螺丝拧紧。新皮带应在加油1～2次后重新张紧一次，如图5—3所示。

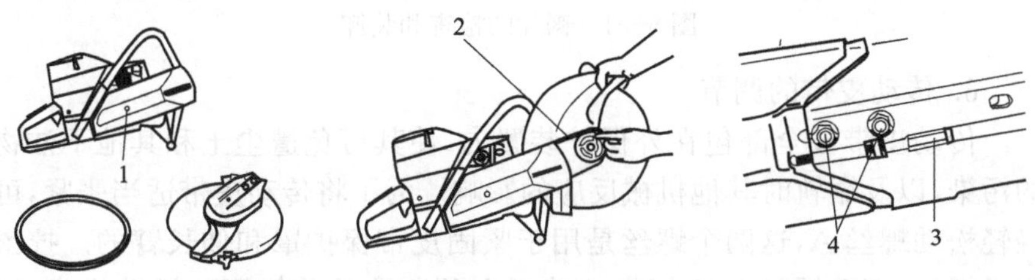

图5—3 切割部分的安装示意图

1、4—螺丝；2—皮带；3—张紧螺母

3. 发动机主轴和法兰检查

检查发动机主轴的螺纹是否被破坏。检查接触面（锯片与法兰），确保其平整度。

4. 锯片的检查和装卸

锯片若磨耗过度或有损伤必须立即更换，在锯片的每一侧，都应垫一薄纸片，该纸片的作用是为了使接触面上的压力能均匀分布。锯片装在A与B两夹板之间，夹板B应通过旋转使其与夹板A吻合。用筒扳手紧固，轴用“起子”、钢销或其他类似的工具将其卡定，将其最大限度地拧紧。锯片的安装方向应与其上的指示方向一致。卡紧锯片的螺丝在拧紧时，恰当的力矩应为15～25 N·m，如图5—4所示。

5. 锯片保护罩

锯片保护罩应安装在锯轨机上适当的位置，应当使其后部靠近机器，以便使被切下的碎粒及火星聚集在此，从而使操作者得到保护。检查锯片保护罩，若有裂纹或其他损伤，必需更换保护罩。

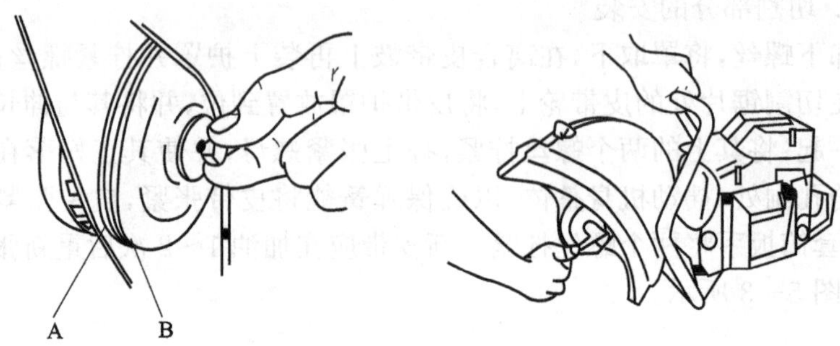

图 5—4　锯片的检查和装卸

6. 传动皮带的调节

传动皮带被全部包在外保护装置内,使其可免遭尘土和其他不洁物的污染,以及锯轨时其他机械反应的影响。为了将传动皮带适当张紧,可轻轻松动螺丝 A,这两个螺丝是用于紧固皮带保护罩和伸长臂的。拧紧张紧螺丝,直至螺丝 B 刚好靠住盖板上预留孔的前侧面。摇动机身,以确保弹簧可将皮带张紧,由此便可自动获得恰当的皮带张紧力。最后将螺丝 A 上紧,如图 5—5 所示。

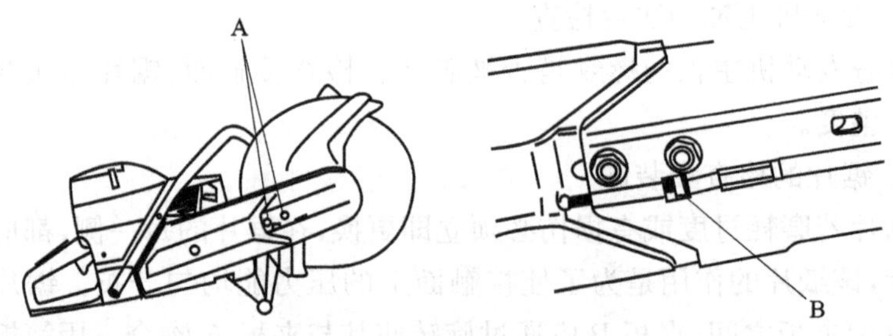

图 5—5　传动皮带的调节

7. 皮带更换

皮带若有磨损和损坏必须立即更换,将螺丝 A(两个)松动。旋转张紧螺丝 B,直至获得一定张力。撤下两螺丝 A、皮带保护罩 C;从传动轮上撤下皮带;撤下切割端的组成部分;将两个螺丝 D 撤掉,并将此处的护罩也撤掉,更换传动皮带。安装程序同拆卸程序正好相反,如图 5—6所示。

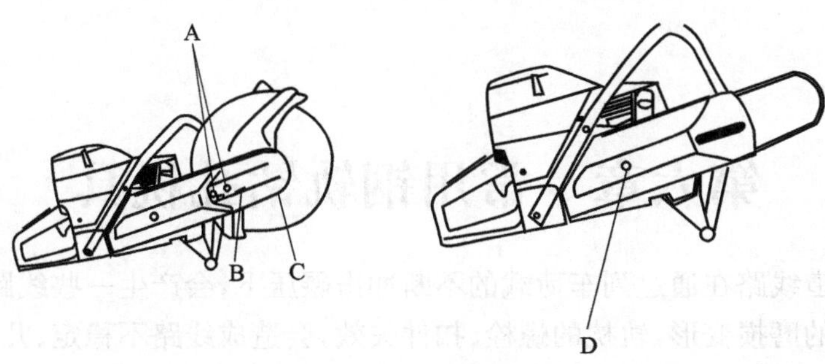

图 5—6　皮带更换

第六章 常用钢轨钻孔机具

铁道线路在通过列车荷载的不断冲击碾压下，会产生一些线路病害，如钢轨的磨损变形，轨枕的螺栓、扣件失效，会造成线路不稳定、几何尺寸超标，影响列车平稳运行，甚至威胁行车安全，因此必须经常对磨耗变形的伤损钢轨及失效零配件进行整修和更换。线上更换伤损钢轨时，要用钢轨钻孔机给插入钢轨钻孔，采用接头夹板连接(无缝线路抢修不能即时焊接的，也得先钻孔采用接头夹板连接)；线上更换失效混凝土轨枕螺栓时，要用轨枕螺栓钻取机将轨枕螺栓或轨枕螺栓镶嵌丝套钻取出来，重新锚固螺栓或镶嵌新的螺栓丝套。

第一节 钢轨钻孔机

钢轨钻孔机按动力源分为电动钻孔机、内燃钻孔机和液压钻孔机。切削刃具又分为麻花钻头、空心钻头和箭式钻头，电动钢轨钻孔机和内燃钢轨钻孔机都可以使用麻花钻头和空心钻头。箭式钻头只适应大扭矩低转速的液压钻孔机。工务系统常用的是电动钢轨钻孔机和内燃钢轨钻孔机，基本采用空心钻头。

内燃钢轨钻孔机和电动钢轨钻孔机只是动力部分不同，其结构、工作原理、使用方法、安全注意事项及维修保养(除动力部分)基本相同，具有操作简单、携带方便、钻削速度快、钻孔准确等特点。钢轨钻孔机的机型很多，如 NZG-31Ⅱ型内燃钢轨钻孔机、DUBUIS 型内燃钢轨钻孔机、ZGP-Ⅱ型单项电动钻孔机、ZG-31 型三相电动钻孔机等机型，其主要技术参数见表 6—1。本书以 NZG-31Ⅱ型内燃钢轨钻孔机为例介绍。

一、钢轨钻孔机的结构和工作原理

1. NZG-31Ⅱ型内燃钢轨钻孔机的结构

表 6—1　钢轨钻孔机主要技术参数

参数名称 \ 型号	NZG-31Ⅱ	DUBUIS	ZGP-Ⅱ	ZG-31
动力机功率(kW)	四冲程汽油机 1.4	四冲程汽油机 1.18	220 V 电动机 1.3	380 V 电动机 0.75
主轴转速(r/min)	292	410	140	200
眼孔误差(mm)	≤0.5	≤0.5	≤0.5	≤0.5
空心钻钻孔时间(s)	≤60	≤60	≤60	≤60
最大钻孔直径(mm)	19～31	13～36	9.8～36	19～36
外形尺寸(mm)	635×200×410	560×31×250	650×420×180	355×22.2×4
整机质量(kg)	23	19.2	23	27

NZG-31Ⅱ型内燃钢轨钻孔主要由 GX100 型四冲程汽油机、齿轮箱(变速机构)、涡轮蜗杆(进给机构)、夹紧装置、外套筒、孔高定位板、保护架、孔距定位尺、冷却装置、钻头等组成,如图 6—1 所示。

2. NZG-32 型内燃钢轨钻孔机的工作原理

孔距定位尺是控制钢轨钻孔机钻孔时孔距、孔高的定位模板,夹轨装置将机器夹持定位在钢轨上。钻孔机由汽油机将动力传输到变速机构的齿轮变速箱,齿轮箱变速后通过主轴带动钻头旋转,转动进给手轮,通过涡轮蜗杆给钻头推压进给,使钻头切削钢轨达到钻孔之目的。钻孔时钻头的冷却由安装在钻机上的冷却装置实施。

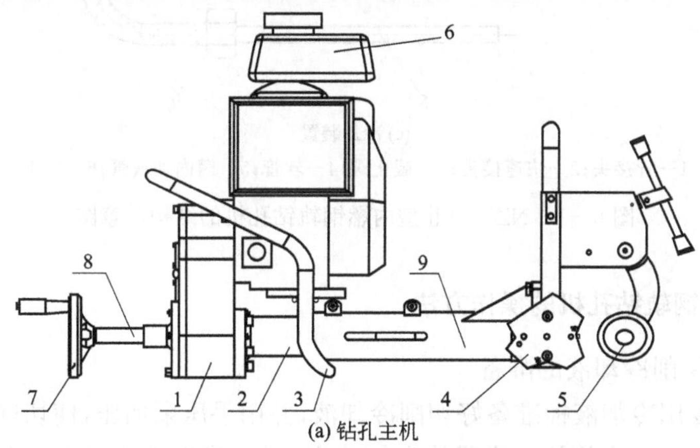

(a) 钻孔主机

1—齿轮箱;2—进给机构;3—保护架;4—孔高定位板;5—夹紧机构;6—汽油机;7—进给手轮;8—进给丝杠;9—外套筒

图　6—1

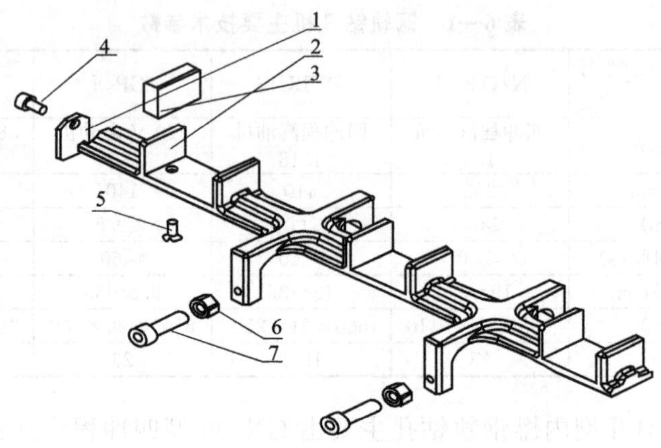

(b) 孔距定位尺(P60-50钢轨)

1—端止；2—定位尺；3—转换铁；4—内六角螺钉；5—开槽沉头螺钉；6—螺母；7—内六角螺钉

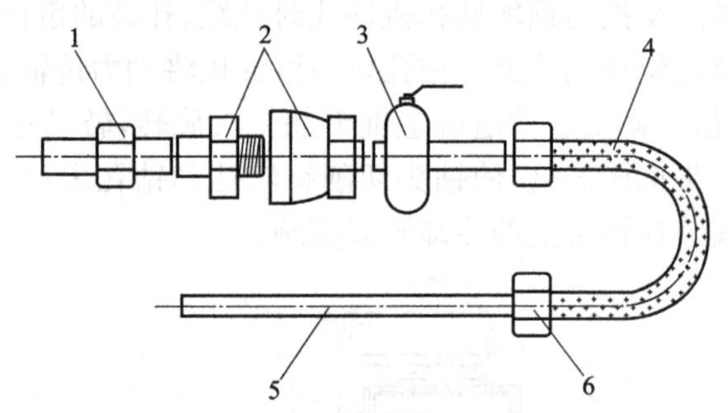

(c) 冷却装置

1—管接头；2—快速接头；3—截止阀；4—软管；5—筒内抽液管；6—管卡

图 6—1　NZG-31 Ⅱ型内燃钢轨钻孔机的结构示意图

二、钢轨钻孔机的操作方法

1. 切削冷却液的准备

用专用冷却液桶准备好切削冷却液，并用手压泵加压，使切削液沿供液管路送到钻头前部。使用前先拉动安全阀，确保作业安全；切勿使用其他设施向液筒加压。使用时要及时打开和关闭截止阀，并可用截止阀调节供液量。

2. 调整孔高定位板

根据轨型将定位板调至相应的板型(P50 和 P60),然后拧紧上下两个螺钉,如图 6—2 所示。

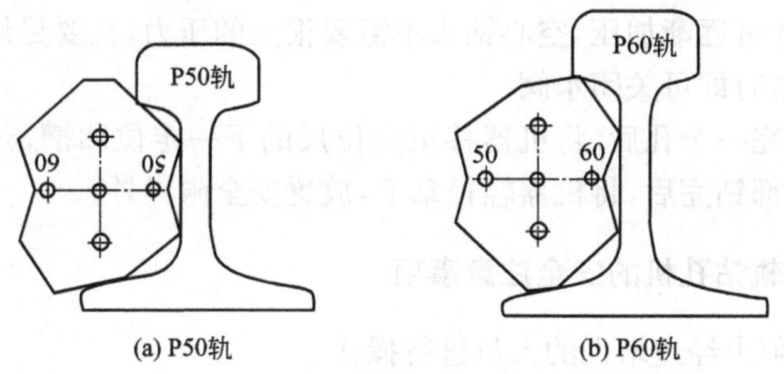

(a) P50轨　　(b) P60轨

图 6—2　孔高定位示意图

3. 调整定位尺

根据轨型将定位尺的转换铁调至相应的轨型上(P50 和 P60),然后拧紧侧面两个固定螺钉。

4. 钻孔机的操作

(1)选好钻头和与之配套的顶针,确认钻头内部无切屑,放进钻杆压到位并用顶丝压紧,摇动进给手柄将钻头摇到最后位置。压动加压泵,给切削液加压。

(2)将机器的夹紧箱对准定位尺的凹槽落下,转动蜗杆手柄予以夹紧,如图 6—3 所示。若在钢轨中部钻孔,则不能用定位尺,可按钻孔位置向左

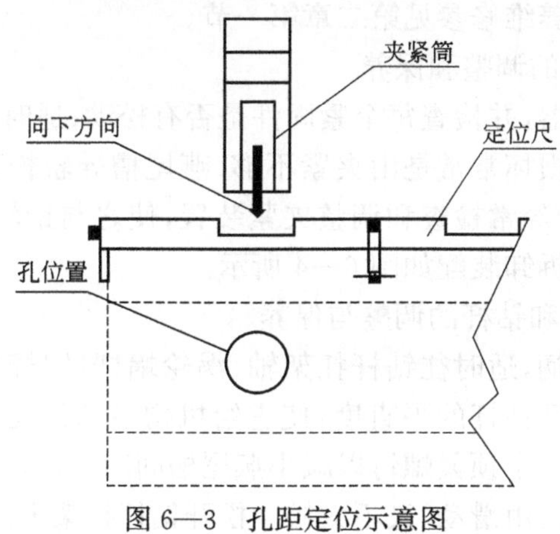

图 6—3　孔距定位示意图

(或向右)加 20 mm 在钢轨顶部画线,然后将夹紧箱的左面(或右面)对准画线,予以夹紧即可。

(3)启动汽油机开始钻孔,打开水阀。轻轻给钻头加压,当钻头进入工作面时才可逐渐加压,空心钻头不需要很大的压力,且要尽量保持均匀进给。钻透时即可关闭水阀。

(4)钻完一个孔后,将机器移至定位尺的下一定位凹槽,开始钻下一个孔,待全部钻完后,将机器轻轻拿下,放置安全限界外。

三、钢轨钻孔机的安全注意事项

1. 必须由经过培训的人员进行操作。

2. 操作时应戴好护目镜、手套等防护用品。

3. 钻孔前应先检查机器是否正常,钻头是否夹紧,清理上次钻孔时在钻头内留下的芯块和切屑。

4. 更换钻头应在停机状态下进行。

5. 经常检查固定钻头的顶丝是否拧紧。

6. 为了安全防火,给机器加油时必须停止机器,待冷却后进行,并远离火源,严禁吸烟。

四、钢轨钻孔机的保养与维修

1. 汽油机的保养维修

汽油机的保养维修参见第二章第一节。

2. 夹紧装置的调整和保养

定期检查机器,并检查每个紧固件是否有松动;适时往夹臂轴承等加注润滑油。钻头损坏常常是由夹紧不够、燕尾槽导轨松弛或钻杆托架未调整好引起的,应经常检查和调整夹紧装置,使之与钢轨密靠,不得出现歪斜。夹紧装置拆卸装配如图 6—4 所示。

3. 进给装置和钻杆的调整与保养

摇动进给手柄,适时往钻杆托架轴、涡轮蜗杆、钻杆与钻套间等部位加注润滑油。保证钻杆的平直度,使进给机构各部件运转灵活自如。调整齿轮箱侧面的 4 个顶紧螺钉以减小燕尾槽间隙。通过这样的调整可以使滑动部分既可自由滑动,又不太松。松开钻杆托架上的 2 个固定螺钉,启动汽油机，观察钻杆托架的摆动情况，在其摆动最小的情况下，拧紧钻杆托架的固定螺钉。其拆卸装配如图 6—5 所示。

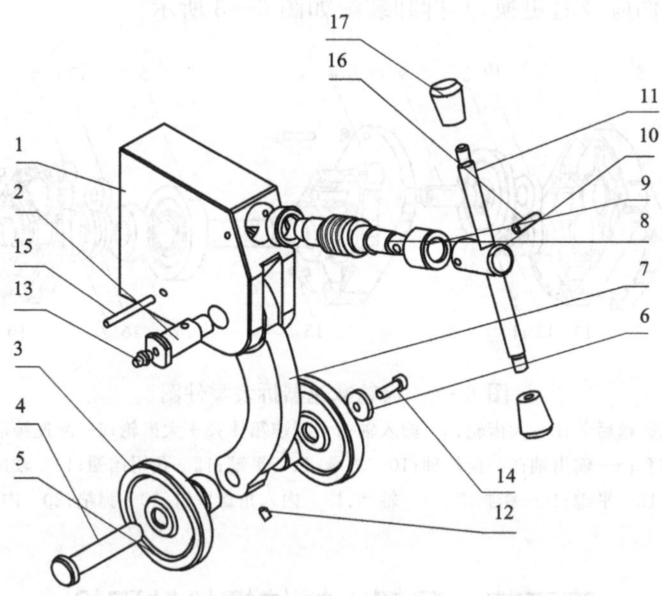

图 6—4　夹紧装置拆装零件图

1—夹紧箱体；2—夹臂轴；3—夹紧轮；4—夹紧轮轴；5—隔套；6—垫片；7—夹臂；8—蜗杆；9—套 A、B；10—夹紧手柄座；11—手柄杆；12—紧定螺钉；13—直通油杯；14—内六角螺钉；15—弹性圆柱销；16—紧定螺钉；17—手柄套

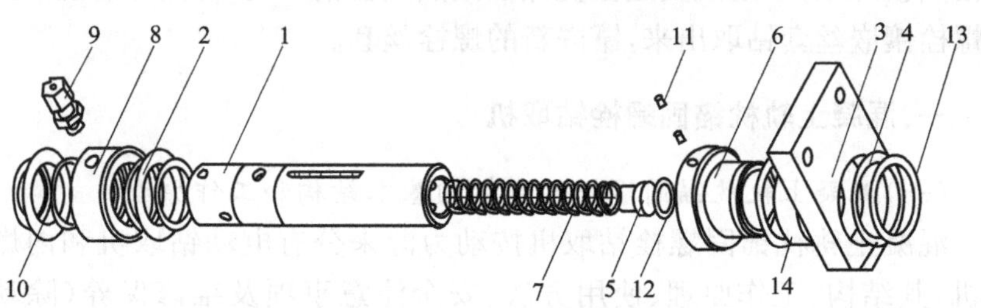

图 6—5　进给装置和钻杆拆装零件图

1—钻杆；2—磨耗片；3—立板；4—挡片；5—水阀体；6—钻杆套；7—弹簧；8—水套；9—管接头；10—O 形圈；11—圆柱端紧定螺钉；12—孔用挡圈；13—轴用挡圈；14—轴承

4. 齿轮减速器的检查与保养

定期对齿轮减速箱进行检查和维护,适时更换润滑油,发现齿轮、轴、轴承有损伤应及时更换,其拆卸装配如图 6—6 所示。

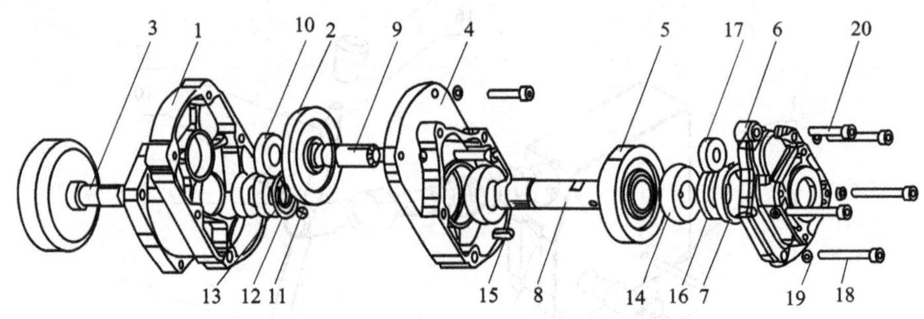

图 6—6　齿轮减速器拆装零件图

1—减速箱后盖;2—大齿轮;3—输入轴;4—减速箱体;5—大齿轮;6—减速箱前盖;7—支撑套;8—输出轴;9—齿轮轴;10—轴承;11—平键;12—孔用挡圈;13—轴用挡圈;14—轴承;15—平键;16—密封圈;17—轴承;18—内六角螺罗钉;19—弹垫;20—内六角螺钉

第二节　混凝土轨枕螺栓钻取机

目前,铁路工务系统常用的混凝土轨枕螺栓钻取机主要有两种,一是混凝土轨枕锚固螺栓钻取机,将损坏的混凝土轨枕锚固螺栓钻取出来,重新锚固新螺栓;二是混凝土岔枕螺栓镶嵌丝套钻取机,将损坏的混凝土岔枕螺栓镶嵌丝套钻取出来,镶嵌新的螺栓丝套。

一、混凝土轨枕锚固螺栓钻取机

(一)混凝土轨枕锚固螺栓钻取机的基本结构和工作原理

混凝土轨枕锚固螺栓钻取机按动力源来分有电动钻取机和内燃钻取机,其结构、工作原理、使用方法、安全注意事项及维修保养(除动力部分)基本相同。其机型很多,如 NLQ-51 型、NLQ-88 型、LQ-88 型、LQ-45 型等,主要技术参数见表 6—2。现以 NLQ-51 型混凝土轨枕锚固螺栓内燃钻取机为例介绍混凝土轨枕锚固螺栓钻取机的结构和工作原理。

表 6—2　混凝土轨枕锚固螺栓钻取机主要技术参数

参数名称＼型号	NLQ-51	NLQ-88	LQ-88	LQ-45
动力机功率(kW)	二冲程汽油机 1.1	二冲程汽油机 1.47	220 V 电动机 1.2	220 V 电动机 1.0
主轴转速(r/min)	1 000	1 000	1 000	600
扩孔斜度	3∶20	3∶20	3∶20	3∶20
钻孔时间(s)	≤120	≤60	≤6	≤60
最大钻孔直径(mm)	32～40	38～51	38～51	32～40
外形尺寸(mm)	780×400×300	745×286×316	745×286×316	720×320×360
整机质量(kg)	36	28	30	20

1. NLQ-51 型混凝土轨枕锚固螺栓内燃钻取机基本结构

NLQ-51 型混凝土轨枕锚固螺栓内燃钻取机具有操作简单，携带方便，夹紧装置快速、准确、牢固、安全可靠等特点。其结构主要由减速箱体、导柱、水平导柱、金刚石钻头、夹紧爪 、夹紧手柄、水平固定手柄、活动横梁、汽油机、保护架、油箱、手轮等组成，如图 6—7 所示。

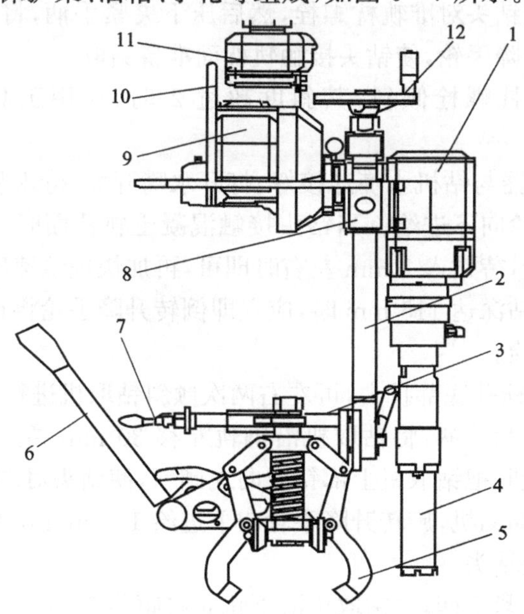

图 6—7　NLQ-51 型混凝土轨枕锚固螺栓内燃钻取机基本结构

1—减速箱体；2—导柱；3—水平导柱；4—金刚石钻头；5—夹紧爪；6—夹紧手柄；7—水平固定手柄；8—活动横梁；9—汽油机；10—保护架；11—油箱；12—手轮

2. NLQ-51 型混凝土轨枕锚固螺栓内燃钻取机工作原理

汽油机动力通过减速机构传输到钻杆主轴带动薄壁金钢石空心钻头旋转。因为钻机固定在机架上，整机安置在钢轨上，并能沿钢轨纵向或横向移动，以调整钻头与轨枕螺栓的偏差，使钻头与轨枕螺栓准确定位。旋转手轮，升降进给丝杠给钻头径向力，实现钻头的切削工作，钻取锚固螺栓。在钻取切削过程中，钻屑用水冲出。钻取机上部机架可以左右倾斜，使钻头产生最大 3∶20 的斜角，能钻成上小下大的锥形孔，以提高轨枕螺栓锚固的抗拔力。

(二)混凝土轨枕锚固螺栓钻取机的操作使用方法

1. 使用前检查汽油机是否良好，按汽油机使用要求加够燃料(70 号或 90 号汽油与专用机油配比 25∶1～30∶1)。检查夹紧装置是否正常；冷却水、水管开关是否有效。进行空转，检查机器运行是否正常。

2. 钻取机放在钢轨上，选取合适的金钢石空心钻头安装在钻机主轴上，旋转升降手轮，向下移动钻头。在钢轨上左右移动机器和转动横向手轮进行调整，使钻头对准轨枕螺栓，然后压下夹紧手柄，将钻取机夹持在钢轨上，转动升降手轮，使钻头接触轨枕面准备钻取。

3. 若遇轨枕螺栓倾斜，其斜度超过 2°时，应用工具校正后方可钻取。

4. 将注水器与钻机水嘴连接好，打开水嘴开关，待水从钻头流出，方可旋转升降手轮向下进给。当钻头接触混凝土轨枕面时，启动钻机缓摇手柄，慢慢进给，待钻入 2 mm 左右时即可，再加快进给速度，进行正常钻取。当钻透或钻深达 115 mm 时，应立即倒转升降手轮将钻头提起，停机后取出轨枕螺栓。

5. 为使螺栓孔底部扩大，可左右两次倾斜钻取机进行扩孔。

(1)松开夹紧手柄，将钻取机沿钢轨左移 30 mm，左右夹紧，然后松开两个锁紧手柄，把钻取机上部钻架向左倾斜，使钻头对准道钉孔位置后锁紧。这时启动钻机，旋转升降手轮向下进给 100 mm 左右时停机，倒转升降手轮，提起钻头。

(2)松开夹紧手柄，将钻取机沿钢轨向右倾移 60 mm 左右夹紧，然后松开两个锁紧手柄，把钻机上部钻架向右倾斜，使钻头对准道钉孔位置后锁紧。这时启动钻机，旋转升降手轮向下进给 100 mm 左右时停机，倒转手轮，提起钻头。至此，轨枕螺栓预埋孔已被扩成倒锥形，已完成了扩孔之目的。

（三）混凝土轨枕锚固螺栓钻取机的安全注意事项

1. 钻取机操作手必须由经过培训考试合格并持有操作证的人员担任。

2. 操作时应戴好防护用品。

3. 机器上道作业，必须在不行车并设置好防护的条件下才能进行。

4. 严禁无冷却水钻取作业，并必须配备手锤和管子钳。

5. 钻取机在钢轨上移动通过绝缘接头时，应扶直或搬起通过，防止联电。

6. 机器必须平稳放置，防止倾翻摔坏汽油机。

7. 施工作业结束后，应将钻取机撤出限界并妥善放置。

（四）混凝土轨枕锚固螺栓钻取机的保养与维修

1. 汽油机的保养维修参见第二章第一节。

2. 钻取机应经常保持状态良好，不用时存放在干燥通风处。

3. 定期对齿轮减速箱进行检查和维护，适时更换润滑油，发现齿轮、轴、轴承有损伤及时更换。

4. 进给装置和钻杆的调整与保养。摇动进给手柄，适时往钻杆轴、齿轮、导柱与水平导柱等部位加注润滑油。保证钻杆的平直度，使进给机构各部件运转灵活自如。

5. 夹紧装置的调整和保养。应经常检查和调整夹紧装置，并检查每个紧固件是否有松动，适时加注润滑油。

二、混凝土岔枕螺栓镶嵌丝套钻取机

（一）混凝土岔枕螺栓镶嵌丝套钻取机的结构和原理

NLQ-51 型混凝土轨枕锚固螺栓内燃钻取机按动力源分为电动钻取机和内燃钻取机，其结构、工作原理、使用方法、安全注意事项及维修保养（除动力部分）基本相同。其机型很多，如 DL-04 型、NZQ-40 型、HD-04 型、HD-05 型等，主要技术参数见表 6—3。现以 DL-04 型混凝土岔枕螺栓镶嵌丝套电动钻取机为例介绍混凝土岔枕螺栓镶嵌丝套钻取机的结构和原理。

表 6—3　NLQ-51 型混凝土轨枕锚固螺栓内燃钻取机主要技术参数

参数名称 \ 型号	DL-04	NZQ-40	HD-04	HD-05
动力功率(kW)	220 V 电动机 2	汽油机 1.1	汽油机 1.47	220 电动机 2.0
主轴转速(r/min)	1 000	1 000	1 000	1 000
钻取时间(s)	≤120	≤120	≤180	≤180
最大钻孔直径(mm)	39～45	39～55	38.5	39～45
外形尺寸(mm)	680×390×280	780×400×300	650×140×290	720×420×310
整机质量(kg)	36	39	24	26

1. DL-04 型混凝土岔枕螺栓镶嵌丝套电动钻取机基本结构

DL-04 型混凝土岔枕螺栓镶嵌丝套电动钻取机，具有操作简单、质量轻、携带方便、坚固耐用、定位方便、夹持牢靠、不粘钻头、使用安全等特点。其结构主要由电动机、减速箱体、导柱、进给滑动支座、高速钢三刃麻花钻头、底座等组成，如图 6—8 所示。

图 6—8　DL-04 型混凝土岔枕螺栓镶嵌丝套电动钻取机

1—电动机；2—减速箱体；3—导柱；4—进给滑动支座；5—高速钢三刃麻花钻头；6—底座；7—升降定位螺栓

2. DL-04 型混凝土岔枕螺栓镶嵌丝套电动钻取机工作原理

电动机动力通过减速机构传输到钻杆主轴带动高速钢三刃麻花钻头旋转。松开升降定位，由机器的重力给进给钻头径向力，实现钻头的切削工作，钻取镶嵌螺栓丝套。

(二)混凝土岔枕螺栓镶嵌丝套钻取机的操作方法

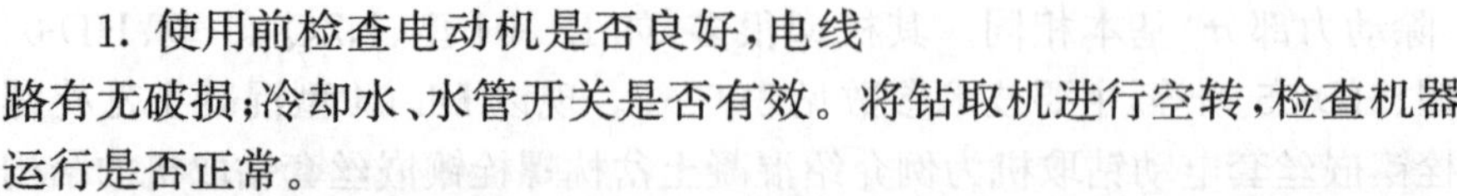

1. 使用前检查电动机是否良好，电线路有无破损；冷却水、水管开关是否有效。将钻取机进行空转，检查机器运行是否正常。

2. 将钻取机放在轨枕上，旋转手轮将钻头前部导向与尼龙丝套上部的孔进行定位，调整两侧的调整板及其头部螺钉做好支撑定位。

3. 将注水器与钻机水嘴连接好，打开水嘴开关，待水从钻头流出、方可向下进给，当钻头前部导向轴进入定位孔后，启动钻机缓慢进给。待钻头入孔约 10 mm 左右时可加快进给速度进行钻取，待钻到位时应立即倒转升降手轮将钻头提起停机，取出丝套螺纹碎片。

(三)混凝土岔枕螺栓镶嵌丝套钻取机的安全注意事项

1. 钻取机操作手必须由经过培训考试合格并持有操作证的人员担任。

2. 操作时应戴好防护用品。

3. 机器上道作业，必须在不行车并设置好防护的条件下才能进行。

4. 严禁无冷却水钻取作业，并必须配备手锤和管子钳。

5. 钻取机在钢轨上移动通过绝缘接头时，应扶直或搬起通过，防止联电。

6. 施工作业结束后，应将钻取机撤出限界并妥善放置。

(四)混凝土岔枕螺栓镶嵌丝套钻取机的保养与维修

1. 电动机的保养维修参见第二章第一节。

2. 钻取机应经常保持状态良好，不用时存放在干燥通风处。

3. 定期对齿轮减速箱进行检查和维护，适时更换润滑油，发现齿轮、轴、轴承有损伤及时更换。

4. 进给装置和钻杆的调整与保养。适时往导柱和进给滑动支座间、钻杆和钻套间、钻头与主机连接处等加注润滑油。升降机构应保持足够润滑和平直度，使进给机构各部件运转灵活自如。

第三节　钢轨倒棱器

一、钢轨倒棱器的结构和工作原理

钢轨钻螺栓孔后，螺孔两端面有毛刺、棱角，如果不及时消除，在列车荷载的不断冲击下及易造成螺孔裂纹，绝缘处所还容易造成绝缘不良。常用钢轨倒棱器将螺孔两端面进行 1～0.5 mm 的 45°倒角，消除其毛刺、棱角。

钢轨倒棱器主要由倒棱切削轮、棘轮、棘轮手柄、倒棱架、锁定板、锁定手柄等组成，如图 6—9 所示。其工作原理是将倒棱器的倒棱切削轮对准钢轨螺栓孔两端口，扳动锁定手柄将倒棱器锁紧，使两切削轮密贴于螺栓孔两端口棱角处，双手扳动两棘轮手柄，带动两切削轮转动，将钢轨螺栓孔两端口的毛刺、棱角切削掉。

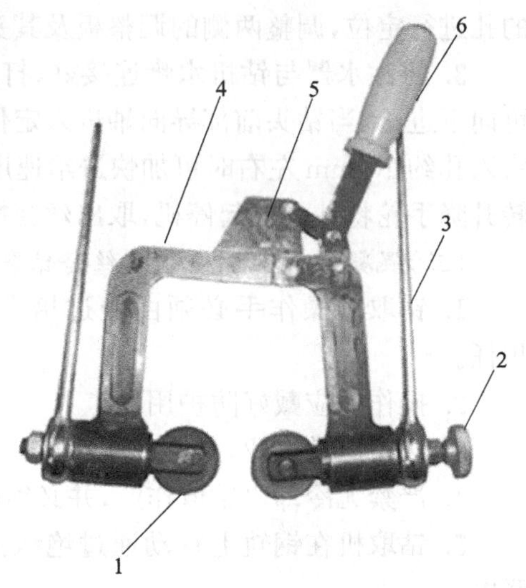

图 6—9　钢轨倒棱器

1—倒棱切削轮；2—棘轮；3—棘轮手柄；4—倒棱架；5—锁定板；6—锁定手柄

二、钢轨倒棱器的操作规程

1. 旋转棘轮扳手，使其离开垂直向上的位置，向左扳动手柄，带动左支架顺时针旋转，使刀片之间的距离扩大，使其能够从轨顶插入。

2. 将刀片对准轨腰部的轨孔一侧，向右扳动手柄，帮助左支架逆时针旋转，使刀片从另一侧压紧在轨孔上，并自动锁死。

3. 分别扳动棘轮扳手 10 次左右即可将轨孔倒出 1×45°的倒角。

4. 倒角后向左扳动手柄，将倒棱器打开，取出倒棱器。

三、钢轨倒棱器的安全注意事项

1. 向左扳动手柄时另一只手应扶住右支架，不要扶住棘轮扳手，否则容易损坏棘轮扳手。

2. 左、右轴上的螺母不要拧得太紧，以免影响棘轮扳手工作。

3. 注意保护刀片，避免磕碰。

铁路工务中常用钻头介绍详见附录二。

第七章　常用钢轨轨缝调整机具

铁道线路的钢轨(含尖轨、基本轨、辙叉)在通过列车荷载的纵向力及钢轨温度应力的作用下会发生纵向位移(即爬行)。若爬行量超过了钢轨接头的规定标准,就会加大列车通过接头部位的冲击力,加剧轨头冲击坍塌,影响列车运行的平稳度,甚至威胁列车运行安全;若是绝缘接头处所,还会造成绝缘不良,影响行车信号,所以必须经常对线路钢轨接头轨缝适时进行调整。

目前铁道线路的维修保养中,钢轨接头轨缝一般采用液压轨缝调整器进行拉伸调整;无缝线路的应力调整,钢轨铝热焊 、钢轨绝缘胶结的轨缝调整一般采用液压钢轨拉伸机进行拉伸调整。

第一节　液压轨缝调整器

铁路工务常用的液压轨缝调整器型号很多,如 GFT-40 推(拉)型、YFT-400 型、YFT-250 型、YFT-400Ⅱ型等,其主要技术参数见表 7—1。该机构具有结构紧凑、质量轻、检修方便、使用简便、省力、夹紧齿静力强度大、安全可靠的特点,均适用于 43 kg/m、50 kg/m、60 kg/m 线路的轨缝调整。后三种属于单推力型,只能靠推力调大架机处的接头轨缝,如果要调小接头轨缝,必须到相临接头进行推移调整;GFT-40 型属于推拉型,装上拉力框架后可实施拉力调整轨缝,实现架机处接头轨缝调小的作业。现以 GFT-40 型推(拉)液压轨缝调整器为例介绍其工作原理和构造。

表 7—1　液压轨缝调整器主要技术参数

参数　型号 名称	GFT-40 推(拉)	YFT-400 (推)	YFT-250 (推)	YFT-400Ⅱ (推)
额定推(拉)力(kN)	392	400	250	400
最大移轨量(mm)	130	110	145	180
工作油缸直径(mm)	70	70	70	70
液压系统最大工作压力(MPa)	50	50	43	52
整机质量(kg)	26	80	55	120

一、液压轨缝调整器的结构与工作原理

1. 液压轨缝调整器的基本结构

液压轨缝调整器是一个小型液压器具，主要由夹轨装置、油泵系统、拉伸机构、走行机构等组成，如图 7—1 所示。

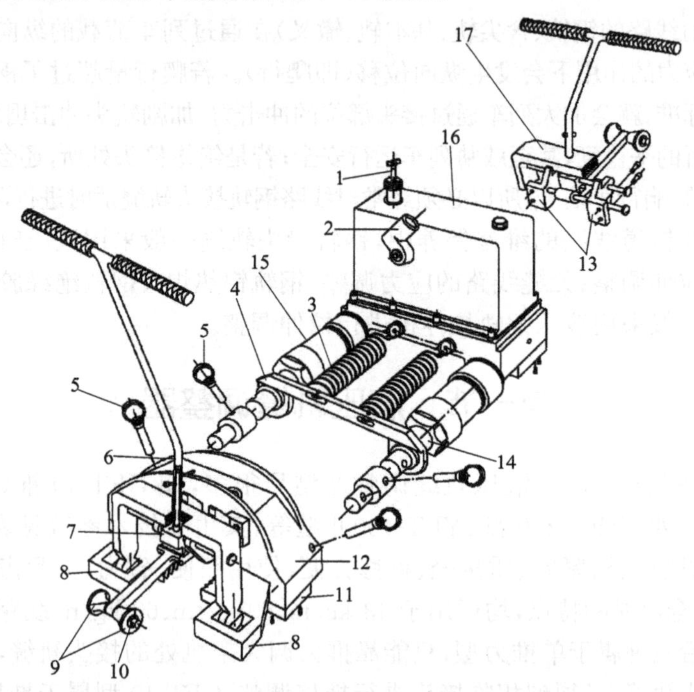

图 7—1　GFT-40 型液压轨缝调整器结构图

1—回油阀组件；2—摇把；3—拉伸弹簧；4—弹簧连接板；5—插销；6—提手把；7—拨叉组件；8—夹紧齿条；9—走行轮；10—轮轴；11—压板；12—后夹钳体；13—支架；14—活塞杆；15—油缸；16—油箱柱塞泵总成；17—前夹钳体

夹轨装置主要由四个夹紧齿条、拨叉组件、前后夹钳体等组成。油泵系统主要由油箱、柱塞泵、回油阀、摇把等组成。拉伸机构主要由两个油缸、活塞杆、拉伸弹簧、弹簧连接板、插销等组成。走行机构主要由走行轮、轮轴、提手把等组成。

2. 液压轨缝调整器的工作原理

将机器放置在需要调缝的处所，前后夹钳体置于轨缝两端的轨头上，将

夹紧齿条夹紧,摇动柱塞泵给油缸提供压力介质使活塞杆伸出,通过夹在钢轨上的夹紧齿条推动两端钢轨分别向轨缝相反方向移动,完成轨缝增大的调整;将前后夹钳体倒向,前后夹钳体两端架上拉力框架,液压油缸的活塞杆伸出,通过拉力框架带动夹紧齿条拉动两端钢轨分别向轨缝方向移动,完成轨缝缩小的调整。GFT-40 型液压轨缝调整器拉压部分结构如图 7—2 所示。

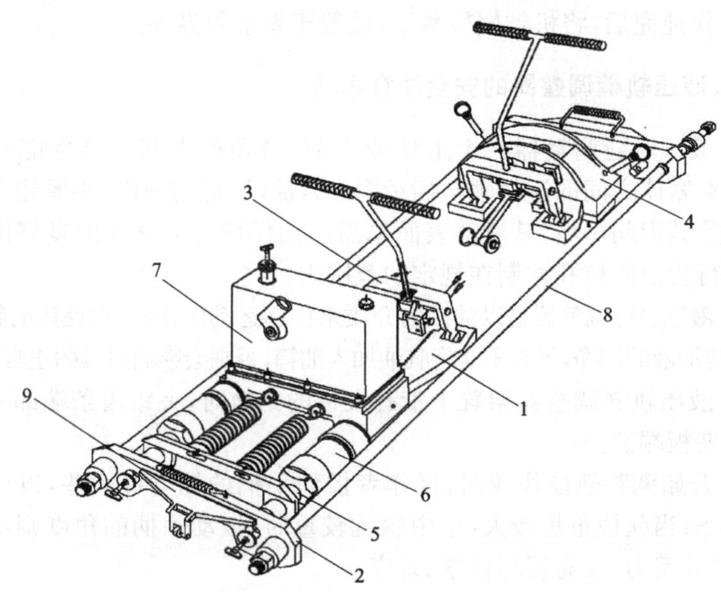

图 7—2 GFT-40 型液压轨缝调整器拉压部分结构图

1—夹紧齿条;2—压板;3—前夹钳体;4—后夹钳体;5—活塞杆;6—油缸;7—油箱柱塞泵总成;8—拉力框架;9—支承板组件

二、液压轨缝调整器的操作方法

1. 先将液压轨缝调整器推置于需调轨缝的钢轨轨面上,前后夹钳体置于轨缝两端的轨头上,并使机具的连接轴套空间处对准需调的轨缝。

2. 插好插销将机器连接好,推压拨叉组件,夹紧夹钳齿条。

3. 拧松轨缝接头两端的钢轨扣件,减少拉伸时钢轨移动阻力。

4. 关闭回油阀,摇动柱塞泵给油缸提供压力油液,使活塞杆伸出,通过夹在钢轨上的夹紧齿条推动两端钢轨分别向轨缝相反方向移动,完成轨缝增大的调整。

5. 若是轨缝缩小的调整，将前后夹钳体倒向，前后夹钳体两端架上拉力框架，液压油缸的活塞杆伸出，通过拉力框架带动夹紧齿条拉动两端钢轨分别向轨缝方向移动，完成轨缝缩小的调整。

6. 调整轨缝时，观察需调整轨缝的工作状态，达到轨缝调整要求后保压一段时间，复紧轨缝接头两端的钢轨扣件。

7. 作业完后，将机器轻轻拿下，放置于安全限界外。

三、液压轨缝调整器的安全注意事项

1. 液压轨缝调整器在上道作业之前，必须检查其安全性能是否可靠。两夹紧体之间的连接轴与插销要经常涂油，保持润滑，夹紧钳口铁需经常清除其齿间污垢，其滑动表面也需涂油保持与夹紧体的良好滑动状态。其行程由限位孔控制在规定的范围内。

2. 液压轨缝调整器是以油液为介质来传递运动的，因此在使用时特别要注意保持油液的洁净，绝对不能将脏油加入油箱，否则会影响机具的正常使用。

3. 液压轨缝调整器架置于带有夹板的钢轨时，夹钳齿条端部一定不能顶住夹板端部。

4. 开始调整轨逢作业时，操作者扳动手柄的幅度可大些，以便提高工作效率；当起拨重量较大，手中感觉较重时，扳动手柄的角度则不宜太大，否则既费力，又易损坏柱塞、泵壳。

5. 轨逢调整作业完毕后，松开回油阀，机器的夹钳即可松脱，可将机具下道或移动。万一夹紧齿条咬住钢轨轨头，不能顺利松脱时，即可拔销解体分离，在外力作用下，强行将夹紧齿条与钢轨轨头分离。

6. 在修理机器的安全阀时，一定要校正安全压力，保证能超压卸荷。

7. 机具通过钢轨绝缘接头时，不许在钢轨上滑行，以免破坏通信信号。

四、液压轨缝调整器的保养与维修

1. 液压轨缝调整器在正常使用情况下，切勿随意拆卸以免造成人为故障。

2. 经常对前后夹钳体、拨叉组件、走行轮、轮轴进行保养，适时润滑。经常对夹紧齿条齿缝中的污垢进行清理，保持良好状态，不至于使用中打滑。

3. 需要维修和更换零配件、液压元件和密封件，拆卸和装配时必须参照图 7—3。

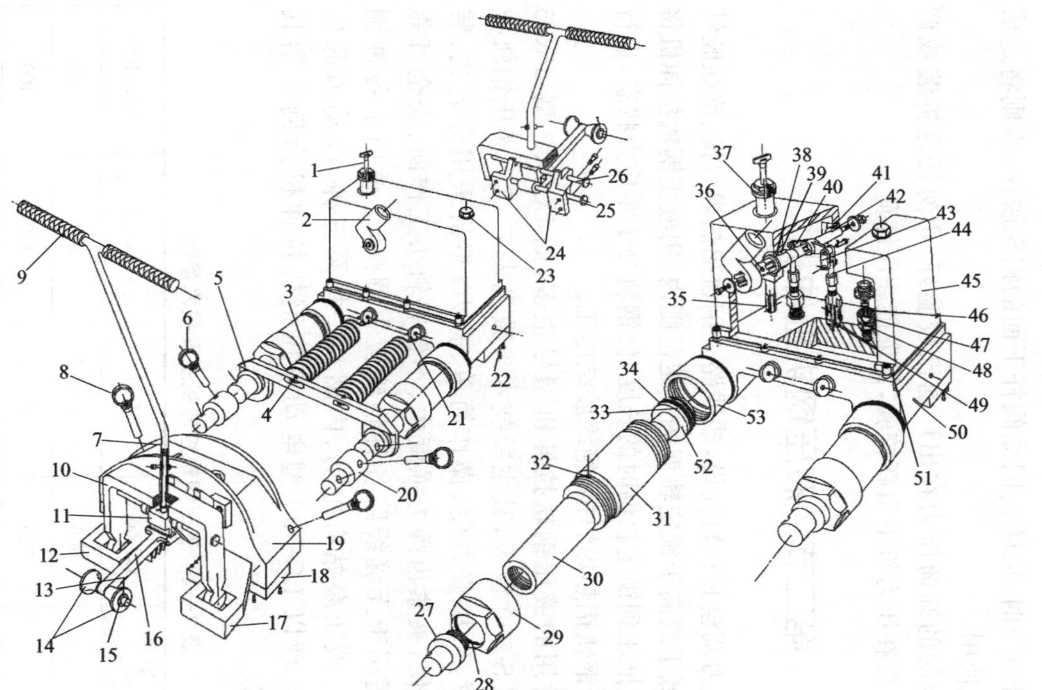

图 7—3　GFT-40 型液压轨缝调整器装配图

1—回油阀；2—摇把；3—拉伸弹簧；4—内六角螺钉；5—弹簧连接板；6—插销；7—提把手；8—插销；9—提把手护套；10—拔叉；11—拨动爪组件；12—右夹紧齿条；13—开口销；14—车轮；15—轮轴；16—走轮杆；17—左夹紧齿条；18—右压板；19—后夹钳体；20—连接套；21—弹簧钩；22—内六角钉；23—加油螺钉；24—左支架；25—短轴；26—长轴；27—连接销；28—O 形圈；29—顶帽；30—活塞杆；31—油缸；32—限位孔；33—O 形圈；34—碗型圈；35—回油阀套；36—花键轴；37—回油阀罩帽；38—O 形圈；39—O 形圈；40—摇臂；41—O 形圈；42—O 形圈；43—连接板；44—柱塞泵总成；45—油箱；46—内弹簧；47—外弹簧；48—限压阀总成；49—泵座总成；50—前夹钳体；51—插销；52—活塞头；53—缸座

4. 更换泵壳和活塞杆上的O形圈和尼龙垫时，要注意安装位置。壳槽内的尼龙垫应装在O形圈的上面，活塞杆上的尼龙垫应装在Y形圈的下面，否则泵将减弱密封的功能，降低密封圈的使用寿命。

5. 回油阀杆拆下时，应防止回油阀杆下面的钢珠脱落，否则将造成轨缝调整器不能使用。

6. 机内溢流阀的卸荷压力在出厂前已校验好，切勿任意拆装或调整，如发生变动，应在压力机下重新校验，保证能超压卸荷。

第二节　液压钢轨拉伸机

无缝线路应力调整和长轨铺设，或线路上钢轨铝热焊焊接、绝缘胶结施工时，在轨温低于或高于锁定轨温的一定范围内，用液压钢轨拉伸机将钢轨强行拉伸或推压到锁定轨温时的长度，使钢轨处于零应力状态，进行重新锁定或进行钢轨铝热焊焊接、绝缘胶结施工。

铁路工务常用的液压钢轨拉伸机型号很多，如LG-600型、FR75型、Robel型、YLS-900型等，其主要技术参数见表7—2。液压钢轨拉伸机具有结构紧凑、检修方便、操作简单、省力；整机采用分装式、装拆快捷、机体轻便；夹紧齿静力强度大、不伤害轨头工作面、安全可靠等特点。不仅适用于无缝线路各种钢轨应力调整，也适用于各种钢轨的串轨工作。液压泵站有电动、内燃和手摇泵三种，除动力源外其他基本相同。现以LG-600型电动液压钢轨拉伸机为例介绍其工作原理和构造。

表7—2　液压钢轨拉伸机主要技术参数

名称＼参数＼型号	LG-600	FR75	Robel	YLS-900
最大拉力(kN)	600	750	700	900
最大推力(kN)	150	200	400	400
最大移轨量(mm)	300	350	380	760
最高额定工作压力(MPa)	55	70	55	57
整机质量(kg)	223	326	350	370

一、LG-600型电动液压钢轨拉伸机的结构与工作原理

1. LG-600型电动液压钢轨拉伸机的基本结构

液压钢轨拉伸机主要由液压泵站和连接油管等组成。液压钢轨拉伸机的液压泵站和拉伸机组件采用分体式结构，用油管连接，拉伸机组件也是分体式结构，如图7—4所示。

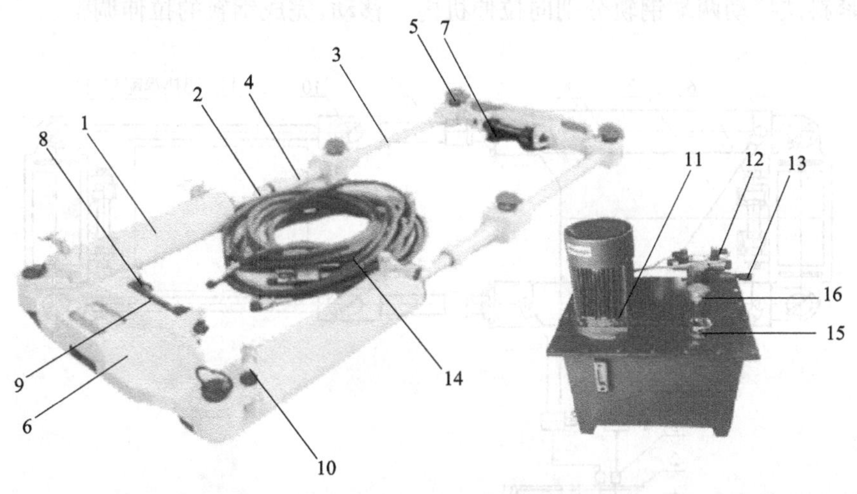

图7—4 LG-600型电动液压钢轨拉伸机构造图

1—液压油缸；2—活塞杆；3—加长杆；4—连接杆；5—销轴；6—夹轨钳机座；7—斜铁；8—斜铁转动齿轮；9—斜铁转轴；10—管接头；11—油泵总成(电动机、油泵、油箱)；12—管接头；13—换向阀；14—油管；15—溢流阀；16—油压表

液压泵站主要由电动机、油泵、油箱、溢流阀、管接头、换向阀和油压表等组成。

拉伸机组件主要由双向作用液压油缸、活塞杆、加长杆、连接杆、销轴、夹轨钳机座、斜铁、斜铁转动齿轮、斜铁转轴和管接头等组成。

连接油管主要由油管和管接头等组成。

2. LG-600型电动液压钢轨拉伸机的工作原理

将机器放置于需要调缝的处所，前后机座置于轨缝两端的轨头上，将两根油缸、加长杆分别平行安放在钢轨两侧，两端带销孔的加长杆一端分别用销与机座夹具组件的连接杆连接，另一端分别与两个液压油缸的活

塞杆端部销接;两个液压油缸头部与另一机座夹具组件的连接杆连接;油缸与电动液压泵站用油管接通,组装如图 7—5 所示。将夹紧斜铁夹紧,启动电动机带动泵站油泵供给系统高压油,推动换向阀给油缸输送高压油使活塞杆伸出。通过夹在钢轨上的夹紧斜铁推动两端钢轨分别向拉伸机外方移动,完成钢轨的推压调整。变换换向阀给油缸输送高压油使活塞杆收回(夹紧装置未夹紧前,先将活塞杆伸出)。通过夹在钢轨上的夹紧斜铁拉动两端钢轨分别向拉伸机内方移动,完成钢轨的拉伸调整。

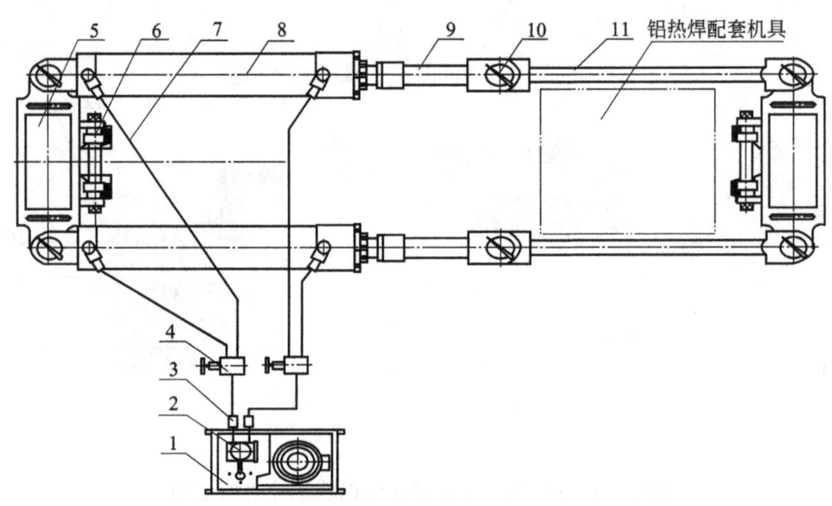

图 7—5 LG-600 型电动液压钢轨拉伸机组装图

1—电动泵站;2—换向阀;3—快速接头(6 个);4—三通(2 个);5—夹具机座(2 套);6—夹轨钳总成(机座、斜铁、斜铁转动齿轮、斜铁转轴)(2 套);7—高压油管(6 根);8—油缸(2 套);9—活塞杆(2 根);10—连接销轴(6 根);11—加长连杆(2 根)

二、液压钢轨拉伸机的操作方法

1. 机器组装:将机器放置需要调缝的处所,前后机座置于轨缝两端的轨头上,将两根油缸、加长杆分别平行安放在钢轨两侧,两端带销孔的加长杆一端分别用销与机座夹具组件的连接杆连接,另一端分别与两个液压油缸的活塞杆端部销接;两个液压油缸头部与另一机座夹具组件的连接杆连接;油缸与电动液压泵站用油管接通。

2. 松开两端钢轨的扣件:为了确保钢轨轨条之间的应力能自由释放,使钢轨处于零应力状态,先要松开两端钢轨的扣件,减少拉伸时钢轨移动阻力。

3. 计算温度应力长度:在轨缝调整作业前,必须预先计算出温度应力长度,这个温度应力长度要靠液压钢轨拉伸机来施加拉压力控制,再进行重新锁定或进行钢轨铝热焊焊接、绝缘胶结施工。

4. 夹紧斜铁,转动斜铁转轴通过斜铁转轴带动齿轮将斜铁夹紧钢轨轨头。

5. 启动电动机带动泵站油泵供给系统高压油。

6. 钢轨的推压调整:推动换向阀给油缸输送高压油使活塞杆伸出,通过夹在钢轨上的夹紧斜铁推动两端钢轨分别向拉伸机外方移动。

7. 钢轨的拉伸调整:变换换向阀给油缸输送高压油使活塞杆收回(夹紧装置未夹紧前,先将活塞杆伸出),通过夹在钢轨上的夹紧斜铁拉动两端钢轨分别向拉伸机内方移动。

8. 保压及锁紧扣件:调整作业时,观察钢轨的位移状态,达到位移调整要求后保压一段时间,复紧两端钢轨的扣件,达到钢轨的锁定温度标准。

9. 调整完毕,操作换向阀,收回活塞杆,解散拉伸机,放置安全限界外。

三、液压钢轨拉伸机的安全注意事项

1. 钢轨拉伸机在上道作业之前,必须检查其安全性能是否可靠,两夹紧体之间的连接轴与插销、斜铁转轴和斜铁转动齿轮要经常涂油,保持润滑。夹紧钳口铁需经常清除其齿间污垢,其滑动表面也需涂油保持与夹紧体的良好滑动状态。

2. 钢轨拉伸机是以油液为介质来传递运动的,因此在使用时特别要注意保持油液的洁净,绝对不能将脏油加入油箱,否则会影响机具的正常使用。

3. 钢轨拉伸机架置于带有夹板钢轨时,斜铁端部一定不能顶住夹板端部。

4. 在操作过程中,注意观察油压表,超过额定压力时立即停止,防止溢流阀失效。油压过高,将会损坏机器或伤人。

5. 调整作业完毕后,操作换向阀,收回活塞杆,扳动斜铁转动齿轮,机器的夹紧即可松脱,可将机具移动。万一夹紧斜铁咬住钢轨轨头,不能顺利松脱时,先拔销解体分离,在外力作用下,强行将夹紧斜铁与钢轨轨头分离。

6. 作业完毕,机器解体时,一定将活塞杆收回活塞中,以免活塞杆变形，影响机器的正常使用。

7. 快速管接头拆卸后，立即盖好防尘盖，保持液压系统的清洁。

8. 在修理机内安全阀时，一定要校正安全压力，保证能超压卸荷。

四、液压钢轨拉伸机的保养与维修

1. 汽油机的保养维修参见第二章第二节。

2. 液压钢轨拉伸机在正常使用情况下，切勿随意拆卸以免造成人为故障。

3. 经常对前后夹钳机座、销轴、斜铁、斜铁转动齿轮、斜铁转轴进行保养，适时润滑。经常对夹紧斜铁齿缝中的污垢进行清理，保持良好状态，不至于使用中打滑。

4. 使用后将油缸擦洗干净，尤其是活塞杆和管接头部位。需要维修和更换油缸零配件、液压元件和密封件，拆卸和装配时必须参照图7—6。

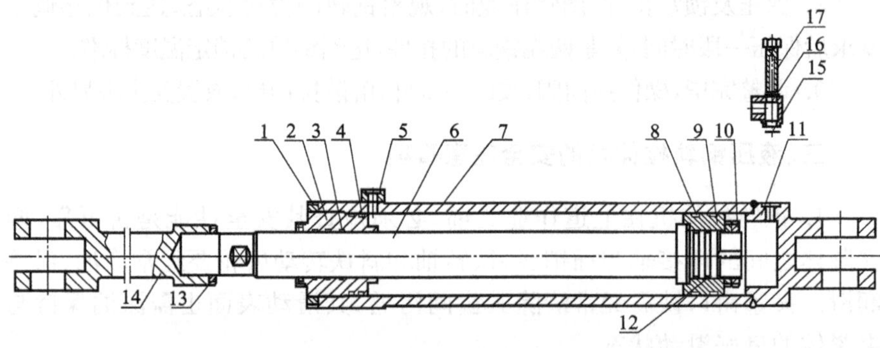

图 7—6　LG-600 型电动液压钢轨拉伸机油缸装配图

1—大圆螺母；2—导套；3—密封圈；4—密封圈；5—油口；6—活塞杆；7—油缸；8—密封圈；9—活塞；10—小圆螺母；11—缸底；12—密封圈；13—背母；14—短连杆；15—紫铜垫；16—铰接头；17—铰接螺栓

5. 更换油泵和活塞杆上的 O 形圈和尼龙垫时，要注意安装位置，壳槽内的尼龙垫应装在 O 形圈的上面，活塞杆上的尼龙垫应装在 Y 形圈的下面，否则泵将减弱密封的功能，降低密封圈的使用寿命。

6. 机内溢流阀的卸荷压力在出厂前已校验好，切勿任意拆装或调整，如发生变动，应在压力机下重新校验，保证能超压卸荷。

第八章　常用线岔捣固机具

在有砟道床的铁道线路中，道床主要承载轨枕传递来的列车车轮的动荷载，并均匀地传布于路基面上。在动荷载的不断作用下，道床的平、纵断面会发生变形和下陷，若变形量超过了轨道平、纵断面的规定标准，就会影响列车运行的平稳度，甚至威胁列车运行安全，所以必须经常对线路轨道进行起拨道和道床捣固的整修工作，恢复道床和轨道框架的平纵断面几何状态，提高列车通过的平稳度，同时减缓列车荷载对轨道的冲击力，延缓列车荷载对轨道、道床的破坏，延长使用周期。

铁道线路的维修保养中，对线路、道岔道床松软的整修一般采用小型捣固机进行捣固密实，稳定和密实道床，恢复轨道框架的平纵断面几何状态。目前常用的小型捣固机种类很多，按结构形式分为架式捣固机和手持式捣固镐；按捣固方式分为振动式捣固机(镐)和冲击式捣固镐；按动力分为内燃式捣固机(镐)和电动式捣固机(镐)；按动力传动方式分为小型液压式捣固机、软轴式高频捣固机和振动镐、汽缸式冲击镐等。现按动力传动方式(小型液压捣固机、软轴高频捣固机、手持式捣固镐)介绍常用线岔捣固机具。

第一节　小型液压捣固机

小型液压捣固机，按动力分为电动和内燃两种，按用途的不同分为线路小型液压捣固机和道岔小型液压捣固机。电动小型液压捣固机和内燃小型液压捣固机，只是动力部分不同，其结构、工作原理、性能、使用方法、安全注意事项及维修保养(除动力部分)基本相同。小型液压捣固机种类很多，常用的有 XYD-2 型液压道砟捣固机、XYD-2C(F)型液压道砟捣固机、YCD-4 型液压道岔捣固机、CD-3 型液压道岔捣固机等，其主要技术参数见表 8—1。该机具有结构紧凑、质量轻、上下道方便、操作简单、性能稳定、捣固效果好、安全可靠等特点。现以

XYD-2 型液压道砟捣固机为例介绍小型液压捣固机的结构和工作原理。

表 8—1 小型液压捣固机主要技术参数

参数 名称 \ 型号	XYD-2	XYD-2C(F)	YCD-4	CD-3
发动机额定功率(kW)	9.5	5.5	5.1	6.6
系统压力(MPa)	5	5	5	5
激振力(kN)	21	22	30	31.5
下插力(kN)	16.5	16	14	16.5
夹实力(kN)	13	6.5×2	6.73×2	13
激振频率(Hz)	63	67	67	63～70
下插深度度(mm)	90～120	90～100	90～100	90～120
整机质量(kg)	345	366	400	300

一、小型液压捣固机的结构与工作原理

1. XYD-2 型小型液压捣固机的基本结构

XYD-2 型小型液压捣固机的基本结构主要由发动机、油泵液压系统、振动捣固装置、传动装置、伸降系统、夹实缸、底架总成、下道架等组成,如图 8—1 所示。

发动机采用 9.5 kW 本田 390 四冲程汽油发动机。

油泵液压系统主要由油箱、滤清器、齿轮油泵、手压柱塞油泵、多路换向、伸降油缸和两个夹实油缸等组成,如图 8—2 所示。

捣固装置主要由两同步杆、四个减振器、四套组合式捣固镐、振动框架、皮带轮和两个偏心铁等组成,如图 8—3 所示。

传动装置主要由皮带、皮带轮、装紧轮等组成。

底架总成主要由导柱、横梁、底架、走行轮、夹钳提绳、提绳弹簧、夹钳总成组成;夹钳总成又由轨夹钳、夹钳壁、安全销轴、调整板等组成,如图 8—4 所示。

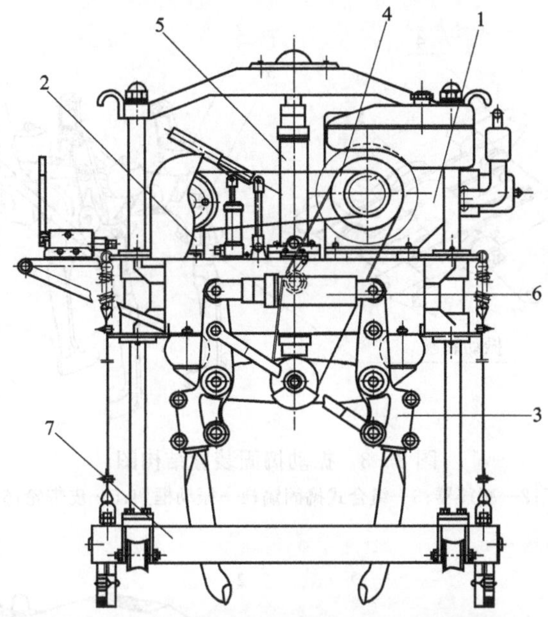

图 8—1 XYD-2 型小型液压捣固机的基本结构
1—发动机；2—油泵液压系统；3—捣固装置；4—传动装置；
5—伸降系统；6—夹实缸；7—底架总成

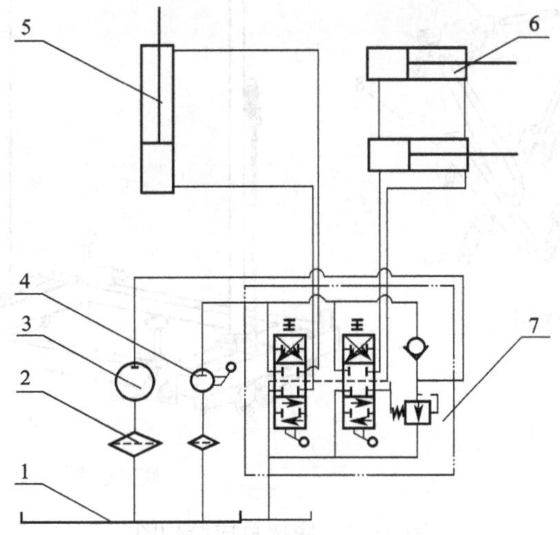

图 8—2 油泵液压系统示意图
1—油箱；2—滤清器；3—齿轮油泵；4—手压柱塞油泵；
5—伸降油缸；6—夹实油缸；7—多路换向

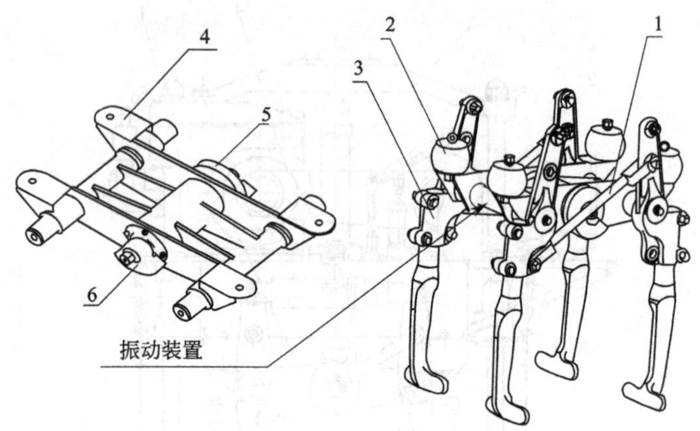

图 8—3　振动捣固装置结构图

1—同步杆；2—减震器；3—组合式捣固镐；4—振动框架；5—皮带轮；6—偏心铁

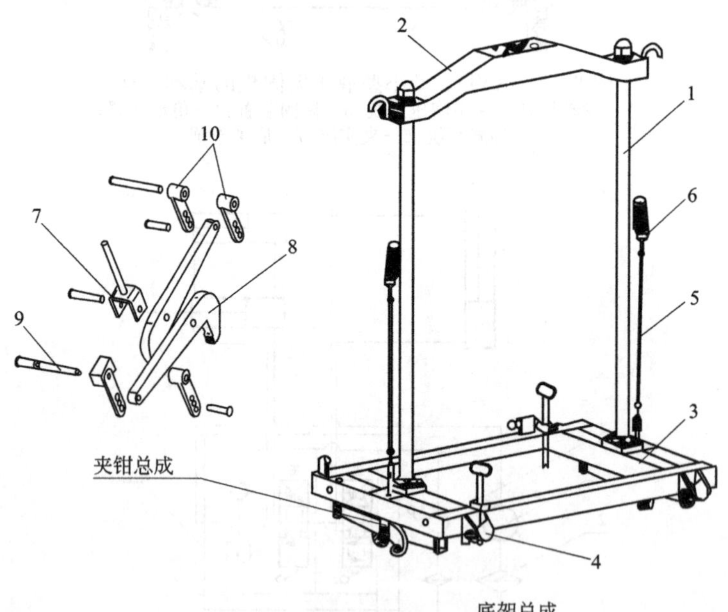

图 8—4　底架总成结构图

1—导柱；2—横梁；3—底架；4—走行轮；5—夹钳提绳；
6—提绳弹簧；7—轨夹钳；8—夹钳臂；9—安全销轴；10—调整板

下道架主要由前支承组件、后支承组件、活销组件、挂钩组件等组成，如图 8—5 所示。

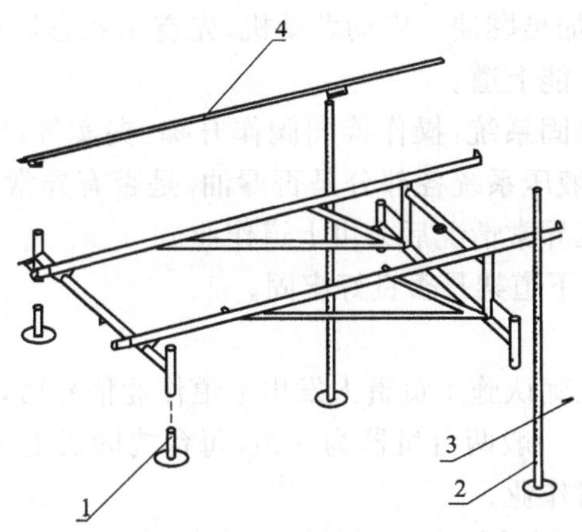

图 8—5　下道架结构图

1—前支承组件；2—后支承组件；3—活销组件；4—挂钩组件

2. XYD-2 型小型液压捣固机的基本原理

汽油发动机驱动齿轮油泵给液压系统提供压力介质，同时通过离合器、皮带轮、皮带带动振动框架给捣固镐体提供 63 Hz 的振动频率。推动多路换向阀的伸降杆，使伸降油缸驱动机体下降，捣固镐体下插道床中，同时推动多路换向阀的夹实杆，使夹实油缸驱动捣固镐体对道砟进行夹实，从而实现道床道砟夹实及振动的捣固；然后回拉多路换向阀的夹实杆，使夹实油缸驱动捣固镐体张开，再回拉多路换向阀的伸降杆，使伸降油缸驱动机体上升，捣固镐体拔出道床中，完成一次捣固循环。

二、小型液压捣固机器的操作方法

1. 捣固机上道前的检查和试运转

(1)检查机械是否良好，各零部件是否齐全完好，基础各紧固件是否松动，如有松动脱落，应拧紧、配齐。

(2)检查手压泵作用是否良好，液压系统是否正常，进出油阀是否严密，如有泄油，应予消除，确认正常后才能上道。

(3)检查捣固机油箱内的液压油，按用油表规定从油箱注油口加注液压油，注油量以油窗上孔中心为宜。作业过程中油面不得低于油窗下孔红线。

(4)检查和试运转动力系统:检查内燃机油底壳润滑油储量是否在标尺刻度范围内并加足燃油。启动发动机,先空车状态运行 5 min,确认发动机工作正常,才能上道。

(5)试运转捣固系统:操作换向阀作升降、夹实等试运转 3～5 min,期间应注意检查液压系统各部分是否漏油,是否有异常;摸油泵、振动轴温升变化,确认无异常情况后方可上道作业。

(6) 检查上、下道架是否良好牢固。

2. 捣固作业

(1)操作者在确认施工负责人发出上道作业信号后,方准安装好上下道架,推机上道。一般两台机器为一组,每台捣固机由一人操作,另一人做辅助工作,同时作业。

(2)捣固要遵循对位准、下插稳、夹实快的原则,按下插→夹实→张开→提升→转移的顺序进行作业。

①下插:捣固机镐板的下插要定位准确,镐板在轨枕前后和钢轨前后的距离要均匀,并垂直下插,不得撞击钢轨、轨枕及联结零件。下插要稳,遇阻力时边下插边略做张合动作。镐板上缘应插到轨枕底面下 30～40 mm。

②夹实:在镐板下插到位后即开始夹实。夹实时,镐板夹到终了以后应持续夹实 3～5 s。夹实次数应应视具体情况(起道量,道床状态)确定,一般情况下,小腰(3 根)夹 1 次,大腰夹 2 次,接头(接头两侧各 2～3 根)夹 2～3 次。

③提升:每捣完一根轨枕后,两捣固机要同时提升镐板,严禁镐板在夹实状态下提升。

④转移:动作要迅速,做到边升镐边推移捣固机,走圆弧形,并不得碰撞轨枕及零件。两台捣固机应同起同落,同时转移推进,动作一致,保持平稳。

(3)捣固结束后,要检查水平、高低和空吊板情况,检查捣固质量。

(4)在捣固作业中坚持用耳听、眼看、鼻闻、手摸的方法监视机器的运转状态。听机器有无异常音响;看捣固位置和各部分状态;闻机械摩擦有无异味;摸油泵、振动轴温升变化。若发现异常情况,应提升关机并下道处理。

3. 下道和存放

(1)预选好下道位置。两人应密切配合，摘下挂钩组件，放下下道架，平稳放置，并调整下道架主梁比走行架略高以便于捣固机不侵入限界。

(2)应先将镐板提到最高位置，把捣固机推到下道架末端，将大插销插在底架定位孔内，由辅助人员协助推下线，定位捣固机。

(3)下道后，搬动操纵手柄，将镐板降到最低位置，并将夹实油缸活塞全部压下缸筒之内，把捣固机固定好，对捣固机进行检查、保养和擦拭，并罩上机套，绑牢捆紧并上锁。

三、小型液压捣固机的安全注意事项

1. 操作人员必须经过培训，熟悉该机结构、性能、工作原理并具备一定的操作技能基础方能上道进行作业。

2. 在夹实道砟时，如有严重抬道现象，要注视工作油压是否过高。

3. 两捣固机的操作手应密切注意线路情况，密切配合，力求做到动作协调一致。

4. 严禁在线路上停机排除故障。

5. 在捣固机作业中如果油箱、振动框架出现裂纹，液压系统各部件出现严重漏油情况，高压油管相互摩擦严重，紧固件脱落，温度突然升高，或出现严重噪声等情况应立即停机下道检查。

6. 如果发动机或液压系统出现异常情况，利用手压泵提镐，下道处理故障。

7. 如遇夹轨钳咬死钢轨，将夹轨钳安全销拔出，下道处理故障。

8. 若在桥梁、隧道作业，必须预先选好下道架摆放位置。

9. 在快速线路上需要使用适用于速度大于等于 120 km/h 线路的下道架，即捣固机下道后离钢轨外侧距离符合快速地段作业要求。

10. 使用过道架过道时，过道架应放置在两直股道之间的中部，放置要平稳，过道架主梁高度调整要比走行架主梁略高。推移走行架与过道架对位后，将过道架一端的过渡桥板搭接在走行架两主梁上，拔出主机连接钩的插销，取下连接钩将其中两插销插入过道架主梁的另一端头，然后将主机逐台推上过道架，另一端再插入两插销。由 4 人抬走行架移至另一股道线路上，并与过道架对接，逐台将主机从过道架上推下走行架。

11. 作业完毕，捣固机如果存放于路肩上，下道架必须稳固放置规定限界之外，向外倾斜 3°左右，并派专人看守。

四、小型液压捣固机的保养与维修

1. 汽油机的保养维修参见第二章的第一节。

2. 小型液压捣固机在正常使用情况下，切勿随意拆卸以免造成人为故障。

3. 经常对底架、走行轮、夹轨钳、夹钳提绳、同步杆进行检查和保养，适时润滑。

4. 经常对皮带轮、皮带进行检查和保养，发现磨损或皮带出现裂纹及时更换。

5. 经常对油箱、振动框架、减振球进行检查，观察是否出现裂纹，如有异常现象及时处理。振动捣固框架拆卸和装配时，必须参照图 8—6 所示零配件拆卸、装配图进行。

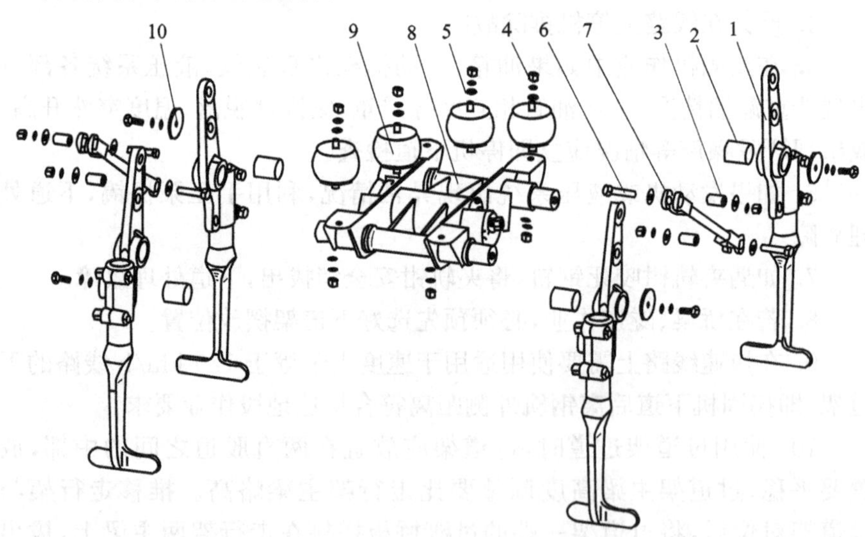

图 8—6　振动捣固装置拆卸装配图

1—组合式捣固镐；2—轴套；3—镐板销套；4—垫圈；5—弹簧垫圈；6—螺帽；7—同步杆；8—振动装置；9—减振器；10—压板

6. 对液压系统各部件进行检查,观察是否有漏油情况,高压油管是否有相互摩擦的现象,如有问题及时排除。

7. 使用后将多路换向阀、升降油缸、夹实油缸擦洗干净,尤其是活塞杆和管接头部位。需要维修和更换油缸零配件、液压元件和密封件,拆卸和装配时,必须参照图 8—7 夹实油缸和图 8—8 所示升降油缸零配件拆卸、装配图进行。升降油缸两端连接的接头体(油嘴)为 M18×1.5 螺纹,长度 8 mm,比其他所用接头体短 2 mm,维修装配时切记不要错装,以免接头体端部损伤活塞杆。

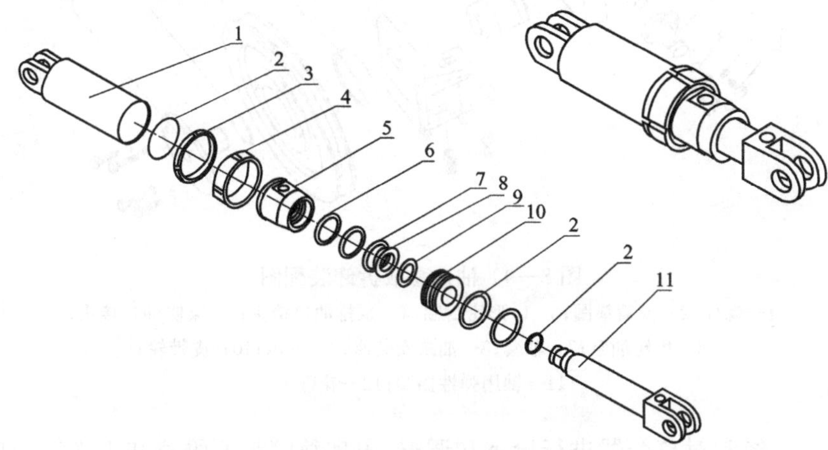

图 8—7 夹实油缸拆卸装配图

1—缸体;2—O 形密封圈;3—大螺帽;4—缸帽;5—缸盖;6—U 形密封圈;7—耐磨环;8—小螺帽;9—止退垫圈;10—活塞;11—活塞杆

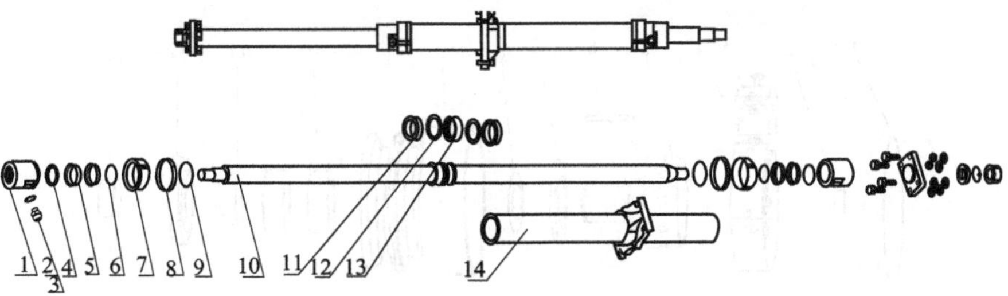

图 8—8 升降油缸拆卸装配图

1、7—缸帽;2—升降油缸接头;3—组合密封圈;4—无骨架防尘圈;5—U 形密封圈;6—耐磨环;8—大螺帽;9—O 形密封圈;10—升降缸活塞杆组件;11—Y 形橡胶密封圈;12—挡圈;13—T 形支座环;14—缸体

8. 齿轮油泵出现故障需要维修和更换零配件、液压元件和密封件，拆卸和装配时，必须参照如图 8—9 所示油泵总成零配件拆卸、装配图进行。

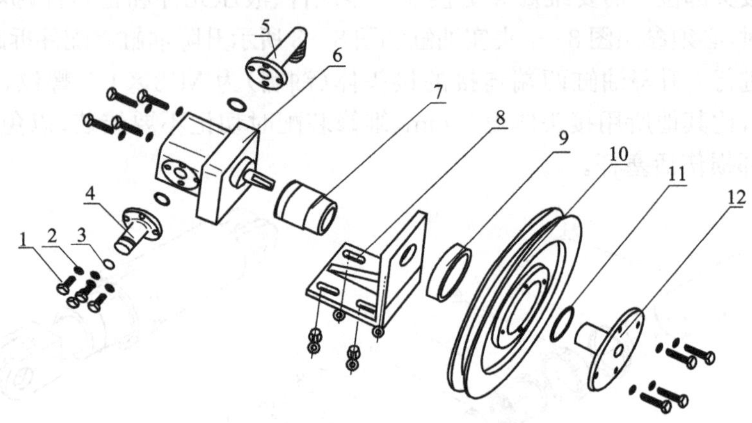

图 8—9　油泵总成拆卸装配图

1—螺栓；2—弹簧垫圈；3—O 形密封圈；4—泵排油口接头；5—泵吸油口接头；6—齿轮油泵；7—轴套；8—油泵安装座；9—轴承；10—皮带轮；11—轴用弹性挡圈；12—花键盖

9. 经常对离合器进行检查和调整，出现故障需要维修和更换零配件拆卸和装配时，必须参照如图 8—10 所示离合器总成零配件拆卸、装配图进行。

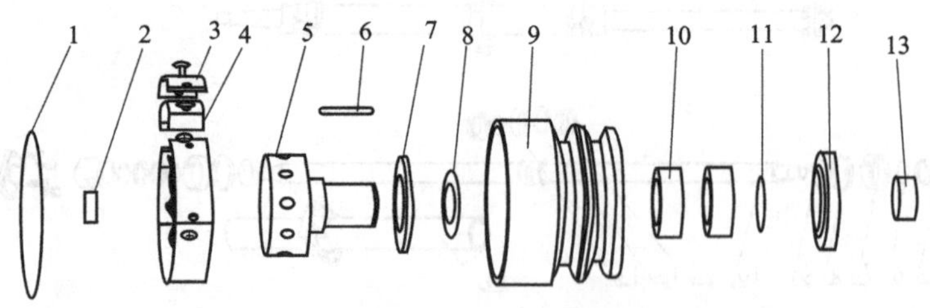

图 8—10　离合器总成拆卸装配图

1—防护盖；2—挡板；3—摩擦带；4—离心块；5—内碟组件；6—键；7—定位压圈；8—挡油环；9—离合器皮带；10—轴承；11—轴用弹性挡圈；12—轴承盖；13—衬套

10. 机内溢流阀的卸荷压力，在出厂前已校验好，切勿任意拆装或调整，如发生变动，应在压力机下重新校验，保证能超压卸荷。

第二节 软轴高频捣固机

软轴高频捣固机，按动力分电动和内燃两种，按捣固棒数又分为二棒(单股)、四棒和八棒(双股)软轴高频捣固机。电动软轴高频压捣固机和内燃软轴高频捣固机，只是动力部分不同，其结构、工作原理、性能、使用方法、安全注意事项及维修保养(除动力部分)基本相同。软轴高频捣固机型号很多，常用的有 ND-4.2×2 型内燃软轴高频捣固机、ND-4.2×4 型内燃软轴高频捣固机、DG150 型电动软轴高频捣固机、NRD-4 型内燃软轴高频捣固机等，其主要技术参数见表 8—2，具有结构紧凑、整机质量轻、上下道快捷、操作简单、性能稳定、捣固效果好、安全可靠，不仅能捣固线路，还能捣固道岔等特点。ND-4.2×2 型内燃软轴高频捣固机，单机两根捣固轴，结构紧凑、质量仅为 82 kg，作业很方便，既可单边捣固，也可两台联机使用进行双边捣固。现以 ND-4.2×4 型内燃软轴高频捣固机为例介绍软轴高频捣固机的结构和工作原理。

表 8—2 软轴高频捣固机主要技术参数

参数名称 \ 型号	ND-4.2×2	ND-4.2×4	DG150	NRD-4
原动机额定功率(kW)	汽油机 5.5	汽油机 6.5	三相电动机 1.5×4	汽油机 6.5
最大激振力(kN)	4.2×2	4.2×4	4×4	4.3×4
振动频率(Hz)	150	150	150	300
振幅(mm)	1.25	1.25	1.25	1.2
振捣棒直径(mm)	50	50	50	50
软轴直径(mm)	13	13	13	13
软管直径(mm)	36/46	36/46	36/46	40
整机质量(kg)	82	150	200	120

一、软轴高频捣固机的结构与工作原理

1. ND-4.2×4 型内燃软轴高频捣固机的基本结构

ND-4.2×4 型内燃软轴高频捣固机的基本结构主要由汽油发动机、离心式离合器、带传动机构、软轴组件、振捣棒组件、减振手把、机架等部分组成，如图 8—11 所示。

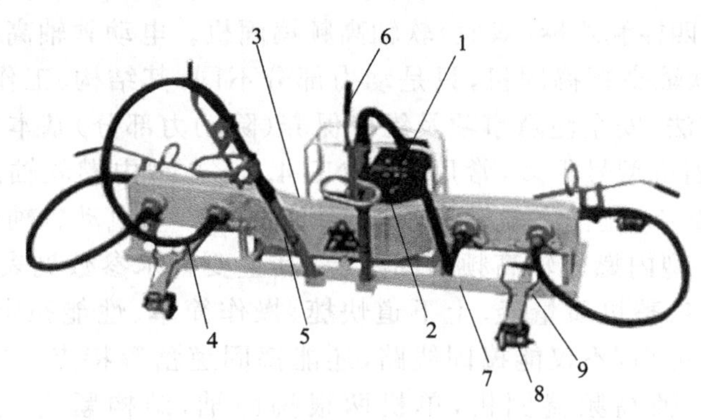

图 8—11　ND-4.2×4 型内燃软轴高频捣固机

1—汽油发动机；2—离心式离合器；3—带传动机构；4—软轴软管；5—振捣棒；6—减振手把；7—机架；8—走行轮；9—提把

发动机采用本田 GX390 风冷四冲程汽油发动机，汽缸排量为 389CC，输出功率为 13 hp/3 600 rpm。

软轴组件由软管组件、软轴芯、软轴插头(工作时插入输出轴孔内)、软轴接头(与振捣棒内的滚锥连接)组成。软管组件由软管、连接头(工作时插入机头孔内)、软管接头(与振捣棒棒壳连接)组成。

振捣棒组件主要由镐头、镐体、棒壳、滚锥、滚道、油封、轴承、软管接头、软轴接头、软轴芯 、软管锥套、软管、软轴芯钢丝护套等组成，如图 8—12所示。

减振手把由手把、弹簧、橡胶护套等组成，连接在软管前端，消除振动，便于操作。

机架上有皮带罩和防护罩，还有四个抬把，可以便捷地上下道。

2. ND-4.2×4 型内燃软轴高频捣固机的工作原理

汽油机的动力经离心式离合器、皮带轮、皮带将动力传动分配到 4 根

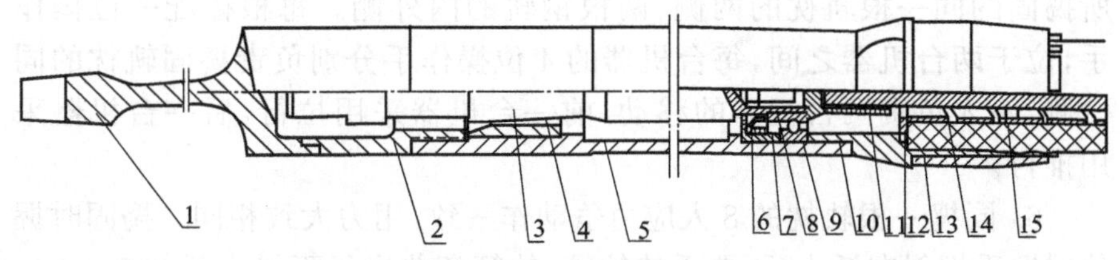

图 8—12 振捣棒结构图

1—镐头；2—镐体；3—滚锥；4—滚道；5—棒壳；6—油封；7—油封座；8—垫圈；9—轴承；10—软管接头；11—软轴接头；12—软轴芯；13—软管锥套；14—软管；15—软轴芯钢丝护套

输出轴上，从而驱动软轴，带动振捣棒中的滚锥。滚锥体的一端支承在大游隙轴承上，另一端沿滚道作纯滚动的自转和公转运动。偏心旋转的滚锥产生离心力通过滚道作用于棒壳上，并使之产生 150 Hz 高频振动。该激振力传递给镐体和镐头，形成对道砟的扰动力，道砟之间的摩擦阻力被克服或减小，使道砟近乎呈现“流动”状态，开始相对运动和重新排列。经过一段时间的振动后，道砟将枕下空隙填满从而达到密实道砟、稳固道床的目的。

二、软轴高频捣固机器的操作方法

1. 使用前做好准备，严格进行运转前的各项检查。检查所有部位，拧紧各部位紧固件，调整张紧传动带。

2. 将机头上的连接手柄旋至正上方，将软轴插头插入轴内孔，将连接头插入机头孔中，使连接手柄落入连接头圆弧槽内。扳下连接手柄，再将振捣棒插在机架上。

3. 启动机器预热、试运转。严格按规定的程序启动发动机，预热 5 min左右，调节阻风门柄的位置，把节气门控制柄置于发动机所要转速的位置(因为是离心离合器，将发动机调节到离合器不张开，动力不传输到振捣棒的转速)。

4. 抬整机上道，逐渐把阻风门柄移动到 OPEN(开)位置；把节气门控制柄置于发动机所要转速的位置。将其前端端头对地轻轻磕碰，振捣棒发出“嗡”的高频响声后即可使用。

5. 捣固时一般应采用两台机器(8 根振捣棒)成套使用，分别置于所捣固的同一根轨枕的两侧、两根钢轨的内外侧。每根棒配一位操作手，位于两台机器之间，每台机器的4位操作手分别负责捣固轨枕的同一侧，两人负责两台机器的移动，前一台机器采用拉行，后一台机器采用推行。

6. 同捣一根轨枕的8人应力争动作一致，用力大致相同。捣固时握住减振手把斜向插入(不要手持软管，软管弯曲半径不得小于250 mm)，将石砟捣入轨枕下。切勿用振捣棒撬轨枕、钢轨，应避免捣头碰击钢轨、轨枕(岔枕)和联结零件。

7. 捣固结束后，要检查水平、高低和空吊板情况，并检查捣固质量。

8. 停机下道，关闭发动机，将棒插回机器，4人一组将整机抬至铁路限界以外，不得侵限。

9. 使用完毕振捣棒应存放于干燥场所，并使软轴软管呈直线状态。如放在现场保管，则须放置在限界之外，并用防雨苫布盖好。

三、软轴高频捣固机的安全注意事项

1. 操作人员必须经过培训，熟悉该机结构、性能、工作原理，并具备一定的操作技能基础方能上道进行作业。

2. 操作手应严格执行定人包机制度。振捣棒启振后必须由操作手掌管。

3. 操作手不要手持软管，软管弯曲半径不得小于250 mm。

4. 切勿用振捣棒撬轨枕、钢轨，应避免镐头碰击钢轨、轨枕(岔枕)和连结扣件。

5. 双线地段施工时，邻线来车须停止作业。

6. 严禁机器带病上道作业，机械发生故障时应立即撤至限界外检修，严禁在线路上检修。

7. 作业完毕，捣固机如果存放于路肩上，必须稳固放置规定限界之外，并派专人看守。

四、软轴高频捣固机的保养与维修

1. 汽油机的保养维修参见第二章第一节。

2. 应经常检查各处的绝缘套、绝缘垫,需要更换的要随时更换。使用 100 h 后应检查离合器摩擦片、弹簧,失效的要及时更换。使用 200 h 后应清洗走行轮内轴承和轴承座内轴承。

3. 振捣棒中的轴承和油封系易损件,更换的方法为(参见如图 8—12 所示振捣棒结构图):拧下镐体和软管接头(左螺纹),然后夹紧软轴接头旋转滚锥(右螺纹),滚锥便与软轴接头脱开;再握住振捣棒,将伸出棒壳的滚锥竖直朝木板上轻振,振捣棒内零件除滚道外即可全部脱出(滚道为不可拆连接)。装配时反顺序进行(为拆装方便,维修工需配备管钳或压力钳)。轴承应注熔点较高的润滑脂,但不应将滚锥及滚道涂油,以免打滑。

4. 在运行中若发生软轴转动而棒头不振或振动无力(即打滑)的情况,一般是由于棒头内渗入水、油、粉尘等物所致,这时应拆开棒头,清除棒头内各零件表面的粉尘、油污、水份,用清洁汽油洗净,凉干后再重新装上。

5. 每捣固 5 km 线路后应将减振手把与软管连接的螺母松开旋转 180°后再重新拧紧以改善软管的受力状态,延长其使用寿命。软轴软管组件使用 100 h 后应将软轴清洗一遍,凉干后涂上一层锂基润滑脂再装入软管。

第三节　手持式捣固镐

手持式捣固镐按动力分为电动和内燃两种形式,电动(一般采用单相或三相交流电动机)手持式捣固镐和内燃(一般采用二冲程汽油机)手持式捣固镐,只是动力部分不同,其结构、工作原理、性能、使用方法、安全注意事项及维修保养(除动力部分)方法基本相同;按捣固工作原理又分为振动式、冲击式和挠动振实式手持捣固镐。

一、振动式手持捣固镐

振动式手持捣固镐结构和工作原理与软轴高频捣固机基本相同,其型号很多,常用的有 NDG-4 型、N-4 型等手持式二冲程内燃振动捣固镐,主要技术参数见表 8—3。动力通过离心式离合器、软轴带动振捣棒中的滚锥,偏心旋转的滚锥产生离心力通过滚道作用于棒壳上,并使之产生 150 Hz 高频振动。该激振力传递给镐体和镐头,形成对道砟的扰动力,使道砟之间的摩擦阻力被克服或减小,道砟近乎呈现"流动"状态,开始相对运动和重新排列而达到道床的密实稳固。该机器具有结构紧凑、体积小、质量轻、手提便携、上下道方便、操作简单、安全可靠等特点,特别适用于线路、道岔、隧道、桥涵等线路的零小维修、保养作业。但对于"密实"、"板结"道床和混凝土岔枕道岔就显得力不从心。

表 8—3 手持式捣固镐主要技术参数

参数/名称 \ 型号	冲击镐			振动镐		挠动振实镐	
	BH23	CND	DCD-45	NDG-4	N-4	Z3G-230	D-3
原动机额定功率(kW)	二冲程汽油机 5.5	二冲程汽油机 2.0	220 V 1.3	二冲程汽油机 1.46	二冲程汽油机 1.42	220 V 0.3	380 V 0.35
冲击频率(Hz)	22	22	23	—	—	—	—
冲击能(J)	55	45	45	—	—	—	—
最大挠动力(kN)	—	—	—	—	—	3	3
额定挠动力(kN)	—	—	—	—	—	2.5	2.7
最大激振力(kN)	—	—	—	4	4.2	—	—
振动频率(Hz)	—	—	—	120～158	120～140	—	—
振幅(mm)	—	—	—	≥5	≥5	—	—
振捣棒直径(mm)	—	—	—	50	52	—	—
软轴直径(mm)	—	—	—	13	13	—	—
整机质量(kg)	23	20	18	16	21	24	21

二、挠动振实式手持捣固镐

挠动振实式手持捣固镐主要是以电动机为动力,也叫电动捣固镐。其型号很多,常用的有 Z3G-230 型、D-3 型等手持式挠动振实捣固镐,主要技术参数见表 8—3。其结构和工作原理如图 8—13 所示,鼠笼式异步电动机带动同轴偏心飞轮产生挠动力,带动弹性扇形镐板对道砟挠动振实。该机器具有结构紧凑、体积小、质量轻、手提便携、上下道方便，操作简单、性能稳定、安全可靠等特点，适用于线路、道岔、隧道、桥涵等松散线路道床的零小维修、保养作业，但对于“密实”、“板结”道床和混凝土岔枕道岔也显得力不从心。另外由于其动力是鼠笼式异步电动机，启动电流比额定电流高 5～7 倍，一组(8 台)镐作业时，轮番重复启动—做功—停机的过程中，负荷变动极大，对电机的损害极高，一组捣固镐一般需配 8～12 kW 的发电机组。

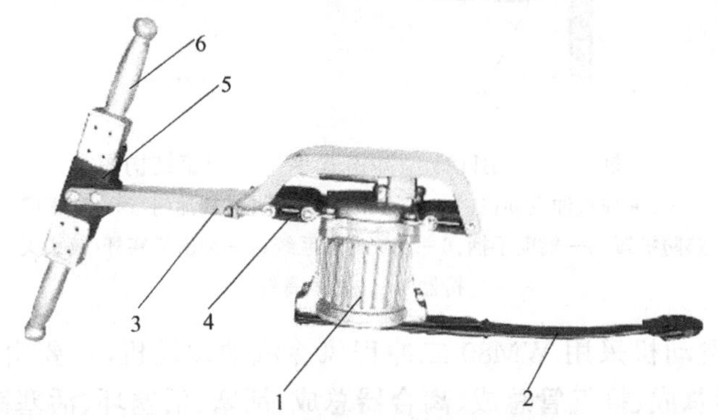

图 8—13　手持式挠动振实捣固镐

1—鼠笼式异步电动机；2—弹性扇形镐板；3—支架；4—弹性连接橡胶；5—减振橡胶；6—手柄

三、冲击式手持捣固镐

冲击式式手持捣固镐具有质量轻、体积小、使用方便、激振力大、捣固效果好、安全可靠等特点，不仅能捣固线路，还能捣固道岔，适用于各种道床的线路、道岔零小维修及保养的捣固作业。其用途非常广泛，型号也很多，常用的有 BH23 型、CND 型和 DCD-45 型等冲击式手持捣固镐，主要技术参数见表 8—3。现以 BH23 型冲击式手持捣固镐为例来阐述手持式捣固镐的结构和工作原理。

(一)冲击式手持捣固镐的结构与工作原理

1. BH23 型冲击式手持捣固镐的基本结构

其主要由二冲程汽油发动机、油箱、减振手柄(带油门)、减振隔热防护罩、辅助手柄、汽缸冲击系统、冲击活塞杆(镐头夹持器)、捣固镐头等部分组成，如图 8—14 所示。

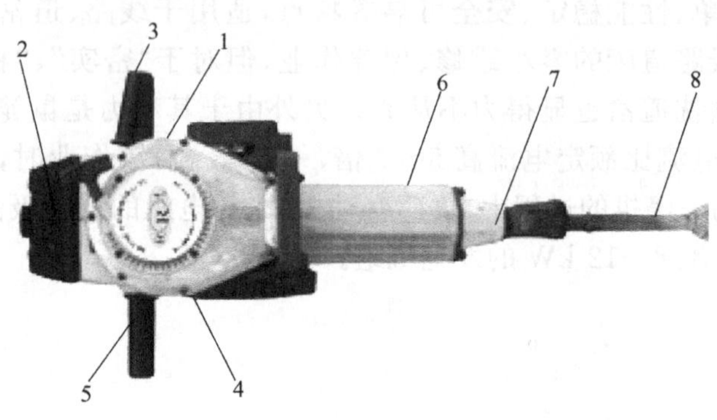

图 8—14　BH23 型冲击式手持捣固镐结构图

1—二冲程汽油发动机；2—油箱；3—减振手柄(带油门)；4—减振隔热防护罩；5—辅助手柄；6—汽缸冲击系统；7—冲击活塞杆(镐头夹持器)；8—捣固镐头

汽油发动机采用 WM80 二冲程风冷汽油发动机，主要由空气过滤器、化油器总成、排气管总成、离合器总成、活塞、活塞环、活塞销卡簧、活塞销、缸体总成、曲轴、曲轴箱、点火系统等主要部件组成，其装配、拆卸如图 8—15 所示。

汽缸冲击系统主要由冲击连杆组合 、冲击活塞组合、活塞销卡簧、冲击活塞导向套、导向套缸体、夹持工具头等组成，如图 8—16 所示。

2. BH23 型冲击式手持捣固镐的工作原理

二冲程风冷汽油发动机带动离合器，当发动机转速达到 2 000～3 000 r/min时，离合器张开带动汽缸冲击连杆运动，冲击活塞在活塞套内作往复运动，驱使冲击搞头对道砟进行冲击捣实。

(二)冲击式手持捣固镐的操作方法

1. 使用前的准备

(1)检查紧固件连接是否牢固，有无缺少。

(2)将汽油机和汽油机专用机油分别加入燃油箱内。

(3)检验各部位无误后准予启动。

2. 启动汽油机

(1)扶持捣固镐放置稳定。

(2)先拉动启动油门，一手握住捣固镐，一手迅速拉动启动绳启动汽

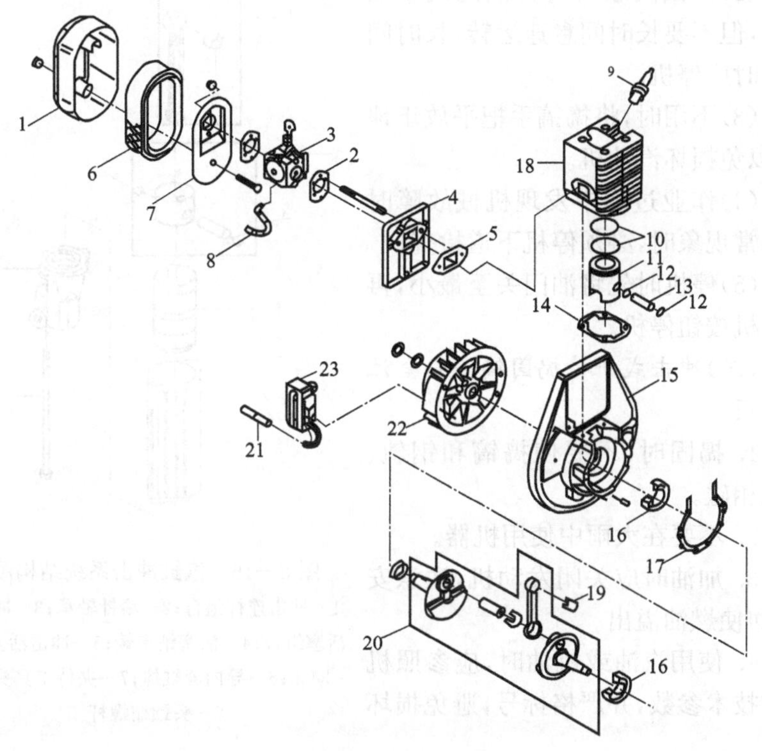

图 8-15 WM80 二冲程风冷汽油发动机

1—空滤保护罩；2—化油器垫片；3—化油器总成；4—进气口支架；5—进气口垫片；6—空气过滤器；7—空滤支架；8—排气管；9—火花塞；10—活塞环；11—活塞；12—活塞销卡簧；13—活塞销；14—缸套垫片；15—发动机壳体部件；16—滚珠滚轴；17—曲轴箱连接垫片；18—缸体总成；19—滚针轴承；20—曲轴组合；21—电线路保护壳；22—飞轮组合；23—点火线圈

油机。

(3)启动后打开风门。在怠速下(约 2 000～3 000 r/min)运转 1 min 热机，确认汽油机运转正常方可上道作业。

3. 捣固作业

(1)将汽油机门开至最大(7 000 r/min)，把镐头插入石砟进行捣固作业。

(2)捣固间歇时可将油门调小至怠速,但不要长时间怠速运转,长时间间歇时应停机。

(3)不用时,将捣镐手把平放于地面,以免损坏汽油机。

(4)作业过程中发现机械故障时或异常现象时,必须停机下道检查。

(5)停机时先将油门关至最小,再按停机按钮停机。

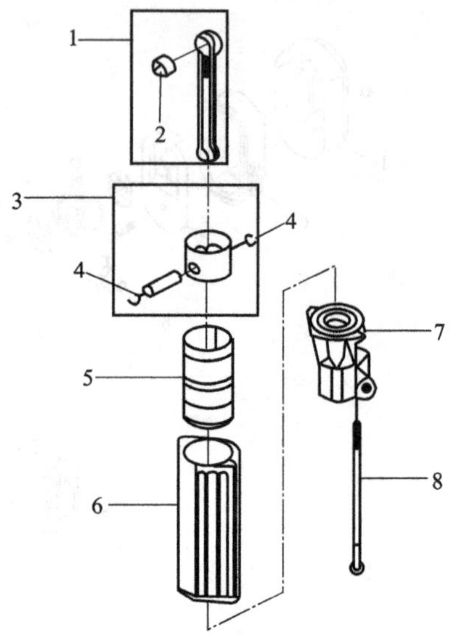

图 8—16 汽缸冲击系统结构图

1—冲击连杆组合;2—滚针轴承;3—冲击活塞组合;4—活塞销卡簧;5—冲击活塞导向套;6—导向套缸体;7—夹持工具头;8—头颈缩螺杆

(三)冲击式手持捣固镐的安全注意事项

1. 捣固时,不要使捣镐和钢轨、轨枕相碰。

2. 不要在大雨中使用机器。

3. 加油时应关闭发动机,注意安全,勿使燃油溢出。

4. 使用汽油或机油时,应参照机械的技术参数,并严格标号,避免损坏机器。

5. 加油时,不要加注过量。

6. 重新启动机器时,若油箱内残留有油,必须将燃油摇晃至均匀,否则将导致启动困难。

7. 不用时,将捣固机直立靠墙或平放于地面,避免磕碰汽油机。

(四)冲击式手持捣固镐的保养与维修

1. 冲击式手持捣固镐燃油和润滑脂的使用

两冲程混合油比率为 1 ∶ 50,新机或大修启用时机油与燃油混合比率为1 ∶ 25,使用常规无铅 93 号汽油。机油必须使用 FC 级别及以上型号。

冲击系统及曲轴箱润滑脂一般采用壳牌 Shell Lx2 润滑脂。

2. 冲击式手持捣固镐的日常保养与维护周期

根据使用情况和使用频率,由熟练的技术人员,对内燃式捣固机进行安全操作的检查，必要时，还应对机器进行修理。维护周期的规定见表8—4。

表 8—4　冲击式手持捣固镐维护周期表

新机器使用大约 8 h 后检查所有外表螺栓是否正常紧固		
组　　件	维护工作	维护周期
机体、紧固件、燃油系统、捣固镐头	检查外表受损情况、紧固状态，并进行紧固 检查油箱盖是否拧紧，如果未拧紧要重新拧紧 检查油门线是否平稳工作 检查镐头的磨损情况，如果必要，应修磨、重新锻造或更换镐头	每天
空气清洁器、散热器	检查滤芯，清洁或更换 检查散热片是否清洁，如果必要，应清洁	每星期
点火系统、镐头夹持器	检查火花塞、火花塞间隙(0.5 mm) 检查镐头夹持器是否磨损，如果必要应更换	每月
冲击汽缸	通过黄油加油孔重新加入润滑脂	20 h
轴闩	检查轴闩是否紧固，如果必要，应重新紧固(75 N·m)	80 h
曲轴箱	更换曲轴箱润滑脂	600 h

3. 冲击式手持捣固镐的日常保养与维护

(1)发动机的日常保养与维护

①空滤：通过敲打或吹气方式(由内到外)清洁。禁止使用汽油或同类清洁剂，严重脏污的或清洁过多次的空滤要更换，安装前检查空滤座。

②燃油系统和化油器：定期清洁，用高压气吹喷嘴。

③火花塞：清洁潮湿或脏的火花塞，检查火花塞间隙(0.5 mm)。

④点火：模块与飞轮间隙为 0.3～0.4 mm。

⑤汽缸：保持散热片清洁。

⑥启动器：每 200 h 润滑轴承及螺丝。

(2)冲击系统及曲轴箱的日常保养与维护

润滑脂检查，通过曲轴箱上红色的加油嘴每月加注润滑脂。每600 h，更换曲轴箱内的润滑脂。用适用的清洗剂清洗轴承，并加注 2/3 满润滑脂，切勿加入过多或过少。

4. 汽油机的保养维修

汽油机的保养维修参见第二章第一节。

第九章　常用钢轨螺栓机械扳手

铁道线路在通过列车荷载的不断冲击碾压下，会产生一些线路病害，必须经常进行维护和保养，恢复线路规定标准的几何尺寸和几何状态，保证线路稳定，确保列车安全、平稳运行。进行铁路的维护和保养，会对零配件螺栓拆卸和安装，如轨枕螺栓、夹板螺栓，扣件螺栓。大量的螺栓松卸和拧紧，用传统的手动扳手劳动强度大、速度慢，已不能满足铁路现代维修保养标准的要求，更达不到扭矩标准的要求，只有机械螺栓扳手才能胜任。

常见的机械螺栓扳手种类有很多，按驱动形式分为电动螺栓扳手、液压螺栓扳手和内燃螺栓扳手；按结构形式分为手持式螺栓扳手和架式螺栓扳手，架式螺栓扳手又分为单头螺栓扳手和双头螺栓扳手。

第一节　电动螺栓扳手

电动螺栓扳手整机质量轻、体积小、携带方便。该机采用动扭矩冲击动力设计，松紧螺栓快，安全可靠，可配备加长搬杆和多种型号套筒，适用于工务施工、维修使用的螺栓松卸和紧固。一般采用扭矩 400～1 000 N·m(可调节)，螺栓套筒 M16～32 的电动螺栓扳手。

一、电动螺栓扳手的结构与工作原理

1. 电动螺栓扳手的结构

电动螺栓扳手主要由电机、变速变扭器、套筒头、启动开关、正反向开关、扭矩调节旋钮、机壳、手柄等组成，如图 9—1 所示。

电机主要由轴承座、轴承、风扇、转子、挡风板、定子、绝缘垫圈、电机壳、碳刷、电容、开关等组成，如图 9—2 所示。

变速变扭器主要由从动冲击块、主动冲击块、直齿轮、主轴、压簧、防护端盖、头壳等组成，如图 9—3 所示。

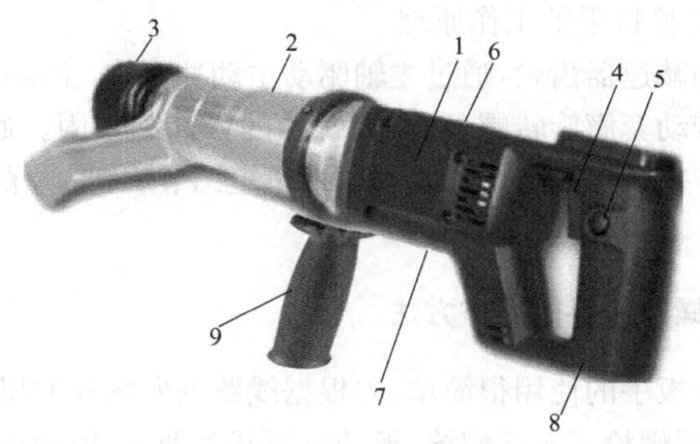

图 9—1　电动螺栓扳手

1—电机；2—变速变扭器；3—套筒头；4—启动开关；5—正反向开关；6—扭矩调节旋钮；7—机壳；8—手柄；9—辅助手柄

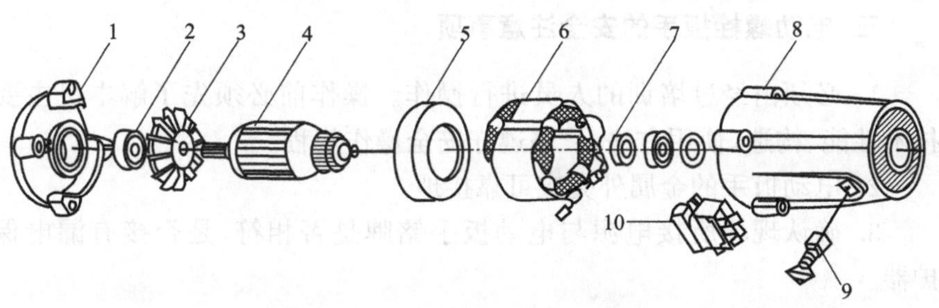

图 9—2　电动螺栓扳手的电机结构图

1—轴承座；2—轴承；3—风扇；4—转子；5—挡风板；6—定子；7—绝缘垫圈；8—电机壳；9—碳刷；10—电容

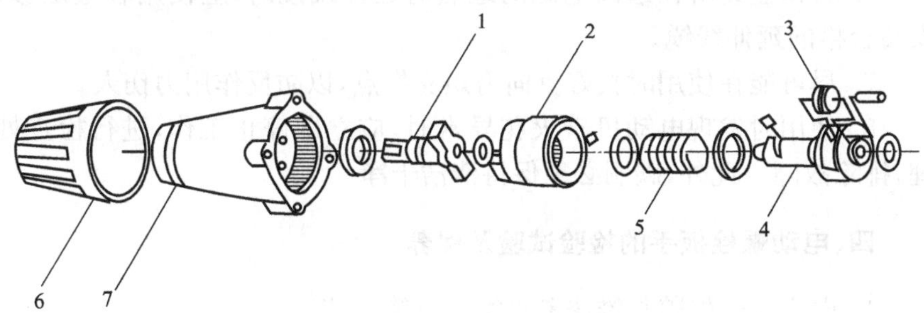

图 9—3　变速变扭器结构图

1—从动冲击块；2—主动冲击块；3—直齿轮；4—主轴；5—压簧；6—防护端盖；7—头壳

2. 电动螺栓扳手的工作原理

电机带动减速器齿轮，通过主轴驱动主动冲击块，主动冲击块再驱动从动冲击块带动套筒旋转螺丝，完成螺栓的松卸和紧固。通过正反转开关转换扳手转向，完成螺栓的松紧；通过扭矩调节旋钮，调节压簧，完成扭矩的调节。

二、电动螺栓扳手的操作方法

电动螺栓扳手的使用很简单，先根据线路处所螺栓的扭矩要求，调准好扭矩，再紧固螺栓。对准螺栓，扳动电源开关即可，扳动正反转开关，转换扳手转向，实现螺栓的松卸和紧固。在紧固螺栓的时侯，当套筒打滑卸荷时，已达到紧固扭矩，关闭开关。

三、电动螺栓扳手的安全注意事项

1. 必须由经过培训的人员进行操作。操作前必须先了解本机主要技术性能、构造、使用方法，严格遵守安全操作规程。

2. 电动扳手的金属外壳应可靠接地。

3. 确认现场所接电源与电动扳手铭牌是否相符，是否接有漏电保护器。

4. 根据螺帽大小选择匹配的套筒，并妥善安装。

5. 在送电前确认电动扳手上开关断开状态，否则插头插入电源插座时电动扳手将出其不意地立刻转动，从而可能导致人员伤害危险。

6. 若作业场所在远离电源的地点需延伸线缆时，应使用容量足够、安装合格的延伸线缆。

7. 尽可能在使用时找好反向力矩支靠点，以防反作用力伤人。

8. 使用时发现电动机碳火花异常时，应立即停止工作，进行检查处理，排除故障。此外，碳刷必须保持清洁干净。

四、电动螺栓扳手的检验试验及保养

1. 电机部分保养与维修参见第二章第二节。

2. 电动扳手的金属外壳应可靠接地检查电动扳手机身安装螺钉紧固情况，若发现螺钉松了，应立即重新扭紧，否则会导致电动扳手故障。

3. 检查手持电动扳手两侧手柄是否完好，如有开裂或破损，需更换并安装牢固。

第二节 内燃螺栓扳手

架式螺栓扳手可分为电动、液压和内燃螺栓扳手三种类型。液压螺栓扳手扭矩大，性能稳定，扭矩调节方便准确，但必须配有液压泵站；电动螺栓扳手也需有电源或配备发电机组，使用起来的方便程度不如内燃螺栓扳手。因此内燃螺栓扳手在工务线桥维修保养中应用更为广泛。

一、内燃螺栓扳手的结构与工作原理

内燃螺栓扳手又有单头和双头两种，其结构原理和操作使用方法基本相同。内燃螺栓扳手的种类型号非常多，如 NLB-600 型、NLB-700 型、NLB-760 型、NLB-360 型等内燃螺栓扳手，其主要技术参数见表 9—1。现以 NLB-600 型内燃螺栓扳手为例介绍其基本结构和工作原理。

表 9—1 内燃螺栓扳手主要技术参数

参数名称 \ 型号	NLB-600	NLB-700	NLB-760	NLB-360
发动机额定功率(kW)	汽油机 4.9	汽油机 4.9	汽油机 4.9	柴油机 1.47
最大力矩(拧松)(N·m)	＞400	1000	760	360
拧紧扭矩(N·m)	80～170	0～450	0～450	360
套筒转速(r/min)	70～85	71～186	35～245	590
套筒升降行程(mm)	≥70	≥70	≥70	600
套筒数量(个)	2	1	1	1
套筒中心距(mm)	214±1.0	—	—	—
整机质量(kg)	72	88	96	65

1. NLB-600 型内燃螺栓扳手的基本结构

NLB-600 型内燃螺栓扳的基本结构主要由四冲程汽油发动机、齿轮变速变扭箱、调高螺栓、安全挂钩、换向手柄、操作杆、扭矩调节器、抬机手柄、轨道走行轮、稳机杆件、地面走行轮、螺母套筒等组成，如图 9—4 所示。

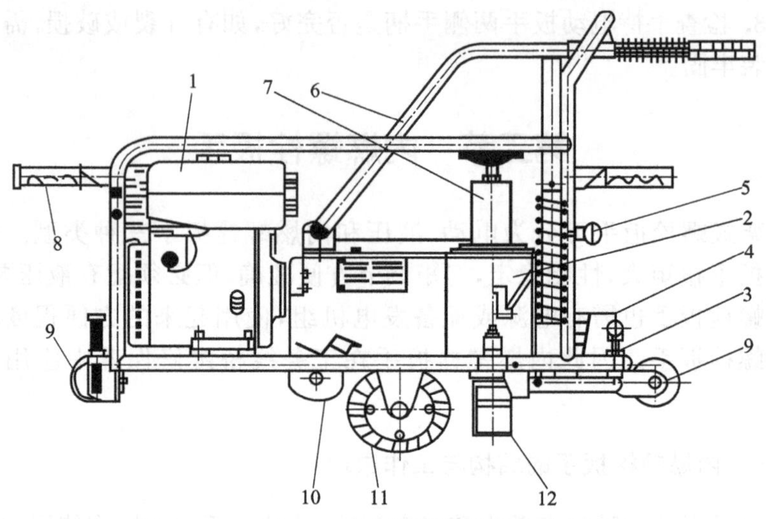

图 9—4　NLB-600 型内燃螺栓扳手的基本结构

1—四冲程汽油发动机；2—齿轮变速变扭箱；3—调高螺栓；4—安全挂钩；5—换向手柄；6—操作杆；7—扭矩调节器；8—抬机手柄；9—轨道走行轮；10—稳机杆件；11—地面走行轮；12—螺母套筒

2. NLB-600 型内燃螺栓扳手的工作原理

NLB-600 型内燃螺栓扳手的工作原理是采用汽油发动机通过转动轴将动力输送到齿轮变速变扭箱，变速箱齿轮Ⅰ级减速 Z_1、Z_2；Ⅱ级减速 Z_3、Z_4；Ⅲ级减速 Z_5、Z_6、Z_7；Ⅳ级减速 Z_8、Z_9，Z_{10}、Z_{11}后，驱动输出轴带动套筒转动，实现螺母松卸和紧固，如图 9—5 所示。

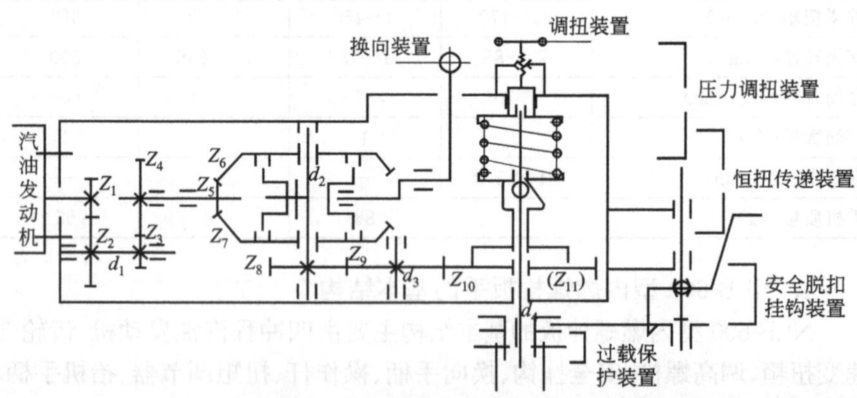

图 9—5　NLB-600 型内燃螺栓扳手的动力传输示意图

需要换向时，扳动换向手柄，在偏心轴的作用下，使 Z_6、Z_7 之间的双面牙嵌齿分别结合 Z_6 或 Z_7，从而达到换向目的。

恒扭传动是齿轮 Z_{10}（或 Z_{11}）的扭力经齿轮上凸台传给上方的凸轮窗滑动凸台，凸轮窗的斜面传给主轴横销，再使主轴输出扭力，恒扭力是靠凸轮窗斜面实现卸力的。调准扭矩是手动丝杆将通过芯轴的压簧销压缩弹簧，改变凸轮窗上传递扭矩的大小而达到调扭的目的。

过载保护装置如图 9—6 所示。在套筒与花键套的连接上采用几根短销轴，当超负时，短销轴被剪断，起到保护元件的作用。

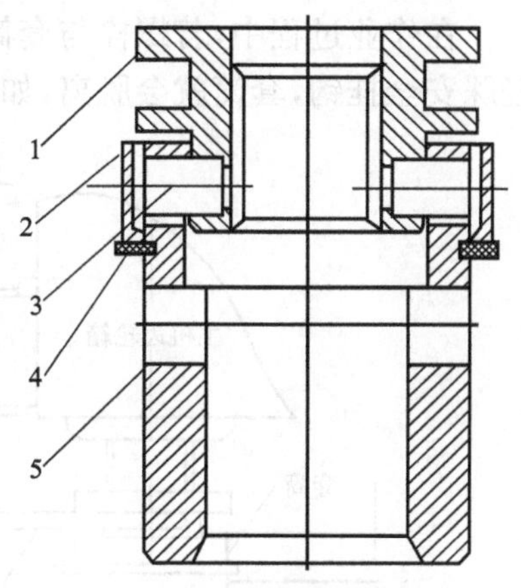

图 9—6　过载保护装置

1—花键套；2—套筒挡套；3—短销轴；4—轴用弹性挡圈；5—套筒

机架与钢轨高度的调整，如图 9—7 所示。根据钢轨的不同轨型，调整好套筒螺栓的距离，使套筒与轨枕螺栓的距离在 15～30 mm 之间，两侧调整高度一致。

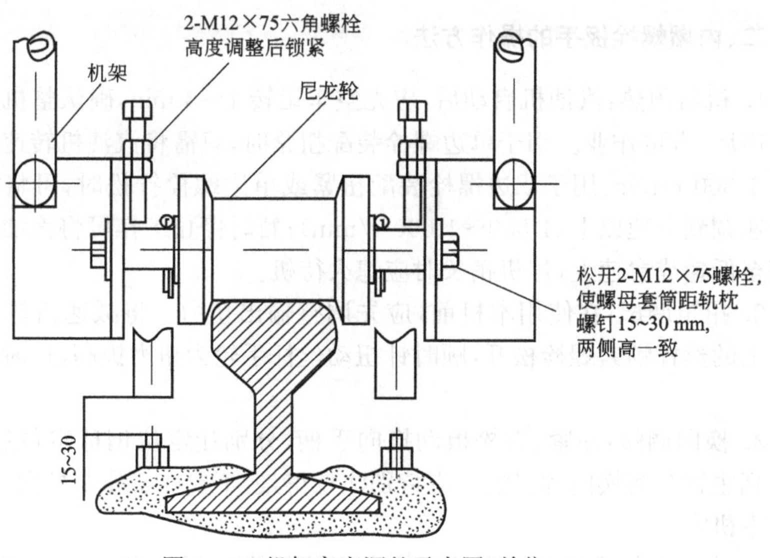

图 9—7　机架高度调整示意图（单位：mm）

在作业过程中，若螺栓与套筒卡死，机器熄火而提不起来，可用脚轻轻踩安全挂钩，套筒就会脱离，如图 9—8 所示，机器可以及时下道。

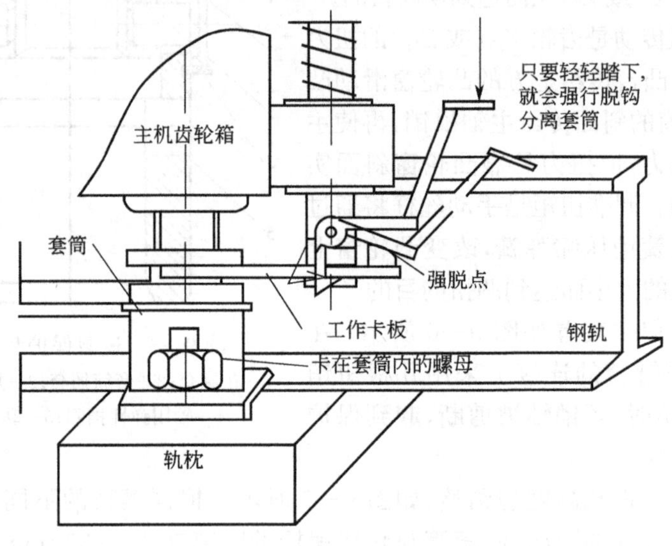

图 9—8　套筒卡死快速分离示意图

二、内燃螺栓扳手的操作方法

1. 机器预热：汽油机启动后，应先空车运转 1～3 min，确认整机无异常响声后，方可作业。用于单边螺栓装配扭紧时，只需将汽油机转速调到中速 1 300 r/min；用于双边螺栓装配扭紧或单边螺栓拧松时，可将汽油机转速调到中速以上（1 500～1 600 r/min）；暂时停止工作可将汽油机转速调至低速或怠速上，停机稍长时应熄火待机。

2. 扭矩调试：在使用本机前，应先调整输出扭力。将减速机输出主轴顶上的丝杆锁紧螺栓松开，顺时针扭动丝杆手轮为扭力提高，逆时针为降低。

3. 换向调整：左紧、右松板动换向手柄，分别让定位钢球定位后，即可达到主轴套筒换向的目的。应特别注意得是，不要在工作中换向，避免撞坏本机零件。

4. 内燃轨枕螺栓机扳手与钢轨高度的调整：检查本机套筒底面与轨

枕螺栓上顶头距离，为 15～30 mm。调整时，松开轨道轮（尼龙轮）前轴两端头上螺栓，对应高度距离合适后拧紧。先调整机套筒端，后调整发动机端，让整机前后水平，相应螺栓套筒就可垂直于轨道，使螺栓套筒与轨道螺栓同轴线。

5. 抬机器上道，准备作业。

6. 螺栓松卸紧固作业：单手操作时，应一手握机架扶手，另一手握操作杆工作；双手操作时，应双手各握一支操作杆，各自进行单、双螺栓作业。握持操作杆压下时分两步程序，第一步，压下时螺栓套筒与螺栓应对正，但套筒不接触螺栓；第二步，下压并套进螺栓转动。此操作应尽量避免套筒在螺栓表面处旋转，以免螺栓被倒角而使套筒和螺栓卡死。如果卡死，用脚轻轻踩安全挂钩，套筒就会脱离。

7. 通过岔道的操作：握住抬机扶手，用脚蹬住尼龙滚轮支架，向后向上拉抬使尼龙滚轮翻转 90°即可，再将尼龙滚轮翻回，又可继续工作。

三、内燃螺栓扳手的安全注意事项

1. 操作人员必须经过培训，熟悉该机结构、性能、工作原理并具备一定的操作技能基础，方能上道进行作业。

2. 在作业前必须试踏一下安全套筒卡板挂钩，达到一脚脱钩效果后方能作业，以保证急下道时的安全、可靠性。

3. 换向时先将套筒抬离螺栓后再换向，不要在工作中换向，避免撞坏本机零件。

4. 作业中发现机器有异常现象时，应停机进行检查，下道进行故障排除后再上道作业。

5. 在作业过程中，因各种原因导致螺栓与套筒卡住时，应及时反向旋转将螺帽卸下或脚踏下套筒卡板挂钩，抬开机器处理，然后装好套筒继续工作。

6. 如果轨道尼龙轮破损，机体与轨道绝缘电阻小于 2.5 MΩ 时，应停止作业更换。

7. 机器置于轨道上时，应放置平稳，装好稳杆附件，以防翻倒。

8. 机器在下道或运输、行走过程中，应严防摔撞、倒置，以免机器损坏。

四、内燃螺栓扳手的检验试验及保养

1. 汽油机的保养维修参见第二章第一节。

2. 内燃螺栓扳手在正常使用情况下，切勿随意拆卸以免造成人为故障。

3. 对螺栓套筒主轴滑动花键外露段和套筒卡板运动摩擦处，应适时添加普通润滑油，以减少使用中的摩擦，延长使用寿命。

4. 齿轮变速变扭箱、加力机构每工作 30 天，应检查并添加润滑脂一次。

5. 齿轮变速变扭箱、行走轮的滚动轴承每工作半年，检修一次并加注润滑脂。

6. 每次作业完成后，做好除尘保养及防锈防潮工作。严禁碰撞、摔放等野蛮操作。

7. 三天以上或长时间停机，最好将调扭手动丝杆完全松开存放，以保持凸轮压簧的弹性，不至疲劳。

8. 长期不用应放尽汽油，并用木板辅垫，置于干燥处，做好防潮、防尘、防锈等保护工作。

第十章　常用钢轨焊接机具

钢轨(含尖轨、辙叉)断面在通过列车荷载的不断冲击碾压下,会产生变形、磨耗,若变形量超过轨头断面平顺度的规定标准,就会影响列车运行的平稳度,甚至威胁列车运行安全,所以必须经常对钢轨的轨头断面进行维护、修理和更换钢轨,改善轮轨关系,提高列车通过的平稳度,同时也减少列车荷载对钢轨的冲击碾压,延缓钢轨的磨耗,延长钢轨使用寿命。

钢轨(含尖轨、辙叉)的磨耗、损伤在轻伤及以下的情况下,可以采用电焊机焊修方式进行焊补修复,恢复其原始断面状态。如果磨耗、损伤达到重伤标准就必须更换新的钢轨。在无缝线路地段,抽换轨件的接头、更换长轨条(厂焊以外的)产生的现场接头,必须进行现场线上焊接。目前,钢轨的现场线上焊接一般采用钢轨铝热焊和小型气压焊的方法。

第一节　钢轨铝热焊焊接机具

无缝线路地段抽换伤损钢轨的接头、更换长轨条(厂焊以外的)产生的现场接头,必须进行现场线上焊接,多采用铝热焊焊接方法。目前我国铁路多数采用法国拉伊台克公司和德国施密特公司的钢轨铝热焊焊接的工艺方法,其工艺流程基本相似。工艺流程为:准备工作→轨端干燥→轨端除锈去污→对轨→砂模夹具安装→砂模安装→封箱→预热→坩锅安装→点火→焊剂反应→拆模→推瘤→打磨。两种铝热焊所用的工具、机具基本相似。

钢轨铝热焊焊接常用基本工具有:对轨架(A型、轨底型)、塞尺、1 m直尺、楔铁、砂模(侧模、底板)、侧模夹、预热枪、预热枪支架、氧气表、丙烷表、坩埚盖、灰渣盘、坩埚叉等,见表10—1。

表 10—1　钢轨铝热焊焊接常用基本工具

序号	工具图示	工具名称	序号	工具图示	工具名称
1		对轨架（A型、轨底型）	7		预热枪支架
2		塞尺、1 m直尺	8		氧气表
3	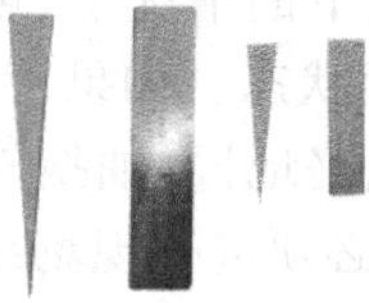	楔　铁	9		丙烷表
4		砂模（侧模、底板）	10		坩埚盖
5	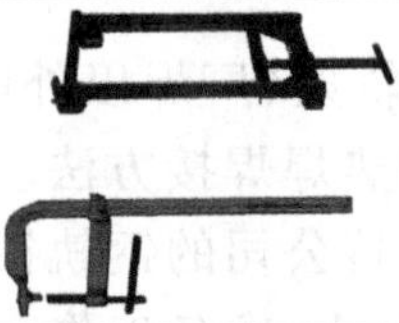	侧模夹	11		灰渣盘
6		预热枪	12		坩埚叉

钢轨铝热焊接常用机具有钢轨切割用的剧轨机，调准轨缝的拉伸机，切削浇铸瘤的推瘤机，打磨用的打磨机、角磨机、发电机等，见表 10—2。其他机具在有关章节已有介绍，现只对推瘤机进行介绍。

表 10—2 钢轨铝热焊焊接常用机具

序号	工具图示	工具名称	序号	工具图示	工具名称
1	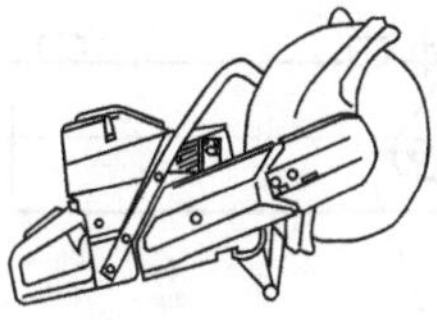	锯轨机	4		打磨机
2	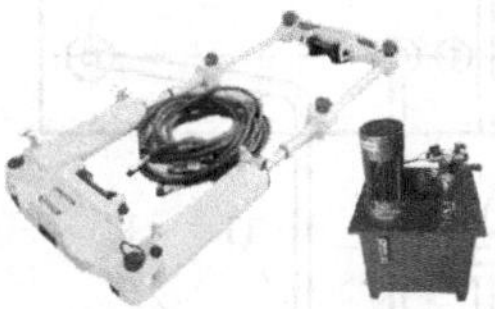	拉升机	5		角磨机
3		推瘤机	6		发电机

推瘤机采用液压油缸推力式，分为手动推瘤机和分体式液压推瘤机，除液压供油系统外，其结构和工作原理是基本相同的。手动推瘤机是手油泵和推瘤机一体化，分体式液压推瘤机是液压泵站与推瘤机分体形式，用油管连接。

一、推瘤机的基本结构和工作原理

1. 推瘤机的基本结构

推瘤机的基本结构主要由机座总成、推瘤刀头总成、推力油缸总成、导向锁定装置和液压泵站等组成，如图 10—1 所示。

机座总成主要由机座、手柄、固定横梁、移动横梁等组成。

推瘤刀头总成主要由刀头、固定调节螺栓、刮削器密封垫、传动装置横杆等组成。

推力油缸总成主要由液压油缸、活塞推力杆、油管接头、换向阀等

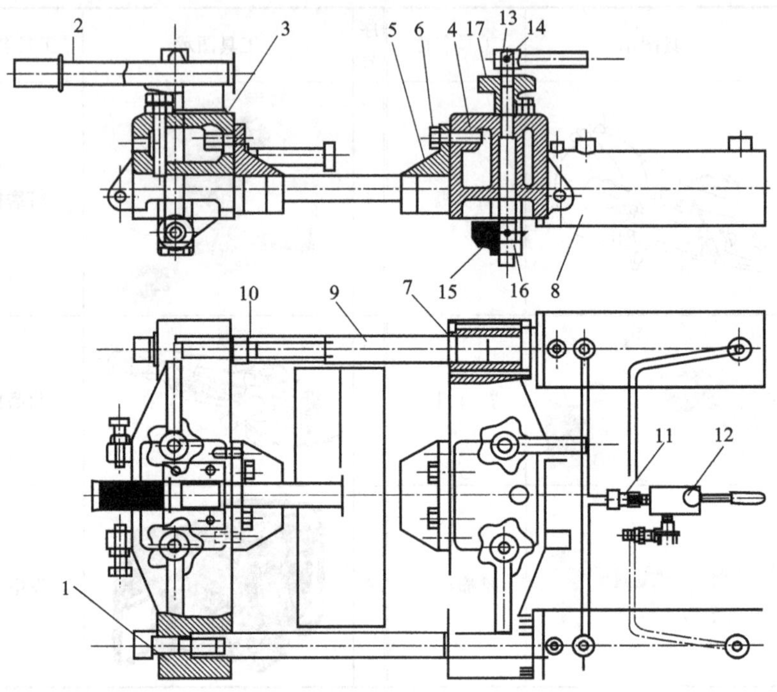

图 10—1 推瘤机结构图

1—机座；2—手柄；3—固定横梁；4—移动横梁；5—刀头；6—固定调节螺栓；7—刮削器密封垫；8—传动装置横杆；9—液压油缸；10—活塞推力杆；11—油管接头；12—换向阀；13—锁定手柄；14—松紧销；15—锁紧滚轮轴；16—滚轮导向；17—调整螺母

组成。

导向锁定装置主要由锁定手柄、松紧销、锁紧滚轮轴、滚轮导向和调整螺母等组成。

液压泵站（分体式液压推瘤机）主要由机架、油箱、液压泵、发动机、嵌齿轮、连接轴、连接器、转接器、软管、耦合器等组成，如图 10—2 所示。

2. 推瘤机的工作原理

通过手压油泵（手动推瘤机）或液压泵站（分体式液压推瘤机）给液压系统供压力油，压力油驱动液压油缸的活塞推力杆带动两个推瘤刀头完成浇铸瘤的推切。

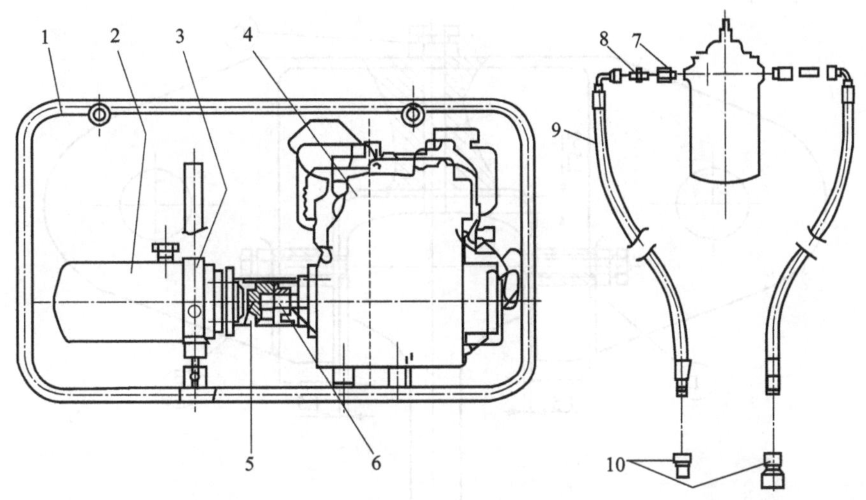

图 10—2 推瘤机液压泵站结构图

1—机架;2—油箱;3—液压泵;4—发动机;5—嵌齿轮;6—连接轴;7—连接器;8—转接器;9—软管;10—耦合器

二、推瘤机的操作方法

1. 开机前的准备工作

(1)刀头调整

①水平导向调整:推瘤单元沿钢轨的水平导向是靠 4 个导向螺栓来实现的(图 10—3 中的 D 和 E),2 个在固定横梁上,2 个在移动横梁上,同时它们也给刀头的切割边缘和轨头的侧面留有一定的间距。松开固定螺母和螺栓 D、E;调节左侧螺栓 D,使刀头的垂直切割边缘与钢轨的间距为 1.5 mm;调节右边的螺栓 E,同样也使其与钢轨的间距为 1.5 mm;最后锁紧固定螺母。

②垂直调整:活动横梁和固定横梁的调整都是通过螺栓 C 来实现的。这些螺栓在出厂时已经调好,因此在刀头的切割边缘和钢轨的运行面之间有一个 1.5～2 mm 的间距。松开固定螺母和螺栓 C(2 个),在钢轨运行面上放置一个 1.5 mm 厚的垫片,将推瘤单元放于垫片之上,拧紧螺栓 C 直至其与钢轨接触,最后锁紧固定螺母。

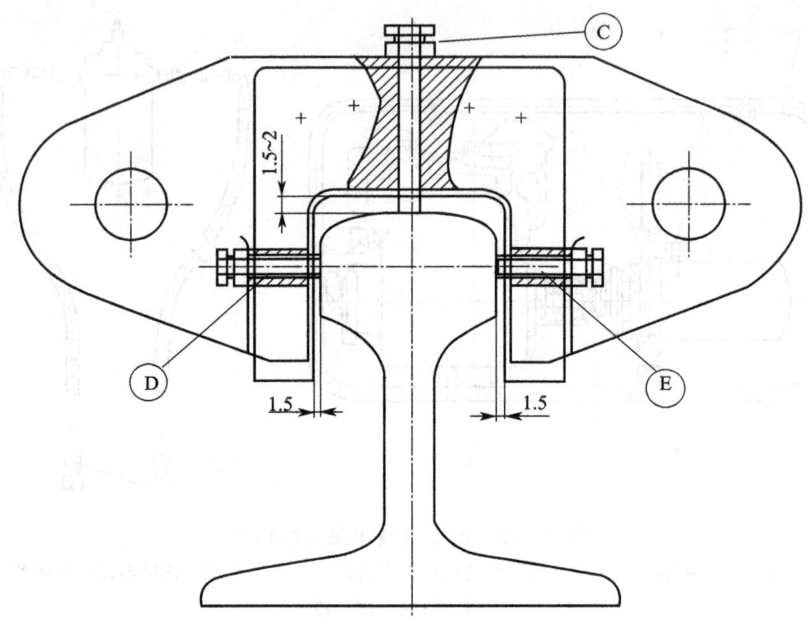

图 10—3　刀头调整示意图(单位:mm)

(2)推瘤限位的调整

为防止刀刃损坏,在调节 2 个螺栓 F(图 10—4)时,必须留 1 mm 的间隙。螺栓 F 就象安装在活动横梁上的停止块,可以防止两刀头相互接触而致使刀头损坏。

(3)锁定系统的调整

将刀头已调节好的推瘤机放在轨上,旋转锁定手柄 90°,使螺栓置于轨头之下(图 10—5);扭转带压痕的螺母 G,直至螺栓与轨头接触;将螺母 G 松 1/8 圈,使其产生微小间隙;对其余 3 个螺母进行同样操作。

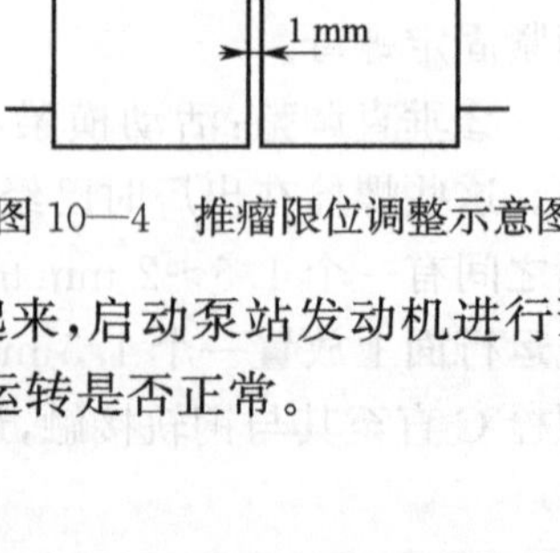

F
1 mm

图 10—4　推瘤限位调整示意图

(4)泵站试运转

将液压泵站与推瘤机用油压软管连接起来,启动泵站发动机进行预热试运转,并操作换向阀,试操作推瘤机,看运转是否正常。

2. 推　　瘤

(1)浇铸完毕，到拆模时间后，将砂模的上部去掉，移去瘤头两边的砂模，用钢丝刷清理瘤头两边从砂模上留下的砂子和残杂物。

(2)启动液压装置，将调整好的推瘤机抬于轨上，并使瘤头居于两刀头中间。

(3)转动锁定系统的 4 个螺栓，使其至于轨下。

(4)液压分配器一侧的操作人员将操作杆前推，进行推瘤(对着自己为回程)。自右至左快速操纵小柄杆，液压泵传递的压力油驱动液压油缸的活塞推力杆带动两个推瘤刀推切浇铸瘤，一旦限位螺栓触及活动横梁，立即回退操纵杆，以免刀头和液压泵受热时间过长。

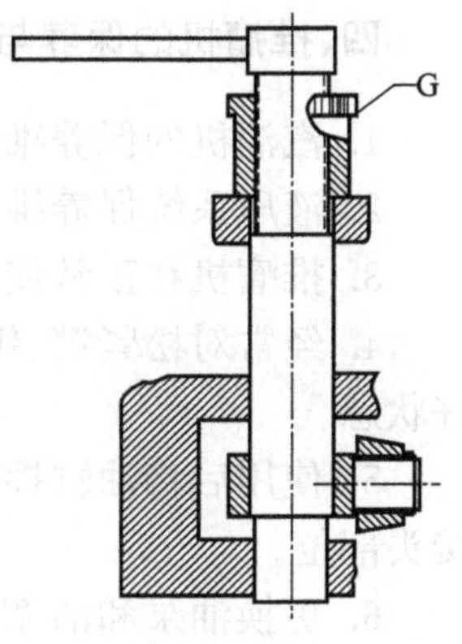

图 10—5　导向锁定调整示意图

(5)松开锁定系统螺栓，将推瘤机从轨上移走，用大锤将瘤与钢轨连接的钢柱打掉。

三、推瘤机的安全注意事项

1. 铝热焊操作人员必须经过培训，熟悉该机结构、性能、工作原理，并具备一定的操作技能基础，否则不能执机操作。

2. 推瘤机在作业之前，必须检查其安全性能是否可靠，检查各限位是否正确，并进行调整。

3. 在每次刀头磨刃或更换后，都应该将机器进行一次系统的调整(刀头调整、推瘤限位的调整)。

4. 根据焊接钢轨的几何断面情况，必须对锁定系统进行相应的调整，确保推瘤质量和效率。

5. 推瘤机与液压泵站连接好后才可启动液压泵。

6. 推瘤必须快速完成，否则瘤头冷却时间过长会使推瘤难以进行。

7. 作业完毕，机器解体时，一定将推瘤机的活塞推力杆收回活塞中，以免活塞推力杆变形，影响机器的正常使用。

8. 快速管接头拆卸后，立即盖好防尘盖，保持液压系统的清洁。

四、推瘤机的保养与维修

1. 汽油机的保养维修参见第二章第一节。

2. 液压系统保养维修参见第一章第二节。

3. 推瘤机在正常使用情况下，切勿随意拆卸以免造成人为故障。

4. 经常对松紧销、锁紧滚轮轴、滚轮导进行保养，适时润滑，保持良好状态。

5. 使用后将油缸擦洗干净，尤其是活塞推力杆、连接油压软管和管接头部位。

6. 更换油泵和活塞杆上的O形圈和尼龙垫时，要注意对正安装位置，否则将减弱密封的功能，或降低密封圈的使用寿命。

7. 机内溢流阀的卸荷压力，在出厂前已校验好，切勿任意拆装或调整，如发生变动，应在压力机下重新校验，保证能超压卸荷。

8. 要得到较好的推瘤质量，推瘤刀头切割边缘的形状至关重要。刀头必须系统地检查和磨刃(大约每进行50次推瘤磨刃一次)，刀头磨刃标准参照图10—6进行。

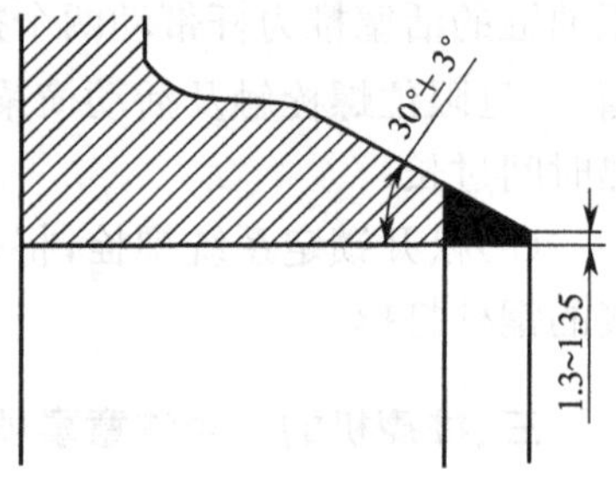

图10—6　刀头磨削示意图

(单位:mm)

9. 在每次刀头磨刃或更换后，都应该将机器进行一次系统的调整，调整刀头的位置，调整推瘤的限位，留约1 mm的间隙。

第二节　发电电焊两用机

钢轨(含尖轨、辙叉)的磨耗、裂纹、掉块等伤损在轻伤及以下可以采用电焊机堆焊焊修方式进行焊补修复，恢复其原始断面状态。在铁路沿线基本上没有可用的动力电源，一般采用发电电焊两用机，还可以对线路道岔其他的零配件进行焊接。

发电电焊两用机是以汽油机或柴油机为动力旋转发电，通过整流模块提供电焊用直流电，又称为内燃直流弧焊发电机，可以作为电焊机用，同时也可以作为一个发电机用，具有发电电焊一体化、质量轻、移动方便等优点。发电电焊两用机非常多，动力有柴油机和汽油机两种，如EW280E型 、HW260D型、AXQ-200型、AXQ1-250型等发电电焊两用机，主要技术参数见表10—3。现以AXQ1-250型为例介绍发电电焊两用机的基本结构和工作原理。

表10—3 发电电焊两用机主要技术参数

型号		EW280E	HW260D	AXQ-200	AXQ1-250
弧焊发电机	空载电压(V)	70～75	80	80±5	60～95
	工作电压(V)	22～30	28.8	22～28	22～30
	电流调节范围(A)	50～280	60～220	40～220	50～250
	负载持续率(%)	100	100	100	100
	辅助电源电压(V)	D C220	D C220	AC230/400	D C220
	辅助电源功率(kW)	3	3	3/4	3
发动机	发动机型号	GX620	Z482	GX390	GX620
	排气量(CC)	617	479	389	617
	油箱容量(L)	26	17	25	26
	冷却方式	风冷	水冷	风冷	风冷
	启动方式	手动、电启动	电启动	手动	电动
整机	长×宽×高(mm)	900×600×600	944×556×710	830×540×690	890×600×735
	质量(kg)	185	150	89	96

一、发电电焊两用机的结构和工作原理

1. AXQ1-250型发电电焊机基本结构

AXQ1-250型发电电焊机的基本结构，主要由机架、油箱、发电机、消音器、减振器、走形轮、轨行轮、蓄电池、电控箱、发动机、电压表、指示灯、电流表、电流调节旋钮、保险座、辅助电源输出插座、焊接输出插座等组成，如图10—7所示。

2. AXQ1-250型发电电焊机的工作原理

该发电机为交流中频发电机，由定子(电枢)、转子、支承和控制等四部分组成。发动机转动，拖动发电机转子旋转，发电机电枢绕组(定子绕

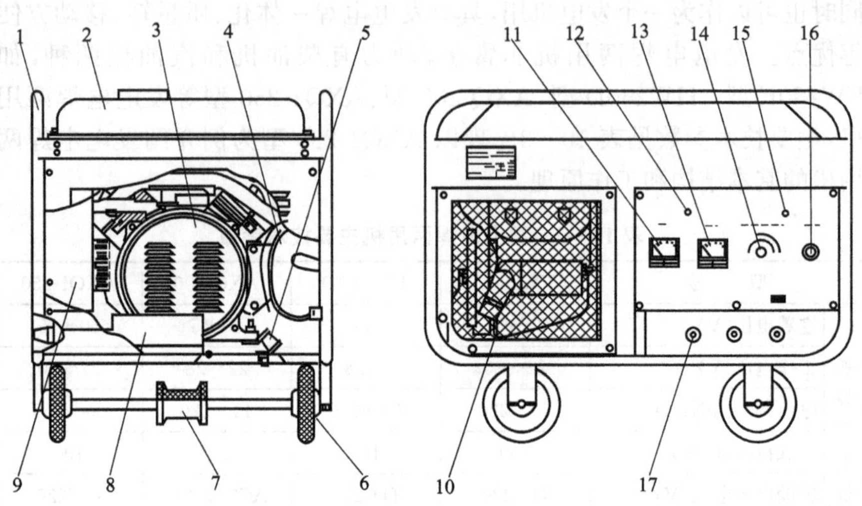

图 10—7　AXQ1-250 型发电电焊机结构简图

1—机架；2—油箱；3—发电机；4—消音器；5—减振器；6—走形轮；7—轨行轮；8—蓄电池；9—电控箱；10—防护罩；11—电压表；12—指示灯；13—电流表；14—电流调节旋钮；15—保险座；16—辅助电源输出插座；17—焊接输出插座

组）产生感应交流电势，经桥式整流后作焊接直流电源或辅助电源。AXQ1-250 型直流弧焊发电机电气原理如图 10—8 所示。

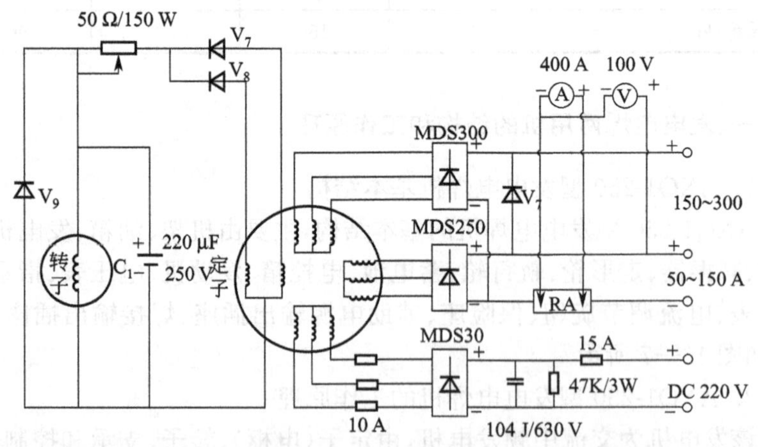

图 10—8　AXQ1-250 型直流弧焊发电机电气原理图

二、发电电焊两用机的操作方法

1. 启动发动机，怠速运行 3～5 min，观察机器有无异常。如果有异常，请关闭发动机检查；如果无异常，逐渐把发动机转速升到工作转速。

2. 检查焊机的指示灯或电压表有无电压指示。如果没有电压指示，说明发电机没有发电，请把电流调节旋钮调到最大，如果还是没有，关闭发动机检查励磁回路；如果有电压指示，可以准备焊接。

3. 焊接电缆线的连接：将随机附件中的焊接电缆、焊接插头、焊钳、接地钳分别连接起来。黑色的焊接插头与接地钳连接，红色的焊接插头接焊钳。焊接电缆的长度根据需要适合配置。焊接电缆截面面积与电流、导线长度的关系参见表 10—4。一般情况下，正极接焊钳，负极接工件，也可根据实际需要采用直流反接法（如合金钢辙叉的堆焊焊补一般采用直流反接法）。再将焊接插头分别连接至焊机的焊接输出插座，并用力旋紧，以防止接触不良而烧毁焊接插头、插座。焊机的输出插座为 3 个，2 个红色的为正极，黑色的为公共负极，如图 10—9 所示。正极分为 2 个挡位，1 个为 50～150 A（适合 150 A 以下的焊接电流），另一个为 150～250 A（适合 150 A 以上的焊接电流），可根据焊接电流的大小选择不同的挡位，以获得满意的焊接效果。

表 10—4　焊接电缆截面面积（mm^2）

电流（A）＼电缆长度（m）	20	40	60	80	100
100	16	25	35	50	60
200	25	35	50	60	70
300	35	50	60	70	85
400	50	60	70	85	95
500	60	70	85	95	120

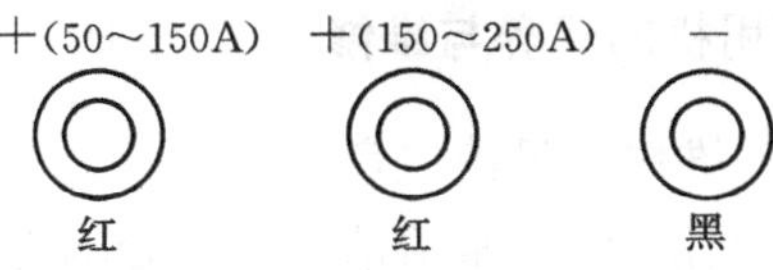

图 10—9　焊机的输出插座

4. 电流调节可通过调节控制面板上的电流调节旋钮,选择合适的电流大小。

5. 在焊接前,应把焊口清理干净。如果工件需要开坡口,需把坡口开好,以得到良好的焊接效果。如果焊条受潮,必须将受潮焊条放置于烘箱在150℃的高温下烘焙30～60 min。

6. 在连接好焊接电缆和启动发动机后,戴上面罩和手套。根据工件的厚度选择合适的电流,以及适当的焊条直径进行焊接。焊条直径的选择见表10—5。

表10—5 焊条直径的选择

焊条直径(mm)	2.0	2.5	3.2	4.0	5.0	5.8
焊接电流(A)	40～70	70～110	100～150	160～210	200～260	260～310

三、发电电焊两用机的安全注意事项

1. 必须由经过培训并取得合格证的专业人员进行操作。

2. 操作时应戴好电焊手套、电焊面罩等劳保防护用品。

3. 检查机组零部件是否齐全牢固,检查发电机是否受潮,其绝缘电阻应不低于0.4 MΩ,否则应对发电机进行绝缘干燥处理。用手转动发动机,检查是否运转无阻。各项检查和准备确认无误后方可启动发电机组。

4. 机组需要接地时,请将地棒插入地下,用接地线将机壳和接地棒连接。

5. 应避免焊机在雨中或长期在潮湿的环境中使用。

6. 由于发动机功率及其他原因,电焊与输出的直流220 V辅助电源不要同时使用;交流用电器不能在该机上使用;交直流两用的工具可以在该机上使用(如手电钻、角磨机、电磨等);可以使用白炽灯照明。

四、发电电焊两用机的保养与维修

1. 汽油机的保养维修参见第二章第一节。

2. 保持焊机干燥、清洁,经常清洁机身各处的尘土。

3. 每次使用前应检查各处的螺栓、螺帽是否松动。

4. 定期检查油路、气路是否通畅。

5. 定期检查滑环，如果发现有积碳或烧蚀现象，需用粒度较小的砂纸，在发动机怠速时除去。

6. 定期检查电刷，如果发现接触不良，应及时处理；如果电刷已无法接触，需及时更换。

7. 发电机部分出现故障需要维修保养，按图 10—10 所示结构进行拆卸、装配。

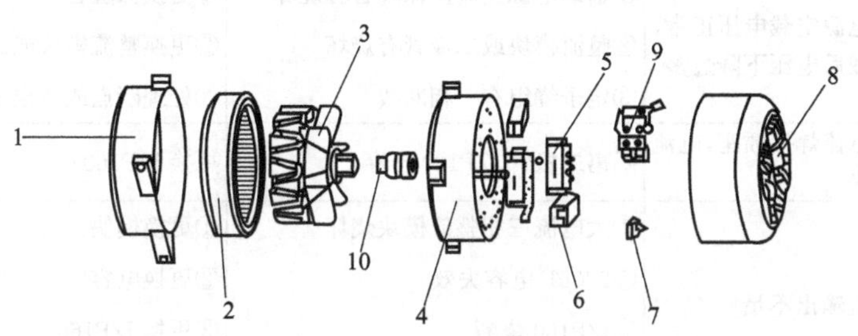

图 10—10 发电机的结构图

1—后端盖；2—定子总成；3—转子总成；4—前端盖；5—整流模块；6—隔离二极管模块；7—单项整流全桥模块；8—机壳；9—碳刷组件；10—集电环

8. 常见故障及排除方法见表 10—6。

表 10—6 常见故障及排除方法

故障现象	原因	排除方法
无空载电压，也无辅助电源电压	①转速太低	①调整转速
	②电流调节旋钮未旋到最右端	②将旋钮旋到最右端
	③初始励磁线圈烧坏	③更换线圈
	④初始励磁整流模块烧坏	④更换整流模块
	⑤励磁回路断路	⑤检查
	⑥220μF 电容击穿	⑥更换电容
	⑦续流二极管击穿	⑦更换二极管
	⑧励磁整流二极管损坏	⑧更换二极管
	⑨碳刷被卡住	⑨调整碳刷
	⑩集电环太脏	⑩清理集电环

续上表

故障现象	原因	排除方法
电流调节旋钮只有右旋到底才有电压,左旋无电压	瓷盘变阻器烧断	更换瓷盘变阻器
焊接正常,无辅助电压	①辅助电源保险管烧断 ②整流模块、二极管烧坏 ③0.1μF/630 V电容击穿	①更换保险管 ②更换模块、二极管 ③更换电容
辅助电源空载电压正常,但带负载后电压下降过多	①辅助电源交流侧保险管有烧坏 ②整流模块或二极管有烧坏 ③定子绕组有一相断线	①更换保险管 ②更换整流模块或二极管 ③处理断点或换定子
用小电流焊接插座,电流调不下来	隔离二极管 IZP160 击穿	更换 IZP160
大电流输出不足	①大电流三相整流模块烧坏 ②220μF 电容失效 ③IZP160 烧断 ④汽油机转速下降过多	①更换模块 ②更换电容 ③更换 IZP160 ④检查汽油机
发电机内冒烟或机壳有高热(立即停机)	①定子与转子有摩擦 ②定子绕组有短路 ③三相整流模块内部击穿	①调整定转子间隙 ②换定子 ③换模块

第三节　钢轨小型气压焊焊接机具

无缝线路地段更换长轨条(厂焊以外的)产生的现场接头,进行现场线上焊接,主要是采用铝热焊焊接和小型气压焊焊接。钢轨铝热焊焊接机具第一节已作介绍,本节主要介绍钢轨小型气压焊焊接机具设备。

气压焊的基本原理是:通过燃气火焰对钢轨两端紧密黏合的清洁断面加热,待黏合面附近的钢轨被加热到塑性状态,金属原子具有足够的"活化能",能够穿过黏合面相互急剧扩散时,即对黏合面加压顶锻。在高温高压的条件下,施以足够的挤压力使焊接表面之间的距离压短到原子间力的相互作用半径,达到分子间的金属链连接,完成重新再结晶,而得到牢固的钢轨焊接接头。

气压焊的主要工艺流程为:准备工作→轨端除锈去污→对轨→安装机具→夹紧→点火→摆火→第一阶段高压焊接→第二阶段低压焊接→第三阶段快摆、高压顶锻→关火→顶锻保压→推瘤→退刀→卸压→正火→打磨→探伤等工序。

小型气压焊焊接是利用移动式气压焊设备进行钢轨接头焊接,主要由压接机、推凸刀具、加热器、控制箱、液压泵站、冷却装置、直轨器、钢轨端面打磨机、手持砂轮机、发电机、氧气、乙炔等设备及材料组成。现就压锻焊接装置(压接机、推凸刀具、加热器、控制箱、液压泵站、冷却装置)进行介绍,其他机具设备在相关章节已作介绍。目前我国铁路多数采用YJ-720-BT-ZS型、YJ-440-BT-ZS型和YH型等移动式小型气压焊焊接设备,焊接使用的主要设备基本相同,压锻焊接机的主要技术参数见表10—7。

表10—7 压锻焊机主要技术参数

名称 参数 型号	YJ-720-BT-ZS	YJ-440-BT-ZS	YH
油泵电机功率(kW)	4	4	4.5
系统额定压力(MPa)	55	44	40
顶锻额定推力(kN)	720	440	452
推凸额定推力(kN)	510	370	—
顶锻油缸最大行程(mm)	300	155	155
推凸油缸最大行程(mm)	140	140	—
加热器摆动距离(mm)	(10～70)±1	(10～70)±1	—
加热器摆动频率(次/min)	30～100	30～100	—

现以YJ-720-BT-ZS型移动式小型气压焊设备为例介绍小型气压焊焊接机的组成、基本结构、工作原理及使用方法。

一、YJ-720-BT-ZS型移动式小型气压焊设备特点和结构原理

YJ-720-BT-ZS型移动式小型气压焊设备是一种数字化移动式钢轨气压焊焊轨机具,具有机、电、液、汽一体化,采用数字化智能控制模块进行自动控制,实现自动摆火、摆幅与摆速的调节;三段压力自动转换控制;

气体配比与流量智能控制；自动化程度高、安全可靠等特点。

设备的基本结构是由数字化控制箱、压接机（包括推凸装置）、加热器、控制箱、水冷装置、高压电动泵站及辅助配套部分、直轨器、除瘤割炬、端磨机、顶磨机、手把砂轮、管路系统、氧气瓶、乙炔气瓶及发电机等组成，如图 10—11 所示。

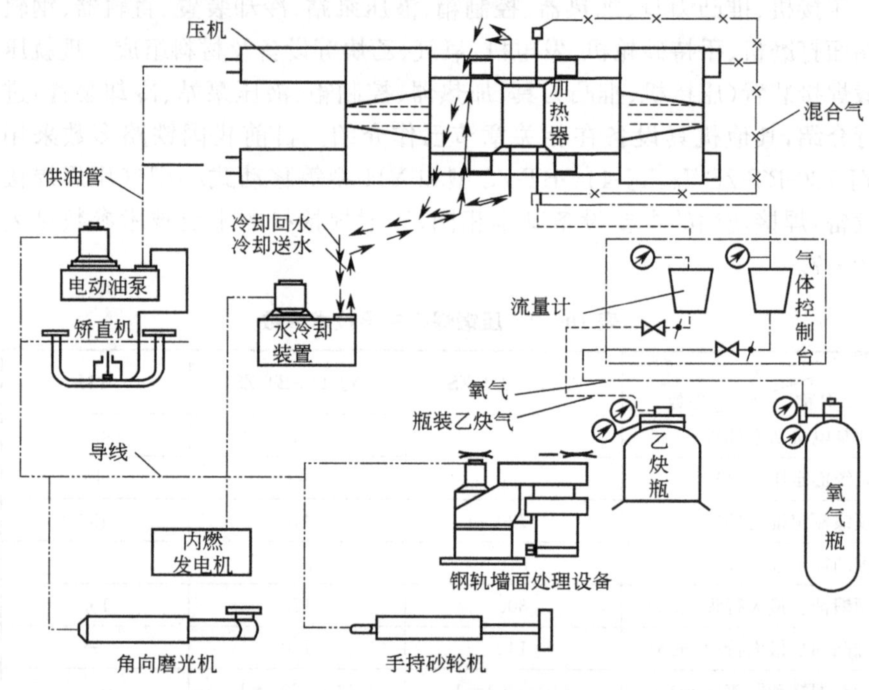

图 10—11　小型气压焊设备组成示意图

(一)压 接 机

1. 压接机的功能和基本结构

(1)压接机总成

压接机也叫压机，是移动式气压焊中的主要设备，用来夹紧两根待焊钢轨，按技术要求固定其相对位置；提供加热器的支撑、固定和摆动；提供焊接过程中的顶锻力，保证钢轨端面焊接和焊后完成推除焊瘤等，主要由顶锻油缸、推凸油缸、顶锻活塞杆、推凸活塞杆、加热器摆杆机构、推凸刀具座、机座、斜铁和连接油管等组成，如图 10—12 所示。

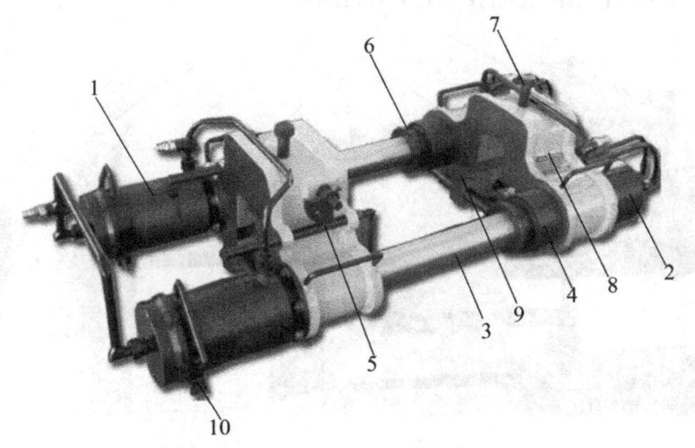

图 10—12 钢轨压接机结构图

1—顶锻油缸；2—推凸油缸；3—顶锻活塞杆；4—推凸活塞杆；
5—加热器摆杆机构；6—推凸刀具座；7—轨顶调节螺栓；8—机座；
9—斜铁；10—油管接头

(2)压接机夹轨装置

夹紧力是靠斜铁夹紧来实现，夹紧力随顶锻力呈正比例增加，夹持牢固，焊接中无打滑跑轨现象，其结构如图 10—13 所示。夹紧部位为轨腰，夹紧点位置布置在钢轨纵向“中心轴”上，预顶及顶锻时，被焊钢轨无旁弯力。焊后钢轨保持平直，一般不需调直。

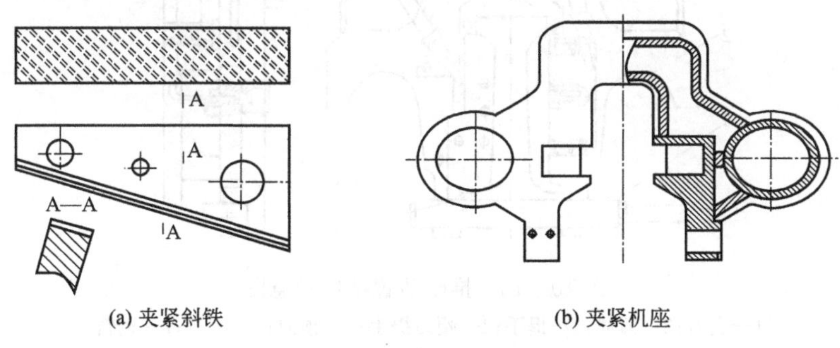

图 10—13 压接机夹轨装置示意图

(3)加热器摆杆机构

如图 10—14 所示，加热器摆杆机构主要由摆火对中控制装置、传动连接杆、涡轮蜗杆、加热器推动杆等组成。

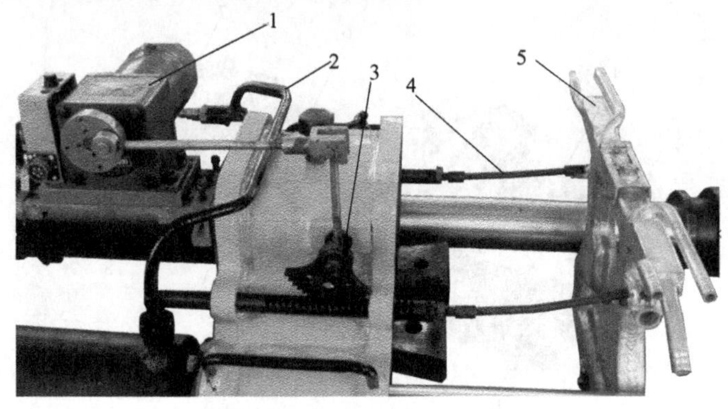

图 10—14　加热器摆杆机构

1—摆火对中控制装置；2—传动连接杆；3—涡轮蜗杆；4—加热器推动杆；5—加热器

(4)推凸装置

推凸装置主要由底刀、刀体、顶刀、腰刀和机座组成，如图 10—15 所示。推凸刀体在推凸油缸的推力下推削焊接凸瘤。

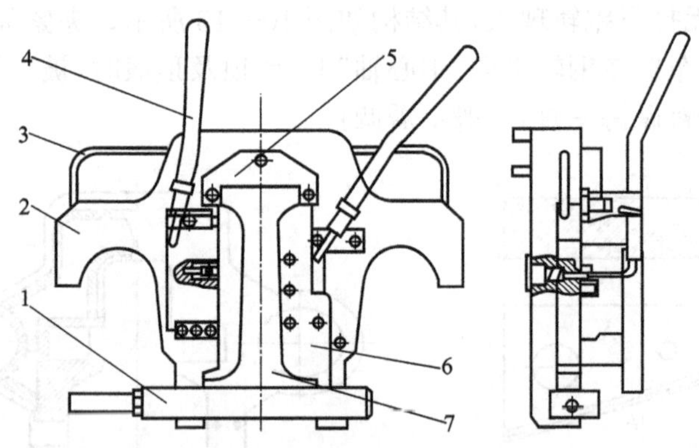

图 10—15　推凸装置结构示意图

1—底刀；2—刀体；3—提手；4—腰刀提手；5—顶刀；6—腰刀；7—钢轨

2. 压接机的工作原理

待焊钢轨的轨端除锈去污后进行对轨调整，再安装压接机，将斜铁夹紧钢轨，操作顶锻油缸进行预顶及顶锻，使钢轨两端紧密黏合。通过加热器的燃气火焰对钢轨两端紧密黏合的清洁断面加热，待黏合面附近的钢轨被加热到塑性状态，金属原子具有足够的“活化能”，能够穿过黏合面相互急剧扩散时，再操作顶锻油缸对黏合面加压顶锻。在高温高压的条件下，施以足够的挤压力使焊接表面之间的距离压短到原子间力的相互作用半径，达到分子间的金属链连接，再关闭加热器进行顶锻保压，使焊接表面之间金属结晶体完成重新再结晶，而达到牢固的钢轨焊接接头。随后进行推瘤、正火、打磨和探伤等工艺过程。

(二)液压泵站

1. 液压泵站的结构和功能

液压泵站为系统提供高压油，驱使顶锻油缸和推凸油缸完成顶锻焊接和推凸功能。其结构主要由推凸缸电动换向阀、调压阀、推凸缸压力表、顶锻缸电动换向阀、顶锻缸压力表、电动机及油泵、控制箱、溢流阀、油箱和控制系统组成，如图 10—16 所示。

图 10—16　液压泵站结构图

1—推凸缸电动换向阀；2—调压阀；3—推凸缸压力表；4—顶锻缸电动换向阀；5—顶锻缸压力表；6—电动机及油泵；7—控制箱；8—溢流阀；9—油箱

2. 液压泵站及液压系统的工作原理

如图 10—17 所示，径向柱塞泵由三相交流电机带动，将油箱的油抽上油路，起到将机械能转换成油液的压力能的作用，是液压系统的动

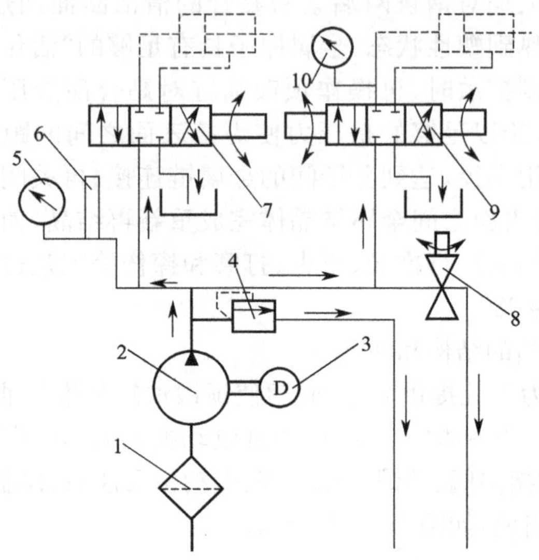

图 10—17 液压系统的工作原理示意图

1—油箱;2—柱塞泵;3—动力(电机);4—溢流阀;5—油路压力表;6—压力变送器;7—推瘤换向阀;8—压力调节阀;9—顶锻保压换向阀;10—保压表

力源。当油路的压力超过设定的某个最大值时,溢流阀将开通放油,从而起到使油路压力降低到最大值以下的作用。压力调节阀为系统起调压的作用。推瘤油路用的换向阀起到使推瘤油缸完成推瘤和退刀两个动作的作用。顶锻油路用的保压换向阀,起到使顶锻油缸完成夹紧和松开这两个动作的作用,该阀具有的保压功能,能使焊机在顶锻完毕后,保持住顶锻时的压力,从而使焊机能完成保压推瘤的动作。油路压力表用于显示油路主压力。压力变送器用于检测油路的主压力并将压力信号转换成电压信号输出。保压表用于显示保压油路保持住的压力值。

(三)加 热 器

1. 加热器的特点和功能

加热器是使燃料气与氧气混合并实现燃烧的装置,其作用是实现将被焊钢轨轨缝处均匀加热到焊接所需的温度。加热器内部含有气路系统和水路系统。两侧的混合气都是由同一混合室供给,保证了两侧混合气质量的均匀性，火焰质量较高。其结构如图 10—18 所示。

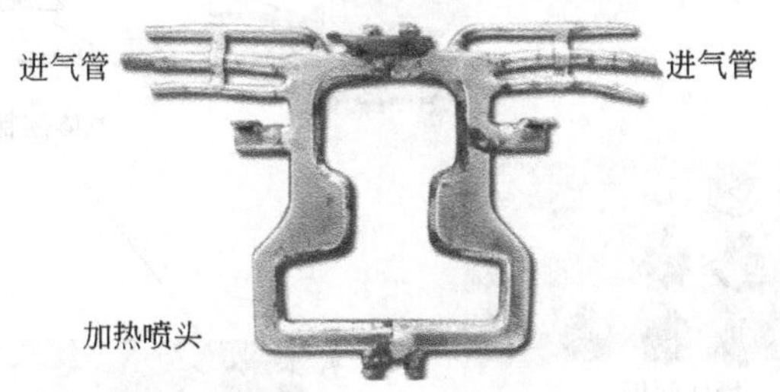

图 10—18 加热器

2. 加热器的工作原理

在射吸式加热器中，保证氧气与燃料气的供给、均匀混合及保证混合气体成分稳定不变的主要部件是喷射器。喷射器工作原理如图 10—19 所示，当氧气以高压、高速由喷口 d_1 喷入射吸室 d_2 时，在圆锥形环面积 F 处及附近出现低压或真空区，此时，该区对燃料气产生吸入力。由于氧气的喷射，将燃料气吸入射吸室后，两种气体间存在很大的速度差，因此二者间产生相互摩擦和碰撞开始混合。当射入 β 角锥形管后，因这段管的扩散作用，流速减慢，压力升高，并在这段锥形管内达到两种气体的均匀混合，为流入加热器的导气系统和由火孔喷出创造了条件，使喷射器具有了连续、稳定供气和使气体均匀混合成份稳定的功能。

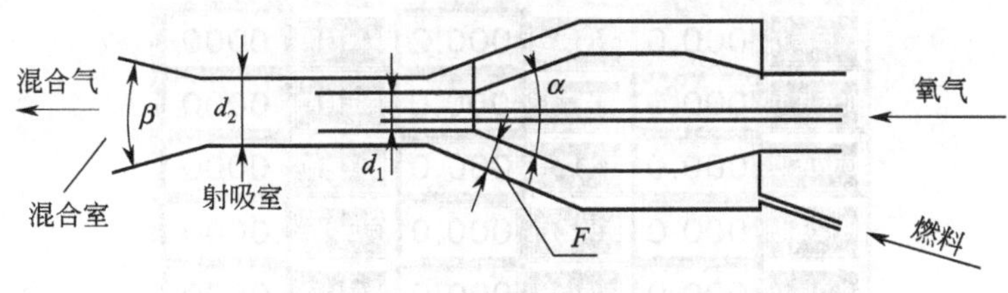

图 10—19 加热器的工作原理示意图

(四)控制箱及数字化控制系统

1. 控 制 箱

控制箱是数控移动式气压焊中的核心装置，是一“人机界面—可编程序控制器”，是焊接总过程的控制系统，如图 10—20 所示。

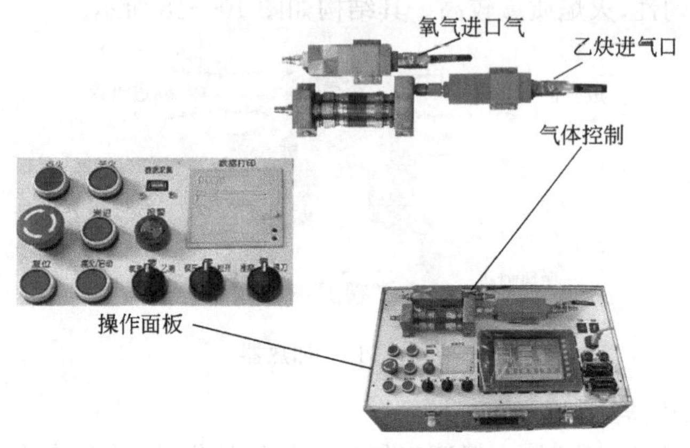

图 10—20 控制箱

控制箱主要负责对钢轨焊接过程的控制，包括对温度控制参量采集、三段加压、气体流量、顶锻位移、加热器摆动等多系统的协调与控制，并对控制效果及系统工作状态进行实时监控。

在焊接时可进行工艺参数预置，焊接模式设置，系统修正、调整工况。系统设置了 20 种参数平台，根据需要进行相应的焊接参数设置。如预顶位移、保压焊接工步位移、低压位移、预顶位移＋低压焊接工步位移、总位移、低压位移＋顶锻工步位移＋惯性位移等设置，其参数设置界面如图 10—21 所示。

保压压力	000.0	焊接氧气	000.2	保压时间	0000
低压压力	000.0	焊接乙炔	000.0	低压时间	0000
顶锻压力	000.0	正火氧气	000.0	快摆时间	0000
推瘤压力	000.0	正火乙炔	000.0	顶锻时间	0000
退刀压力	000.0	预顶位移	000.0	推瘤时间	0000
松开压力	000.0	低压位移	000.0	正火低速	0000
返回		总位移量	000.0	正火高速	0000
		时间--秒；位移--毫米；压力--兆帕；流量--升			

图 10—21 参数设置界面

2. 数字化控制系统

数字化控制系统的传感器(敏感元件、转换元件)按照精度要求将被测量转换为与之有确定对应关系的电信号。通过转换电路将信息输入电子计算机系统进行信息处理,实现计算机与外部设备(如执行机构、传感器、动力源和人机交互设备等)之间的连接和信息交换,使伺服驱动电动调压和液压执行元件(泵、阀、油缸)按设定程序执行动作完成工序,如图10—22所示。

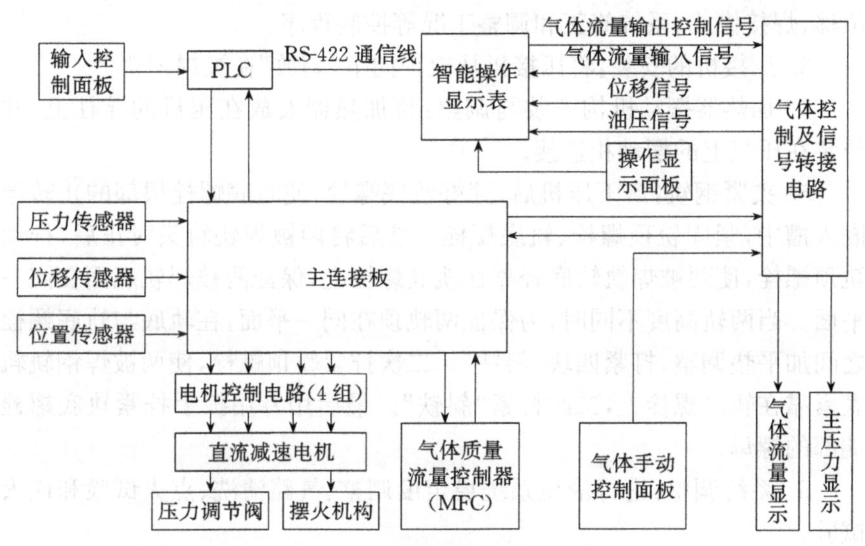

图10—22 数控系统原理示意图

焊接工艺过程按工艺要求、预置时间进行程序设定后,由程序进行顺序控制,实现焊接的整个工艺过程能程序化、自动化进行,包括自动摆火与对中、自动焊接(第一阶段高压焊接→第二阶段低压焊接→第三阶段快摆、高压顶锻→关火→顶锻保压)、自动推凸、自动退刀、自动卸压、自动正火等工序。

加热器摆幅、摆频根据工艺要求可任意设置,由控制程序自动调节;焊接三段顶锻压力数字给定、自动转换控制及智能柔性调节;焊接热源氧、乙炔气体的流量数字给定、恒值控制、气体配比柔性调节控制。焊接过程由数字化控制系统自动控制,无需人工操作,完全消除了人为因素对接头质量的影响,实现了钢轨焊接全过程的顺序控制与闭环智能控制,能够可靠保证焊接过程参数的一致性、工艺参数重现性和稳定性，能保证钢轨接头焊接质量的稳定。

二、YJ-720-BT-ZS 型移动式小型气压焊设备的使用操作方法

YJ-720-BT-ZS 型移动式小型气压焊设备的使用操作方法如下：

1. 连接好管路、电路，开机预热试运行。

2. 工艺参数预置：根据现场实际具体情况，按照工艺要求设置预顶位移、焊接模式、系统修正和调整工况等控制程序。

3. 压接机的安装：将压接机从轨顶向下“骑放”在被焊钢轨上。

4. 加热器摆动机构安装与调整：将加热器安放在压机的导柱上，并与装在压机上的摆动相连接。

5. 夹紧钢轨：落下压机后，穿好轨底螺栓，使轨底螺栓根部的止转键嵌入槽中，紧固轨顶螺栓、轨底螺栓。然后将两被焊轨轨头对正后，拧动轨顶螺栓，使两被焊轨轨底轻靠在轨底螺栓上，保证两被焊轨底面在同一平面。当两轨高度不同时，为保证两轨顶在同一平面，在轨底与轨底螺栓之间加平垫调整，打紧四块“斜铁”。二次拧紧轨顶螺栓，使两被焊钢轨轨底紧靠在轨底螺栓上，二次打紧“斜铁”。最后用专用扳手拧紧轨底螺栓端部的螺母。

6. 系统调整：进行液压系统稳定度调整、气路清洗、点火试验和摆火试验。

7. 预顶及顶锻：用高压油管连接好液压泵站和压接机，操作三通两侧顶锻油缸推动右横梁在两卧式导柱上滑动，左右横梁夹持着钢轨，当右横梁沿两卧式导柱与右横梁作相对运动时，实现预顶及顶锻。

8. 点火：将氧气及乙炔气体截止阀扳至开通位，启动“点火”按钮，氧气及乙炔质量流量控制阀随即开通，待乙炔流量达到规定值时点燃气体，大约 15～20 s 后氧气升至规定值。随后可根据火焰状态分别对氧气和乙炔的供气量进行微调，调整幅度为 0.2～0.3 L/次。

9. 焊接：按动“摆火/启动”按钮，系统自动进行，顺序为保压焊接→低压焊接及快摆→顶锻→保压推瘤→退刀五个过程。低压焊接可通过操作界面的触摸按键对焊接气体及系统压力进行微调。根据模式设定，焊接计时时间（或预顶位移或钢轨温升）到，则程序自动进入“快摆→顶锻”

工步；也可以通过点动“延时”或“递进”按钮进行人工干预，延时或提前进入下一工步。顶锻前，摆火电机开始快摆(顶锻前快摆)，快摆计时时间到则开始顶锻，当顶锻位移量(或顶锻计时时间或顶锻压力)到达，则关闭气体，摆火电机停止摆动，自动进入保压推瘤阶段。此时操作人员迅速将加热器推到紧贴顶锻油缸的位置，也可以通过点动“延时”或“递进”按钮进行人工干预，延时或提前进入下一工步。

10. 焊瘤的推除：焊轨顶锻前安放刀垫，与压机左横梁密贴；压机对钢轨顶锻焊接，松开压机左横梁轨顶螺栓，被焊钢轨达到要求顶锻量后油缸卸压、换向使压机油缸后退，用大锤打松左横梁斜铁；加热器与摇火机构脱钩移至压机导柱右端极限位置；放入前刀体，推入腰刀，插入底刀；加热器熄火，油缸换向、提压，压机油缸推动左横梁带动推凸刀具完成对焊凸的推除。

11. 压接机复位：推凸后，换向阀换向，油缸活塞向相反方向运动，推动左横梁带动推凸装置向后移动到原始位置，关掉油泵，切除高压油。

12. 取下推凸装置：先抽出底刀，拉开两侧腰刀后取下前刀体，然后取下后刀垫。

13. 取下压机：在压接机复位、取下推凸装置后，松开轨顶螺栓，卸下轨底螺栓；退出斜铁，手持提手提起压机，越过轨顶取下压机。

14. 正火：安装正火架在需要正火的钢轨接头上，设定好正火工序的相应参数。然后在“系统初始化”及“调整工况”操作界面，点击“正火”按钮即进入正火工况。按摆火对中→点火→摆火启动操作，则系统自动进入“低速"及“高速”正火的自动控制。正火程序结束后拆除加热器及正火架。

15. 打磨：焊接、正火工序完成后，进行打磨探伤开通线路。

三、YJ-720-BT-ZS 型移动式小型气压焊设备使用的安全注意事项

1. 操作人员必须经过培训，熟悉设备的性能和操作方法及安全使用规定方准实际操作。

2. 操作人员操作该设备时，必须穿戴好安全防护用品。

3. 每次作业要检查气路、油路有无泄露，严禁气体泄漏作业。

4. 作业前检查电压、油压应在规定的范围之内。

5. 作业时严禁明火接近气源。

6. 作业中若出现严重回火现象时应立即切断气源，防止火灾。

7. 作业完成后，应将设备移出线界之外，确保行车安全。

四、YJ-720-BT-ZS 型移动式小型气压焊设备的维护和保养

(一)日常维护与检修

1. 每次作业完毕或转移工地时，应将气路、液压油路的所有接口进行封闭，防止尘埃或污物污染系统。

2. 定期对液压系统的密封情况进行检查，发现漏泄及时处理。

3. 每年(或完成 1 200 焊头后)应将数控箱，高压泵站进行系统检测调试与维修，以保证系统参数的稳定性及准确性。

(二)常见故障的分析与处理

1. 系统压力为零分析与处理

(1)检查油泵电缆线是否连接完好，其内部结构如图 10—23 所示。

图 10—23　YJ-720-BT-ZS 型移动式小型气压焊设备油泵电线路图结构图

1—油泵电机接触器；2—油泵电机接触器控制继电器；3—调压电机驱动板；4—推瘤电机驱动板；5—顶锻电机驱动板

(2)检查操作界面的检测状态显示是否正常，若不正常为系统故障，

需指派专业人员进行维修处理。若正常进行下列检查步骤,系统操作界面显示如图 10—24 所示。

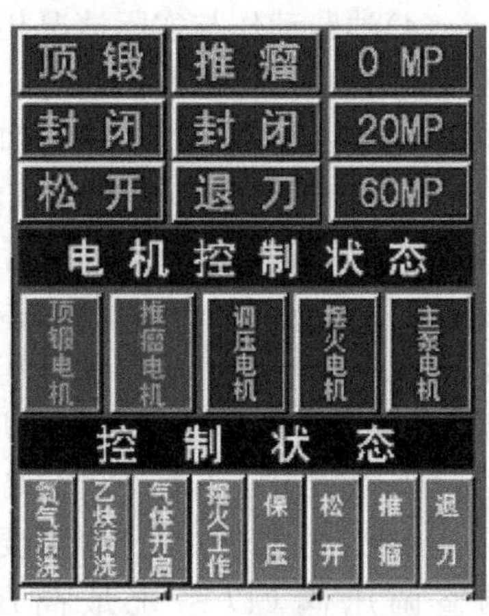

图 10—24　系统操作界面

①主泵电机不工作:检查油泵电机接触器、油泵电机接触器控制继电器是否故障,故障则更换。非故障则检查三相电源。

②换向不到位:检查换向电机驱动板是否故障,故障则更换。非故障则检查相应的感应开关是否故障,若有故障则更换。若感应开关无故障则检查拆卸换向阀,以及电机是否转动、齿轮是否啮合不良、油路是否泄漏等。

③调压电机不工作:换向电机驱动板是否故障,故障则更换。非故障则检查相应的感应开关是否故障,故障则更换。非故障则检查拆卸换向阀,以及电机是否转动、齿轮是否啮合不良、油路是否泄漏等。

2. 摆火电机不工作分析与处理

(1)检查摆火电缆线是否连接完好。

(2)检查控制箱下面板上的摆火电机保险丝是否已经烧损。

(3)若上述正常,则为摆火电机调速板损坏,应更换。

3. 气路油路工作异常故障处理

(1)无气体输出:

①检查气路是否连接完好。

②检查氧气瓶和乙炔瓶是否已经打开。

③检查气路管道是否有被堵塞的地方。

(2)有气体输出,但显示表显示值不稳定时,应检查氧气瓶开通后压力是否在 0.25～0.3 MPa 之间,乙炔瓶压力表给定压力是否在 0.15～0.17 MPa 之间。若压力调节不能达到上述范围,可能是压力表损坏或瓶气压不足,应更换压力表或气瓶。

(3)加热器点火后发生放炮或者回火情况时,要立即按下“关火”(或复位)按钮,然后关断氧气及乙炔截止阀。

(4)油路动作与实际情况相反时，因油路接反而引起的，只需要将接反的那对油管对换即可，还有一种错误情况是顶锻油路与推瘤油路刚好接反，则只需将两对油管对换即可。

4. 调压电动阀磨耗后的调整

电动调压阀在长期使用后其内部的锥阀体与阀座会产生相对磨耗，造成调压限位接近开关检测点偏移，引起液压系统工作异常。主要表现是：系统最高压力调不到 60 MPa；20 MPa 压力设定点偏低。

出现上述情况之一时，需要按下列步骤调整调压阀（以系统最高压力调不到 60 MPa为例），如图 10—25 所示。

图 10—25　调压电动阀调整示意图

1—调压电机；2—0 MPa 感应开关；3—20 MPa 感应开关；4—60 MPa 感应开关；5—0 MPa 定位螺钉；6—20 MPa 定位螺钉；7—60 MPa 定位螺钉；8—锁紧螺母

(1)设定“保压”压力在 60 MPa。

(2)转入“焊接”工况。

(3)松开电动调压阀的锁紧螺母和定位螺钉。

(4)旋动顶锻换向开关至“保压”位后松开。

(5)待系统压力稳定后沿图中箭头俯视方向很缓慢地顺时针旋转“60 MPa 感应开关”(此时压力随转动而上升)直到系统压力达到 60 MPa 为止。

(6)先锁紧“60 MPa 定位螺钉”，后锁紧“锁紧螺母”。

(7)系统复位，调整完毕。

第十一章　其他养路机械

第一节　液压方枕器

线路在列车运行的牵引力和制动阻力的作用下，使钢轨并带动轨枕产生爬行，造成线路轨枕间隔不均匀，轨枕承载力分布不均匀，也会造成轨道几何尺寸的改变，导致列车在钢轨上运行的不平稳。这种情况会影响列车运行的平稳度和运行速度，甚至威胁列车运行安全，所以必须经常对线路上产生爬行的轨枕间距和角度进行方正、调整均匀，使轨枕承载力分布均匀，提高列车运行的平稳度。对线路爬行轨枕进行方正、调整作业常采用便捷、省力的液压方枕器。

一、液压方枕器的基本结构和工作原理

在线路日常维修保养中，液压方枕器主要用于爬行轨枕间距和角度方正、均匀的调整作业。它具有结构紧凑，携带方便、使用简便、劳动强度低、作用效率高、省力安全的特点，广泛应用于铁路养护维修作业。

铁路工务系统常用的液压方枕器型号种类很多，如 YFZ-147 型、YFZ-80 型、YKN-147 型和 ZM-80 型等，其主要技术参数见表 11—1。现以 YFZ-147 型液压方枕器为例介绍其结构构造和工作原理。

表 11—1　液压方枕器主要技术参数

参数　型号 名称	YFZ-147	YFZ-80	YKN-147	ZM-80
活塞最大推力(kN)	147	80	147	80
最大方枕量(mm)	120	90	120	130
最大工作油压力(MPa)	60	34	60	40
外形尺寸(mm)	290×135×255	275×122×233	295×150×272	275×220×233
整机质量(kg)	16	10.5	15	10

1. 液压方枕器的基本结构

液压方枕器的结构主要由油缸座、油缸、油箱、手动柱塞泵、回油阀、回位弹簧、提手、活络顶头和后座垫块等组成，如图 11—1 所示。

图 11—1　YFZ-147 型液压方枕器

1—油缸座；2—油缸；3—油箱；4—手摇柄、手动柱塞泵；5—回油阀；6—回位弹簧；7—提手；8—活络顶头；9—后座垫块

2. 液压方枕器的工作原理

液压方枕器是一种调整轨枕间距和角度方正的作业机具。它采用手提式液压千斤顶结构，是一种单作用液压缸。其工作原理是：顺时针拧紧回油阀，通过手摇柄的外力作用推压手动柱塞泵，油液介质产生压力油，等压传递到介质内部的所有点；压力油液介质推动油缸活塞伸出，通过活络顶头和后座垫块推动两轨枕产生位移，从而实现线路轨枕间距和角度方正、均匀的调整作业。作业完毕后，逆时针旋松回油阀，在回位弹簧的拉力作用下活塞杆回位，其液压原理如图 11—2 所示。

二、液压方枕器的操作方法

1. 用前检查油箱内油量是否达到油箱容积的 3/4，卸油阀的启闭性是否稳定，各连接紧固部位是否松动和有漏油现象。

2. 根据轨枕变位特征，即依据调整轨间距和角度方正的工作要求选择适当空隙(不得小于 275 mm)，不扒或少扒石砟，把机具放入其间隙，

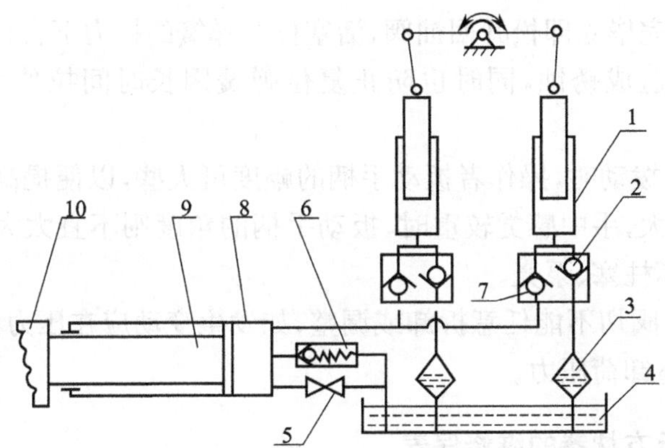

图 11—2 YFZ-147 型液压方枕器液压原理示意图

1—手压柱塞泵；2—吸油阀；3—过滤网；4—油箱；5—手动回油阀；
6—限压阀；7—止回阀；8—油缸；9—活塞杆；10—活络顶头

要求活动顶头抵住轨枕厚度的下半部为佳。

3. 事先将被调整轨枕上的扣件松动(角度方正时只松开一端扣件，需方正两端时扣件全部松开)。

4. 按顺时针方向旋转卸荷阀手柄使卸荷阀关闭，把操纵杆插入扳杆套内，摇动操纵杆，使高压油通过油泵内腔的排油阀输入工作油缸。活塞伸出，顶推轨枕调整至作业要求。

5. 每次调整完毕后，为防止枕木移动后复位，在枕木移动空隙中填上石砟，然后按逆时针打开卸荷阀，使高压油腔和油箱连通，油缸活塞则在回位弹簧的作用下自动回位，取出方枕器，完成一次循环。在调整量不足时，可以旋出连接头，以达到方正量的要求。

三、液压方枕器的安全注意事项

1. 液压方枕器是以油液为介质来传递运动的，因此在使用时特别要注意保持油液的洁净，绝对不能将脏油加入油箱，否则会影响机具的正常使用。加油时，拧下加油螺钉将洁净的 15 号(或 10 号)机械油注入油箱，加油量以油箱容积的 3/4 为宜。

2. 保持回油阀转动灵活。作业时，回油阀一般用手拧紧即可，不可用力敲击。

3. 注意保持机具的清洁，应经常擦拭，使用时勿乱摔乱甩，以免损坏机件。使用完毕立即松开回油阀，活塞杆在弹簧的拉力下自行复位，避免活塞杆外露造成锈蚀，同时也防止复位弹簧因长时间拉伸而造成复位失效。

4. 开始拨动时，操作者扳动手柄的幅度可大些，以便提高工作效率；当拨摇力较大，手中感觉较重时，扳动手柄的角度则不宜太大，否则既费力，又易损坏柱塞、泵壳。

5. 安全阀切不能任意拆卸或调整，如发生变动应在压力试验机上重新检测，调整卸荷压力。

四、液压方枕器的维修保养

1. 方枕器在正常使用情况下，切勿随意拆卸以免造成人为故障。

2. 需要维修和更换零配件、液压元件和密封件，拆卸和装配时可参照图 11—3 所示零配件结构图。

3. 更换泵壳和活塞杆上的 O 形圈和尼龙垫时，要注意安装位置，否

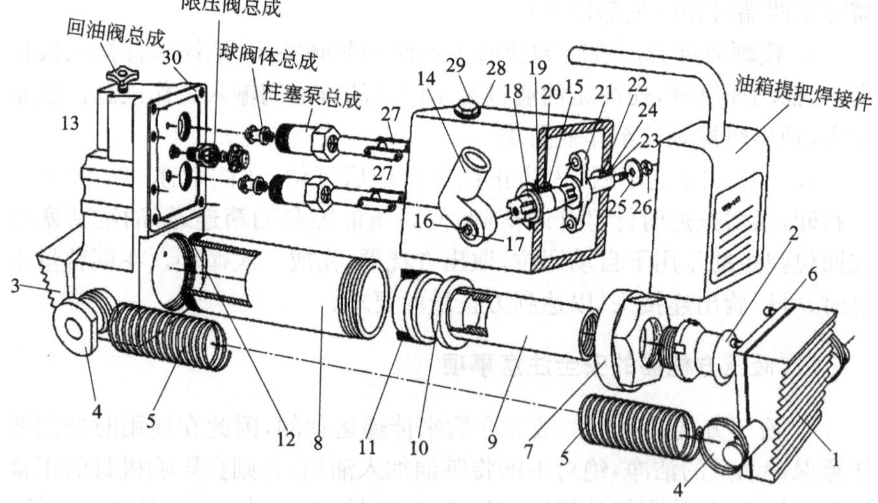

图 11—3　YFZ-147 型液压方枕器零配件结构图

1—活络顶头；2—球面连接头；3—后座垫块；4—挡圈套；5—拉伸弹簧；6—顶头衬垫；7—顶帽；8—油缸；9—活塞杆；10—活塞杆套；11—碗型圈；12—O 形圈；13—缸座；14—摇把；15—大轴套；16—螺栓；17—垫圈；18—花键轴；19—O 形圈；20—O 形圈；21—摇臂；22—O 形圈；23—O 形圈；24—小轴套；25—垫圈；26—销；27—连接板；28—垫圈；29—加油螺栓；30—油箱垫

则将减弱密封的功能，降低密封圈的使用寿命。

4. 回油阀杆拆下时，应防止回油阀杆下面的钢珠($d=6$ mm)脱落，否则将造成起道器不能使用。

5. 机内溢流阀的卸荷压力在出厂前已校验好，切勿任意拆装或调整，如发生变动，应在压力校正台上重新校验。

第二节　道床夯拍机

在日常的线路维修作业或线路清筛、边坡清筛后道床疏松，为了稳固道床，恢复道床阻力，应采用道床夯拍机(以下简称夯拍机)对筛后道床边坡进行夯实拍平。现以 HP200 型铁路道床夯拍机(图 11—4)为例介绍夯拍机的结构和工作原理。HP200 型铁路道床夯拍机的相关参数如下。

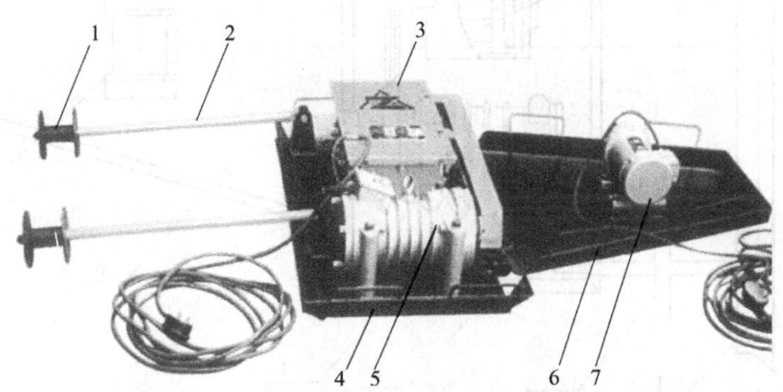

图 11—4　HP200 型铁路道床夯拍机的外型图

1—钢轨走行轮；2—连接杆；3—主振动器；4—主振动板；5—电机；6—辅助振动板；7—辅助振动器

1. 主振动参数

功率：1.5 W；额定电流：3 A；激振力：9.2 kN；振动频率：25 Hz。

2. 辅助振源参数

功率：0.12 kW；额定电流：0.372 A；激振力：1 kN；振动频率：48 Hz。

3. 整机技术参数

电源频率：50 Hz；电源电压：380 V；相数：3；整机质量：200 kg；行走速度：≥6 m/min；整机最大高度：290 mm。

一、道床夯拍机的结构

夯拍机分主振动和辅助振动两个部分，主振动部分由电机、三角带传动机构、振动箱、主振动底板、导向轮等组成；辅助振动部分由振动器、辅助振动底板组成。两个振动部分由铰链连接在一起，可以方便地拆开和连接。夯拍机工作时将两个振动部分连接在一起同时工作，搬运时将两部分分开，以减轻搬运的重量，并便于操作，其结构如图 11—5 所示。

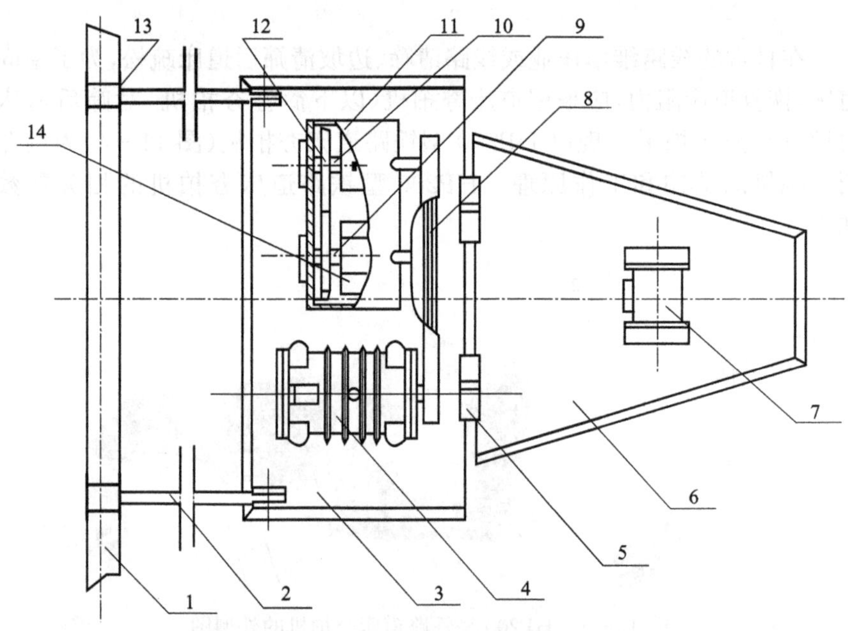

图 11—5　HP200 型道床夯拍机结构原理图

1—钢轨；2—连接杆；3—主振动底板；4—电机；5—铰链；6—辅助振动底板；7—振动器；8—三角带；9—轴Ⅰ；10—轴Ⅱ；11—振动箱 ；12—齿轮；13—导向轮；14—偏心振子

二、道床夯拍机的工作原理

如图 11—5 所示，在主振动部分，电动机的动力通过皮带传动机构，传递到振动箱内的轴Ⅰ，再经轴Ⅰ和轴Ⅱ上的齿轮副传递到轴Ⅱ上，轴Ⅰ和轴Ⅱ上的两个偏心振子旋转产生振动，由于两齿轮大小相等，转向相反，两偏心振子做同步异向转动。旋转产生的离心力的合力可分解为垂直分力与水平分力，垂直分力实现对道床的夯实拍平；水平分力驱动整机向前运动，实现夯拍机的自动行走。主振动部分主要夯实道床的上表面，同时一部分激振力通过铰链传递到辅助振动部分。

辅助振动部分的振动器产生的激振力，与主振动部分传递过来的一部分激振力共同作用，实现对道床斜坡的夯实与拍平。

三、道床夯拍机的操作方法

1. 准　　备

(1)将主振动部分放至道床的上表面，使振动底板的边线与道轨平行，距钢轨的距离以两个导向轮正好夹住导轨为适宜；将辅助振动部分置于斜坡部，用铰链与主振动部分连接，拧紧紧固螺栓。

(2)将配电盘接通电源，倒顺开关置于关闭状态，检查所有接触是否可靠，电源电压是否与铭牌相符。

2. 运　　行

同时启动主、辅振动电源，机器即开始运行。电机的旋转方向不同，机器前进的快慢略有差异，但前进方向相同，可根据施工要求自行选择。

3. 停机下道

关掉电源开关，将两个导向轮向机器方向扳转 180°，平放在振动底板上，将整机移至铁路限界以外。

4. 搬运存放

(1)搬运机器时，将电源线从配电盘上脱离，将主振动部分和辅助振动部分分开搬运。

(2)使用完毕后，应将机器存放于干燥的储存室内，如在施工现场临时存放，则须放在限界以外，用防雨苫布盖好，严防电动机雨淋受潮。

四、道床夯拍机的安全注意事项

1. 必须由经过培训取得合格证的专业人员进行操作。

2. 夯拍机在使用前需先检查电动机的绝缘是否良好，用 500 V 的兆欧表测量绕组对机壳的绝缘电阻，其值不得小于 2 MΩ。

3. 准备好配电设备(配备有闸刀开关、倒顺开关、漏电保护器、插座等；电源闸刀开关保险丝容量必须适应)，方可开启使用。接线需由专业电工进行，电动机发生故障时，必须由电工排除；本机黄绿线为接地线，必须保证接地线牢固可靠。

4. 工作时，电缆线须置于干燥的位置，不得处于张紧状态，禁止使用裸线或破损电线连接电缆以防触电。

5. 操作人员使用夯拍机时须穿绝缘鞋；机器运行过程中，操作人员应紧随其后，不得离开。

6. 严禁机器带病上道作业，机械发生故障时，应立即撤至限界外检修，严禁在线路上检修。

五、道床夯拍机的维修与保养

1. 应经常检查皮带的松紧，发现皮带松弛应调节张紧，如有损坏及时更换损坏的皮带。

2. 定期检查电器部分的绝缘情况，发现问题及时处理。

3. 使用 100 h 后，应清洗所有轴承，并加注钙基Ⅱ号润滑油脂。

更换振动箱内的润滑油，冬季为 20 号齿轮油，夏季为 30 号齿轮油。

第三节　重型轨道车复轨机具

重型轨道车是铁路维修、养护中常用运输和作业的重要机械设备。重型轨道车在运行和作业过程中，由于各种原因可能导致脱轨事故，这对铁路运行畅通造成极大的干扰。在轨道车脱轨后，必须利用复轨器进行快速自救复轨，恢复运行，以尽量缩短线路的占用时间，减少事故损失。

重型轨道车复轨器的种类型号较多，常用的有传统的人字形复轨器、轮滑式复轨器和液压式复轨器等。

一、人字形复轨器

1. 人字形复轨器的结构特点

传统的人字形复轨器具有结构简单、强度高、质量轻、使用操作方便等特点，如图 11—6 所示。每只质量仅 85 kg，主体材质一般为合金铸钢，抗拉强度 $\sigma \geqslant 600$ MPa，表面硬度 HB≥190。附件材质楔铁为 A3 钢，穿销为 45 号钢。起复时钩铁钩挂轨枕，并将穿销从轨底穿过(一般情况下可以不用此穿销)，复轨器不致出现前窜、翘尾等现象。人字形复轨器不仅适用于木枕，也适用于混凝土轨枕线路脱线起复复轨，但该机具只适合动力车(机车)及脱线距离不远(一般 300 mm 以内)的脱线起复复轨。

图 11—6　人字形复轨器

2. 人字形复轨器的使用方法

人字形复轨器在使用前，应确定起复方案，做好准备工作，具体操作如下。

(1)安装方法是“左人、右入”原则。即在拉复前进方向左侧钢轨上摆放“人”字形复轨器，右侧钢轨上摆放“入”字形复轨器。

(2)安装复轨器前，先将复轨器尾部钩铁需要钩挂的轨枕下部石砟清除，以保证复轨器能钩住轨枕及安装穿销。

(3)复轨器安装时，头部轨槽搭在钢轨上，尾部钩铁的上端平落在轨枕上，下端钩挂轨枕侧面。复轨器安放完毕后，应检查其是否摆正，各接触面是否接触良好，如有问题应及时调整

(4)复轨器安放好后，将两块 L 形楔铁分别放入左右楔铁座与轨腰的间隙内。楔铁的 L 形凸台朝外，并安放平整，不得歪斜。楔铁安放好后，用大锤左右交替地将两块楔铁打紧(严禁一次性将一侧楔铁打紧后再打另一侧)。

(5)将穿销通过穿销座沿轨底穿过。

(6)复轨器安装完毕后，用大锤轻击复轨器主体表面各处，检查复轨器与钢轨紧固是否牢靠，各紧固件有无松动等现象，发现问题应及时调整。

(7)在脱轨车轮至复轨器尾部间应铺垫石砟，必要时还可以垫入铁质垫板，防止轧坏轨枕，并减少拉复阻力。

(8)启动机车，通过“人”字形复轨器将脱轨车轮导入钢轨轨道。

二、轮滑式复轨器

1. 轮滑式复轨器的结构特点

轮滑式复轨器是一种在有轨车辆脱轨后进行复轨作业的专业设备，由滑板、滑块、横移缸、主顶缸、钢轨和垫物所组成，如图 11—7 所示，其特点如下。

(1)滑板是一块长方形中间凹陷的钢板，板下一侧有与钢轨宽相应的限位挡，板上的另一方设一孔与横移缸的卡箍插轴对应，板上凹下部分为滑面。

(2)滑块是一块方形板，板面上有 V 形槽，板一侧有沟槽，板下设有滑动面。

(3)横移缸为推力液压油缸，其顶头部有顶帽，顶上半部设卡箍，主顶缸为千斤顶式液压油缸。

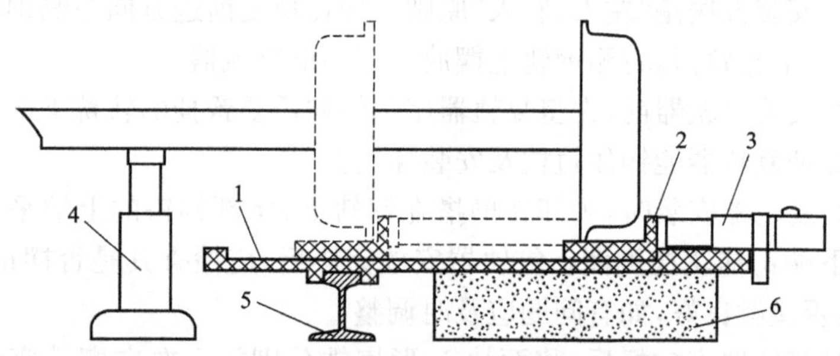

图 11—7　轮滑式复轨器结构原理示意图

1—滑板；2—滑块；3—横移缸；4—主顶缸；5—钢轨；6—垫物

2. 轮滑式复轨器的使用方法

轮滑式复轨器使用前应先确定起复方案，做好准备工作，操作方法如下。

(1)将主顶缸放置轮轴下，顶起轮对，并用锁具将轮对锁定于车架上。

(2)将滑板放在顶起的车轮下，限位挡卡住铁轨；将滑块放在滑板的滑面上，滑块的 V 形槽和沟槽与车轮径、车轮缘相应对齐，滑块的滑动面应在滑板的滑面上面。

(3)将主顶缸卸载使车辆下落,车轮压在滑块上,滑块又压在滑板上。车轮落稳后,再用横移缸推动滑板,使轮对连同车辆横移至钢轨上。

(4)撤下主顶缸将横移缸通过卡箍的插轴,使车轮走下滑块和滑板进而落入轨面上。撤出复轨器,起复完毕。

三、液压式复轨器

1. 液压式复轨器的结构

液压式复轨器种类型号比较多,如 SYF 型、ZYF 型、JYW 型和 YFG 型液压组合式复轨器,每种型号各有十几种规格,质量从十几吨到七十多吨 ,可以根据轨道车型号特点进行选择配备。工务轨道车、作业车的机车、车辆脱轨常用起复复轨器有 SYFⅠ型、Ⅱ型、Ⅲ型、ZYFⅠ型、Ⅱ型和 JYWⅠ型、Ⅱ型、Ⅲ型,如图 11—8 所示,主要技术参数见表 11—2。

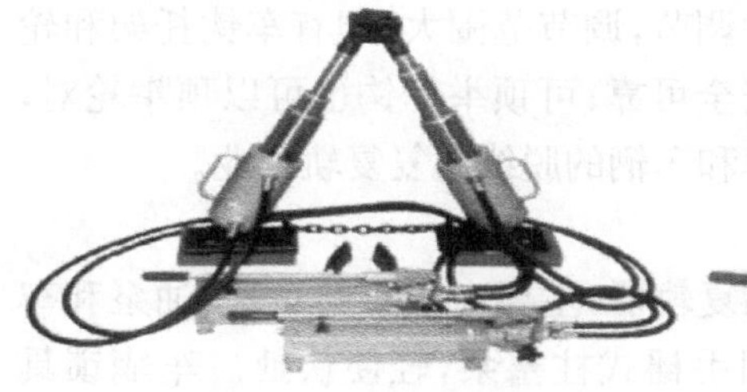

(a) SYF-Ⅱ型组合式液压复轨

(b) JYW-Ⅲ型组合式液压复轨

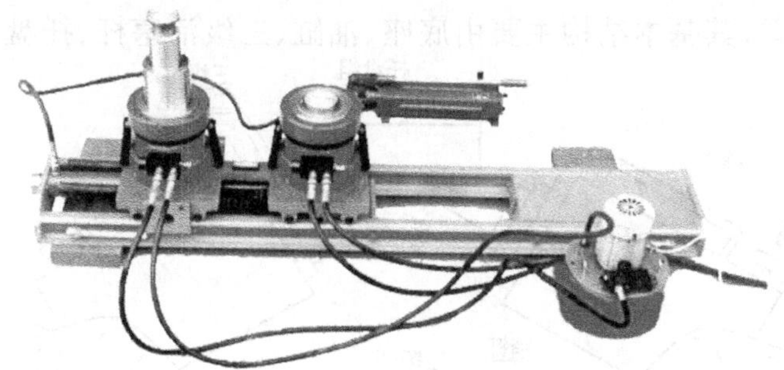

(c) ZYF型组合式液压复轨器

图 11—8 组合液压式复轨器

表 11—2 液压式复轨器主要技术参数

参数 型号 名称	SYFⅠ (30、50)	SYFⅡ (30、50)	ZYFⅠ (30、50)	ZYFⅡ (30、50)	JYWⅠB	JYW-Ⅲ
起复总质量(t)	30/50	30/50	30/50	30/50	30	45
最大顶起高量(mm)	1 100	830	1 100	830	1 125	500
最大横向行程(mm)	640	520	640	520	500	300
油缸工作压力(MPa)	<63	<63	<63	<63	<63	<63
整机质量(kg)	50/65	75/85	50/65	75/85	70	73
外形尺寸(mm)	700×300×180	450×400×240	700×300×180	450×400×240	850×300×230	850×300×230

(1)液压式复轨器的特点

液压式复轨器也就是组合式液压复轨器,具有结构简单合理、操作方便、复位距离大、起复能效高等特点。整机可分成部件,能快速装卸,携带方便,两油缸支撑底座之间采用链条软活杆件连接,能适应恶劣的脱轨环境;同时顶举高度及复轨横移可任意调节,调节范围大,配有车钩托架和轮对与车身的连接锁具,使起复过程安全可靠;可顶举车钩也可以顶举轮对,广泛用于重型轨道车的机车、作业车和车辆的脱线起复复轨作业。

(2)液压式复轨器的基本结构

液压式复轨器也叫组合式液压复轨器,主要由液压起重顶、油泵和车辆锁具三部分组成。油泵一般采用手摇式柱塞泵,轻便快捷。车辆锁具由链条、锁扣组成,主要作用是平车、车辆起复顶车钩时,将转向架与轮对锁定到车辆大梁上。图 11—9 为 JYW-Ⅲ型液压式复轨器液压起重顶的结构示意图,其基本结构主要由底座、油缸、三级活塞杆、托盘、连接杆、

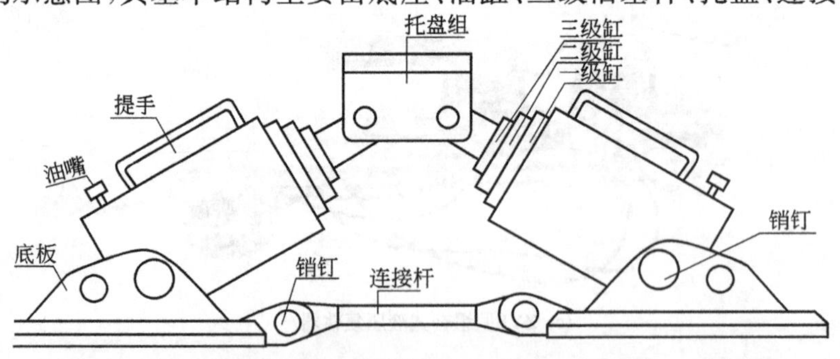

图 11—9 JYW-Ⅲ型组合式液压复轨液压起重顶的结构示意图

销钉、油管接头和提手组成。

2. 液压式复轨器的使用方法

液压式复轨器使用前应先确定起复方案，做好准备工作，操作方法如下。

(1)清理好起复用的机具、工具和辅助材料，将液压起重顶、油泵、车辆锁具摆放到救援地点，用油管将液压起重顶和油泵连接好，检查油泵的油箱液压油是否达到规定要求，试压并排放空气。

(2)根据脱轨情况和现场起复条件，确定起顶轮轴或车钩。若起顶车钩，用车辆锁具将轮对转向架锁定于车辆大梁上。

(3)在架设液压起重顶的位置垫平石砟，架上垫木。

(4)将液压起重顶放置轮轴下或车钩下，顶起车辆。注意应在起重顶托盘与轮轴或车钩间加上防滑垫。

(5)关闭回油阀，手压油泵柱塞摇杆，要求两个油泵摇杆协调均匀动作，使两侧油缸同步平稳上升顶起车辆。

(6)顶起至轮缘超出钢轨顶面一定高度，开始交替松开回油阀，进行下落复位。注意两个油泵摇杆要协调均匀动作，视车辆下落横移情况，交替松放回油阀，一次下降不能过大。

(7)降落至轮缘接近钢轨面时，调准转动转向架，使轮对全部对正钢轨，松开两侧的回油阀，使车轮落入钢轨面上。

(8)撤出复轨器，检查车辆部件，起复完毕。

附录一　砂轮的构成、特性与选用

钢轨切割机、钢轨和道岔打磨机基本都是采用砂轮片为切、磨削刃具。砂轮片由硬度很大的金刚砂组成，机器驱动砂轮片做高速旋转运动时可以利用自身的动能，将硬度小于金刚砂的钢轨材料磨削下来，实现钢轨切割或打磨的功效。砂轮的种类、型号非常多，为了正确选用相适应的砂轮片，必须熟知砂轮的结构特性。

一、砂轮的种类及特性

(一)砂轮的种类

砂轮按结合剂可分为树脂结合剂砂轮、陶瓷结合剂砂轮和金属结合剂砂轮(青铜结合剂砂轮)。

砂轮按生产工艺可分为烧结式砂轮(树脂结合剂砂轮、陶瓷结合剂砂轮、金属结合剂砂轮)、电镀砂轮和钎焊砂轮。

砂轮按磨削方式可分为磨钻石用砂轮、磨硬质合金石砂轮(刀磨砂轮)、磨金刚石复合片用砂轮、无芯磨床用无芯磨砂轮、磨陶瓷制品用砂轮、切割用砂轮(也被称为切割片)和锯片。

砂轮按外观或形状可分为平行砂轮、筒形砂轮、杯形砂轮、碗形砂轮、碟形砂轮、磨边砂轮和磨盘等。

(二)砂轮的构成和特性

砂轮是磨削的主要刃具，是由磨料和结合剂构成的多孔物体，其中磨料、结合剂和孔隙是砂轮的三个基本组成要素。随着磨料、结合剂及砂轮制造工艺等的不同，砂轮特性可能差别很大，对磨削加工的精度、粗糙度和生产效率有着重要的影响。因此，必须根据具体条件选用合适的砂轮。砂轮的特性由磨料、粒度、硬度、结合剂、形状及尺寸等因素来决定。

1. 磨料及其选择

磨料是制造砂轮的主要原料，它担负着切削工作，因此，磨料必须锋利，并具备较高的硬度、良好的耐热性和一定的韧性。常用磨料的名称、代号、特性和用途见附表 1-1。

附表 1-1　常用磨料特性及用途

类别	名称	代号	特　性	用　途
氧化物系	棕刚玉	A(GZ)	含 91%～96%氧化铝，棕色，硬度高，韧性好，价格便宜	磨削碳钢、合金钢，可煅铸铁、硬青铜等
	白刚玉	WA(GB)	含 97%～99%的氧化铝，白色，比棕刚玉硬度高、韧性低，自锐性好，磨削时发热少	精磨淬火钢、高碳钢、高速钢及薄壁零件
碳化物系	黑色碳化硅	C(TH)	含 95%以上的碳化硅，呈黑色或深蓝色，有光泽。硬度比白刚玉高，性脆而锋利，导热性和导电性良好	磨削铸铁、黄铜、铝、耐火材料及非金属材料
	绿色碳化硅	GC(TL)	含 97%以上的碳化硅，呈绿色，硬度和脆性比 TH 更高，导热性和导电性好	磨削硬质合金、光学玻璃、宝石、玉石、陶瓷、珩磨发动机汽缸套等
高硬磨料系	人造金刚石	D(JR)	无色透明或淡黄色、黄绿色、黑色，硬度高，比天然金刚石性脆，价格比其他磨料贵	磨削硬质合金、宝石等高硬度材料
	立方氮化硼	CBN (JLD)	立方型晶体结构，硬度略低于金刚石，强度较高，导热性能好	磨削、研磨、珩磨各种既硬又韧的淬火钢和高钼、高矾、高钴钢及不锈钢

注：括号内的代号是旧标准代号。

2. 粒度及其选择

粒度是指磨料颗料的大小。粒度分磨粒与微粉两组。磨粒用筛选法分类，粒度号以筛网上 1in 长度内的孔眼数来表示；粒度号以磨料的实际尺寸来表示(W)。各种粒度号的磨粒尺寸见附表 1-2 。

附表 1-2　磨料粒度号及其颗粒尺寸

磨粒		磨粒		微粉	
粒度号	颗粒尺寸(μm)	粒度号	颗粒尺寸(μm)	粒度号	颗粒尺寸(μm)
14	1 600～1 250	70	250～200	W40	40～28
16	1 250～1 000	80	200～160	W28	28～20
20	1 000～800	100	160～125	W20	20～14
24	800～630	120	125～100	W14	14～10
30	630～500	150	100～80	W10	10～7
36	500～400	180	80～63	W7	7～5
46	400～315	240	63～50	W5	5～3.5
60	315～250	280	50～40	W3.5	3.5～2.5

磨料粒度的选择主要与加工表面粗糙度和生产率有关。粗磨时，磨削余量大，要求的表面粗糙度值较大，应选用较粗的磨粒，因为磨粒粗、气孔大，磨削深度可较大，砂轮不易堵塞和发热。精磨时，余量较小，要求粗糙度值较低，可选取较细磨粒。一般来说，磨粒愈细，磨削表面粗糙度愈好。不同粒度砂轮的应用见附表 1-3。

附表 1-3 不同粒度砂轮的使用范围

砂轮粒度	一般使用范围	砂轮粒度	一般使用范围
14～24	磨钢锭、切断钢坯，以及钢轨磨削等	120～W50	精磨、珩磨和螺纹磨
36～60	磨平面、外圆、内圆以及钢轨切削等	W20 以下	镜面磨、精细珩磨
60～100	精磨、刀具刃磨、钢轨切削等		

3. 结合剂及其选择

砂轮中用以黏结磨料的物质称结合剂。砂轮的强度、抗冲击性、耐热性及抗腐蚀能力主要决定于结合剂的性能。常用的结合剂种类、性能及用途见附表 1-4。

附表 1-4 常用结合剂性能及用途

名称	代号	性　能	用　途
陶瓷结合剂	V(A)	耐水、耐油、耐酸、耐碱的腐蚀，能保持正确的几何形状；气孔率大，磨削率高，强度较大，韧性、弹性、抗振性差，不能承受侧向力	$v_{轮}<35$ m/s 的磨削，这种结合剂应用最广，能制成各种磨具，适用于成形磨削和磨螺纹、齿轮、曲轴等
树脂结合剂	B(S)	强度大并富有弹性，不怕冲击，能在高速下工作；有摩擦抛光作用，但坚固性和耐热性比陶瓷结合剂差，不耐酸、碱，气孔率小，易堵塞	$v_{轮}>50$ m/s 的高速磨削，能制成薄片砂轮磨槽，刃磨刀具前刀面。高精度磨削；湿磨时切削液中含碱量应小于 1.5%
橡胶结合剂	R(X)	弹性比树脂结合剂更大，强度也大；气孔率小，磨粒容易脱落，耐热性差，不耐油，不耐酸，而且还有臭味	制造磨削轴承沟道的砂轮和无芯磨削砂轮、导轮以及各种开槽和切割用的薄片砂轮，制成柔软抛光砂轮等
金属结合剂（青铜、电镀镍）	J	韧性、成型性好，强度大，自锐性能差	制造各种金刚石磨具，使用寿命长

注：括号内的代号是旧标准代号。

4. 硬度及其选择

砂轮的硬度是指砂轮表面上的磨粒在磨削力作用下脱落的难易程度。砂轮的硬度软，表示砂轮的磨粒容易脱落；砂轮的硬度硬，表示磨粒较难脱落。砂轮的硬度和磨料的硬度是两个不同的概念，同一种磨料可以做成不同硬度的砂轮，它主要决定于结合剂的性能、数量以及砂轮制造的工艺。磨削与切削的显著差别是砂轮具有"自锐性"，选择砂轮的硬度，实际上就是选择砂轮的自锐性。常用砂轮的硬度等级见附表 1-5。

附表 1-5 常用砂轮硬度等级

硬度等级	大级	软			中软		中		中硬			硬	
	小级	软 1	软 2	软 3	中软 1	中软 2	中 1	中 2	中硬 1	中硬 2	中硬 3	硬 1	硬 2
代号		G (R1)	H (R2)	J (R3)	K (ZR1)	L (ZR2)	M (Z1)	N (Z2)	P (ZY1)	Q (ZY2)	R (ZY3)	S (Y1)	T (Y2)

注：括号内的代号是旧标准代号；表中 1，2，3 表示硬度递增的顺序。

选择砂轮硬度的一般原则是：加工软金属时，为了使磨料不致过早脱落，则选用硬砂轮；加工硬金属时，为了能及时地使磨钝的磨粒脱落，从而露出具有尖锐棱角的新磨粒（即自锐性），选用软砂轮。前者是因为在磨削软材料时，砂轮的工作磨粒磨损很慢，不需要太早的脱离；后者是因为在磨削硬材料时，砂轮的工作磨粒磨损较快，需要较快的更新。精磨时，为了保证磨削精度和粗糙度，应选用稍硬的砂轮。工件材料的导热性差，易产生烧伤和裂纹时（如磨硬质合金等），选用的砂轮应软一些。

二、砂轮的选用

1. 钢轨切割砂轮片的选用

钢轨属于硬度较高的碳锰合金钢，因此钢轨切割砂轮片要求强度高、不破碎、不烧伤、消耗小、不易变形、切割效率高、最高工作线速度可达 100 m/s。钢轨切割砂轮片一般选用磨料为棕刚玉（A）、砂轮粒度为 24 目左右、树脂结合剂（B）、硬度为中硬 1（P）的砂轮片。如：

2. 钢轨打磨砂轮的选用

钢轨属于硬度较高的碳锰合金钢，打磨精度要求较高，并要求不得烧伤打磨面。钢轨打磨砂轮要求强度高、磨削效率高、消耗少、耐用、不烧伤钢轨、打磨光洁度较高。因此，钢轨打磨砂轮一般选用磨料为棕刚玉（A）或白刚玉（WA）、砂轮粒度为 46 目左右、树脂结合剂（B）、硬度为中 2（N）

或中硬 1(P)的砂轮片。

三、砂轮使用安全注意事项

1. 使用前注意事项

(1)打磨机、切割机必须由专业培训合格的专人操作。

(2)更换新砂轮时,应切断动力,同时安装前应检查砂轮片是否有裂纹。若肉眼不易辨别,可用坚固的线把砂轮吊起,再用一根木头轻轻敲击,静听其声(金属声则优、哑声则劣)。

(3)打磨机、切割机必须有牢固合适的砂轮罩,托架或砂轮罩距砂轮不得超过 5 mm,否则不得使用。

(4)安装砂轮时,螺母不得过松、过紧,在使用前应检查螺母是否松动。

(5)砂轮安装好后,一定要空转试验 2～3 min,看其运转是否平衡,保护装置是否妥善可靠。在测试运转时,应安排两名工作人员,其中一人站在砂轮侧面开动砂轮,如有异常,另一人立即切断动力,以防发生事故。

(6)凡使用者要戴防护镜,不得正对砂轮,而应站在侧面。开始打磨和切割时,磨削处严禁放置棉纱等异物。

(7)使用前应检查砂轮是否完好(不应有裂痕、裂纹或伤残),砂轮轴是否安装牢固、可靠。检查砂轮与防护罩之间有无杂物,是否符合安全要求,确认无问题时,再开动砂轮机。

2. 使用中注意事项

(1)开动砂轮时,必须运转 40～60 s,转速稳定后方可磨削,磨削工件时应站在砂轮的侧面,不可正对砂轮,以防砂轮片破碎飞出伤人。

(2)磨削时,操作者应站在机器的侧面,不要站在机器的正面,以防砂轮崩裂,发生事故。

(3)磨削时的站立位置应与砂轮机成一夹角,且切割或打磨接触压力要均匀,严禁撞击砂轮,以免碎裂。

(4)砂轮不准沾水,要经常保持干燥,以防湿水后失去平衡,发生事故。

(5)不允许在打磨机和切割机的砂轮上磨削其他物体,防止震碎砂轮飞出伤人。

(6)不得单手握持打磨机和切割机,防止把持不稳而伤人。

(7)停止作业时,必须先切断动力,待砂轮停止旋转后才能离开工件。

附录二　钻头的结构、特性及使用维护

钻头是用来在实体材料上钻削出通孔或盲孔，或对已有的孔进行扩大的刃具。常用的钻头主要有麻花钻、扁钻、中心钻、空心钻、剑式钻、深孔钻和套料钻。扩孔钻和锪钻虽不能在实体材料上钻孔，但习惯上也将它们归入钻头一类。

一、钻头的种类及应用

1. 麻 花 钻

麻花钻是应用最广的孔加工刃具，通常直径范围为 0.25～80 mm。麻花钻的柄部形式有直柄和锥柄两种，加工时前者夹在钻夹头中，后者插在机床主轴、尾座锥孔或钻机的锥套中，如附图 2-1 所示。一般麻花钻用高速钢制造。镶焊硬质合金刀片或齿冠的麻花钻适于加工铸铁、淬硬钢和非金属材料等，整体硬质合金小麻花钻用于加工仪表零件和印刷线路板等。

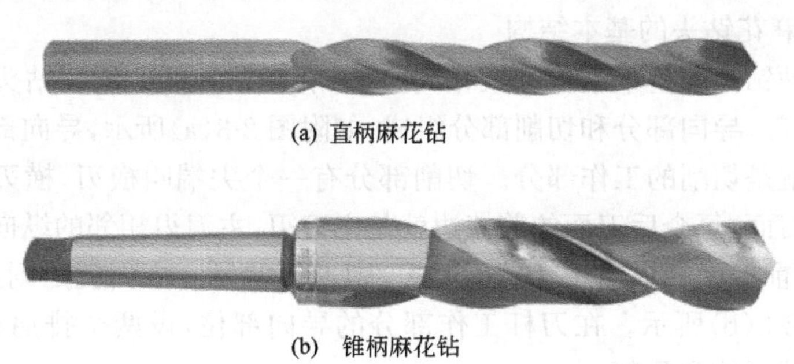

(a) 直柄麻花钻

(b) 锥柄麻花钻

附图 2-1　麻花钻

2. 扁　　钻

扁钻的切削部分为铲形，结构简单，制造成本低，切削液易导入孔中，但切削和排屑性能较差。

3. 深 孔 钻

深孔钻通常是指加工孔深与孔径之比较大的孔的刃具。

4. 扩 孔 钻

扩孔钻有 3～4 个刀齿，其刚性比麻花钻好，用于扩大已有的孔并提高加工精度和光洁度。

5. 锪 钻

锪钻有较多的刀齿，以成形法将孔端加工成所需的外形，用于加工各种沉头螺钉的沉头孔，或削平孔的外端面。

6. 中 心 钻

中心钻用于钻削轴类工件的中心孔用，它实质上是由螺旋角很小的麻花钻和锪钻复合而成，故又称复合中心钻。

7. 空 心 钻

钻杆中间是中空的钻头，主要用于钻物取芯。空心钻头又名取芯钻头或开孔器，一般空心钻头削切深度为 25 mm、35 mm、50 mm、75 mm、100 mm 等，钻孔速度要比传统的麻花钻头快上 8～10 倍。空心钻外形如附图 2-2 所示。

附图 2-2 空心钻

二、钻头的基本结构和特点

1. 麻花钻头的基本结构

各种钻头的基本结构大致相同，现以麻花钻为例介绍。钻头主要由柄部、颈部、导向部分和切削部分组成，如附图 2-3(a)所示，导向部分和切削部分就是切削的工作部分。切削部分有一个尖端叫横刃，横刃两侧有两个后刀面，每个后刀面的前棱边就是主刀刃，主刀刃相邻的纵向面就是前刀面，前刀面的纵向棱就是副刀刃，副刀刃的另一个面就是副后刀面，如附图 2-3(b)所示。在刀杆工作部分的导向部位，设两个排屑槽，排屑槽从尖端延伸到颈部。

2. 空心钻头的结构特点

空心钻头的刃部采用 3 枚组合刃结构，齿距不等分割，刀刃采用特殊硬质合金制成。3 枚组合刃由若干个外刃、中刃、内刃组成。每个刀刃在切削过程中，只负担 1/3 左右的工作量，加上每个刀刃的内侧也均有切削刃，所以，可以使排屑非常顺畅。由于各刃分别负担一部分切削工作的特性，使得该孔钻极不容易产生崩刃现象。另外空心钻头配合专门取芯器，

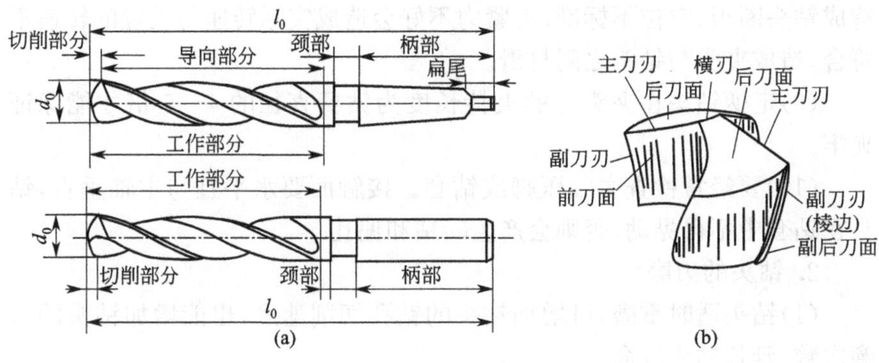

附图 2-3　麻花钻头的结构示意图

切削轻快、效率高、成本底，适用于各类立式钻床、摇臂钻床、铣床、车床和各种钢轨钻孔机。

空心钻头材质可分为硬质合金钢、高速工具钢、粉末冶金、钨钢等。一般市场上采用最多的是硬质合金和高速工具钢的空心钻头，硬质合金空心钻头其优点为耐磨耐用，钻削较硬材质时不易崩掉，主要用于材质较硬的材料；而高速工具钢 很锋利，钻孔比较快，但比较脆，钻削较硬材质时容易断，适用于材质比较软的材料。铁路钢轨钻孔机一般选用直径为 ϕ30 mm 或 ϕ31 mm(4 刃或 6 刃)的硬质合金空心钻头。

三、钻头的使用和维护

1. 钻头的使用

(1)在钻削钢件时，应保证充分的冷却量并使用金属切削液。

(2)确保转头与工件之间的清洁。

(3)钻工件(钢轨)时，要将工件加固，保证工件的稳固。

(4)在钻孔开始与结束时，进给量应降低 1/3。

(5)及时清除缠绕在钻体上的铁屑，以保证排屑顺畅。

(6)对钻削时出现大量细小粉末的材料，可以使用冷却液、采用压缩空气或毛刷进行排屑。

(7)钻头应装在特制的包装盒里，避免振动相互碰撞。使用时，从包装盒里取出钻头后应立即装到主轴的夹头里，用完随即放回到包装盒里。

(8)要经常检查主轴和夹头的同心度及夹头的夹紧力，同心度不好会造成钻头断刃、空位不标准；夹紧力不好会造成实际转速与设置的转速不符合，造成夹头与钻头之间打滑。

(9)定柄钻头在夹头上的夹持长度为钻柄直径的 4～5 倍才能保证夹牢。

(10)要经常检查主轴压脚或钻套。接触面要水平且与主轴垂直，钻头在钻套中不得晃动，否则会产生断钻和偏孔。

2. 钻头的刃磨

(1)钻头适时重磨，可增加钻头的钻孔切削速度，也能增加钻头的重磨次数，延长钻头寿命。

(2)当钻头磨损，且其磨损直径与原来相比较减小 2%时，则钻头报废。

(3)刃口要与砂轮面摆平。磨钻头前，先要将钻头的主切削刃与砂轮面放置在一个水平面上，也就是说，保证刃口接触砂轮面时，整个刃都要磨到。这是钻头与砂轮相对位置的第一步，位置摆好再慢慢向砂轮面上靠。

(4)钻头轴线要与砂轮面斜出 60°的角度，这个角度就是钻头的锋角，角度不对，将直接影响钻头顶角的大小及主切削刃的形状和横刃斜角。

(5)由刃口往后磨后面，刃口接触砂轮后，从主切削刃向后磨，也就是从钻头的刃口先开始接触砂轮，而后沿着整个后刀面缓慢向下磨。钻头切入时可轻轻接触砂轮，先进行较少量的刃磨，并注意观察火花的均匀性，及时调整手上压力大小，还要注意钻头的冷却，不能让其磨过火，造成刃口变色，而至刃口退火。发现刃口温度高时，要及时将钻头冷却。

(6)钻头的刃口要上下摆动，钻头尾部不能起翘。主切削刃在砂轮上要上下摆动，也就是握钻头前部的手要均匀地将钻头在砂轮面上上下摆动，而握柄部的手却不能摆动，还要防止后柄往上翘，否则会使刃口磨钝，无法切削。

(7)保证刃尖对轴线，两边对称慢慢修。

(8)一侧刃口磨好后，再磨另一侧刃口，必须保证刃口在钻头轴线的中间，两侧刃口要对称。

(9)两刃磨好后，对直径大一些的钻头还要注意磨一下钻头锋尖。钻头两刃磨好后，两刃锋尖处会有一个平面，影响钻头的中心定位，需要在刃后面倒一下角，将刃尖部的平面尽量磨小。方法是将钻头竖起，对准砂轮的角，在刃后面的根部，对着刃尖倒一个小槽，这也是钻头定中心和切削轻快的重要一点。注意在修磨刃尖倒角时，千万不能磨到主切削刃上，这样会使主切削刃的前角偏大，直接影响钻孔。

四、安全注意事项

1. 操作时穿戴好工作服，佩戴安全眼镜、安全帽等；不穿戴松散的衣服和纱手套，以免发生危险。

2. 为防止铁屑将手划伤，钻孔时须使用铁钩清除铁屑。

3. 使用前，检查钻头是否有伤痕，如有伤痕则不要使用。

4. 如果钻头被卡住，立即关闭动力。

5. 更换、拆卸钻头时，应确保设备处于动力关闭状态。

6. 钻头旋转时，不要用手触摸，以免发生危险 。

7. 钻头刃部非常坚硬，但也很脆，应小心保护，如果钻头崩刃会影响钻孔效果。

参 考 文 献

[1]马振福.液压与气压传功[M].北京:机械工业出版社,2004.
[2]蔡兴旺.汽车制造与原理(上册 发动机)[M].北京:机械工业出版社,1994.
[3]孙克军.实用小型发电设备的使用与维修[M].北京:化学工业出版社,2010.
[4]狄富清.异步电动机简易修理工艺[M].北京:中国电力出版社,2009.
[5]陈忠民.园林机械维修速成图解[M].南京:江苏科学技术出版社,2009.